COLLECTION « VÉCU »

DU MÊME AUTEUR

Chez le même éditeur

IL N'Y A PAS DE DROGUÉS HEUREUX (1977)

Chez d'autres éditeurs

LA DROGUE
suivi de
ÉCRITS SUR LA TOXICOMANIE
(Gallimard, 1978, Collection « Idées »)

MES TABLES DE FÊTE
(Ramsay, 1979)

DESTIN DU TOXICOMANE
(Fayard, 1983)

Dr CLAUDE OLIEVENSTEIN

LA DROGUE
OU
LA VIE

ÉDITIONS ROBERT LAFFONT
PARIS

Si vous désirez être tenu au courant des publications de l'éditeur de cet ouvrage, il vous suffit d'adresser votre carte de visite aux Éditions Robert Laffont, Service « Bulletin », 6, place Saint-Sulpice, 75279 Paris Cedex 06. Vous recevrez régulièrement, et sans engagement de votre part, leur bulletin illustré, où, chaque mois, vous sont présentées toutes les nouveautés que vous trouverez chez votre libraire.

ISBN 2-221-01170-8

Voici un livre en deux temps. Il témoigne d'un avant, il raconte un après. Il met en scène deux images de l'hôpital Marmottan, que j'ai créé et que je dirige, et la crise qui conduit de l'une à l'autre. Parallèlement, et parce que les choses sont liées, deux personnages s'y succèdent, qui ne renvoient qu'à un seul individu. On aura compris qu'il s'agit de moi.

L'avant. Il nous reporte aux lendemains de la publication d'un premier témoignage, Il n'y a pas de drogués heureux. *Pour le grand public, je fais figure de réalité mythique : haut savoir et don de soi, à la fois l'expert, Monsieur Drogue et la belle âme, quelque chose comme le saint Vincent de Paul des toxicos. Bref, une vedette. On me voit, on m'entend beaucoup. Cela monte un peu à la tête, mais rien n'est tel pour appeler les retours de bâton. Ils ne m'ont pas manqué.*

De son côté, Marmottan entre en problème. Un certain triomphalisme nous aveugle. Peu à peu, les méthodes se font règles, et les règles, dogmes. Nous détenons la Parole. Pendant ce temps, les mois passent. En 1977, l'institution a six ans déjà. Elle s'est un peu sclérosée, alors qu'elle était née, en partie, d'une réaction contre le formalisme rassis des hôpitaux psychiatriques. Et puis la jeunesse a changé. La jeunesse, notre clientèle. Nous nous en apercevons mal :

peut-être parce que cela nous dérange. Qu'elles étaient donc belles, les années « sixties » !

Pour moi, c'est une période critique qui commence. D'autant plus angoissante qu'elle ne met pas seulement en cause ma pratique et mes conceptions de soignant : il y a l'âge, aussi, qui s'inscrit dans mon corps, quelques problèmes de vie qu'il me faut affronter. Et ces choses, également, auxquelles je ne m'habitue pas : la mort de jeunes filles et de jeunes garçons que j'ai côtoyés quotidiennement, la rechute de ceux que j'ai crus tirés d'affaire, la vie parfois médiocre, dépressive de ceux que nous avons guéri et dont les yeux, muet reproche, me demandent pourquoi je les ai menés là, et si je n'ai pas un sort meilleur à leur proposer...

Bref, un sentiment brusque, accablant, d'usure. Dans ce genre d'affaire, il faut aussitôt prendre du champ. Le plus de champ possible. D'où le voyage qui, entre fin 1977 et début 1978, m'a conduit en Amérique, aux Indes et au Népal, et dont le journal constitue la première partie de cet ouvrage.

Ce voyage, dans mon esprit, correspondait à trois objectifs. L'un touristique, tout banalement. L'autre se reliant à mon engagement professionnel : qu'en était-il, aujourd'hui, des lieux, comme la Californie, qui avaient vu naître l'extraordinaire embrasement idéologique des années 60 ? Et qu'étaient devenus tous ceux-là qui avaient pris la Route à la recherche d'une nouvelle Sagesse ? Le troisième objectif, enfin, était d'ordre plus intime : je souhaitais, dans la mesure du possible, faire l'expérience de la mystique indienne.

Je suis rentré en France très bouleversé : de ce que j'avais vu, ressenti — ou manqué. De ce que j'avais appris, également. Que l'espérance et la civilisation hippies étaient bien mortes. Que l'Orient, aussi fascinant qu'il fût, n'était pas ma terre. Ces découvertes me resituaient : j'étais passé de l'avant à l'après...

L'après, c'était donc réinventer Marmottan. Et, puisque j'ai dit que les choses étaient liées, c'était aussi me réinventer moi-même. Le voilà, le deuxième temps de ce livre !

Du retrait où je m'étais mis, je rapportais quelques certitudes. Nous devions nous détacher des nostalgies passéistes, prendre acte de ce que nous n'étions plus des défricheurs, des pionniers, que l'époque héroïque de « l'imagination au pouvoir » était révolue. Marmottan, dont l'activité, en dépit de ses difficultés internes, n'avait cessé de s'accroître, était devenu quelque chose comme la Régie Renault des toxicomanes. A ce niveau, la naïveté n'était plus permise. Il nous fallait, d'abord, prendre la mesure du réel et du possible, sans rien renier, évidemment, de nos principes de base — volontariat des patients, chaleur affective de l'institution...

Je devais donc liquider le vedettariat, Monsieur Drogue et saint Vincent de Paul. Je n'étais ni un missionnaire, ni un élu, je ne disposais d'aucun savoir inné. Au contraire, je me posais des questions. Et plus je m'en posais, plus la nécessité s'imposait à moi d'une nouvelle étape théorique. D'où les travaux qui allaient me permettre d'établir la structure spécifique des toxicomanes vrais, par rapport à ceux qui, n'entretenant avec la drogue qu'un rapport occasionnel, peuvent s'en déprendre sans drame. Cette distinction, à mes yeux capitale, posait en termes renouvelés les problèmes de la toxicothérapie.

Cependant, il y avait encore une image de moi dont je souhaitais me défaire. Au sein même de Marmottan, en effet, il restait à démythifier le personnage tutélaire que je représentais. Nous avions dépassé la période de l'institution-forteresse regroupée autour de son chef. Je voulais qu'entre mon équipe et moi, et aussi qu'entre mes patients et moi (compte tenu des nécessités thérapiques), s'établisse une vraie démocratie — un mot qui reviendra beaucoup... Sans doute mesurais-je mon vieillissement : il était dangereux que les gens fussent trop dépendants de moi. Surtout, je ressentais l'exigence éthique avec une force croissante. Les soignants, à Marmottan, devaient s'émanciper, s'épanouir dans leur direction propre. Et nos efforts thérapeutiques ne pouvaient avoir d'autre but que d'apprendre à nos patients à s'assumer, en toute responsabilité, en toute autonomie.

Tel est donc le chemin personnel qui sous-tend ce livre, lui confère son unité. Ma personne, évidemment, compte moins que le témoignage qu'il représente. Reste qu'en l'écrivant, j'ai satisfait, je peux bien l'avouer, à l'une des images de moi avec laquelle je demeure le plus en accord : celle d'un homme qui s'astreint à toujours dire ce qu'il sait et croit.

C'est que par mon insertion professionnelle, par mes activités, par mon écoute, je constitue une sorte de relais entre les couches de population qui n'ont jamais la parole et celles, au contraire, qui la monopolisent et exercent un pouvoir dans la société. Mon devoir est donc d'avertir les premières des dangers qu'elles courent et des solutions dont elles disposent, si elles le veulent bien. Et mon devoir, auprès des secondes, est de dépassionner les problèmes de toxicomanie en les rééclairant de manière lucide et nuancée, de faire obstacle aux chasseurs de sorcières toujours prêts à se mobiliser, d'exhorter à mieux comprendre, mieux accepter les jeunes de notre temps. Je viens de le dire : on rencontrera souvent, dans ce livre, le mot de démocratie...

Cl. O.
Le 6 décembre 1982.

PREMIÈRE PARTIE

Adieu aux « sixties »

(octobre 1977-janvier 1978)

NEW YORK, le 22 octobre 1977

Un hot-dog et un taxi jaune : toute l'Amérique, déjà. Je ne manque jamais à ces prises de possession symboliques. J'ai choisi mon véhicule avec soin. Se méfier des *yellow cabs* qui ne portent pas de numéros ni le nom de leur compagnie : d'entrée, le danger, le risque d'arnaque. Veiller aussi au chauffeur. Qu'il ne soit pas trop défoncé.

Le taxi file sur une de ces innombrables autoroutes qui se suivent, s'éloignent, se croisent, et où se pressent, par milliers, d'immenses voitures. J'ai dans la bouche le goût de la moutarde à l'oignon qui enrobait ce hot-dog acheté à Kennedy Airport, dès les formalités accomplies. Premier geste d'indépendance après le sas impitoyable : les différentes lignes derrière lesquelles on vous masse en attendant l'appel de votre nom — et malheur à qui ne se plie pas à la discipline ! — les contrôles, les fichiers électroniques ; les inspecteurs en civil qui, pour un rien, vous conduisent dans une petite chambre et vous fouillent de la tête aux pieds. Moins voyant, plus urbain que le quadrillage français. Plus efficace, aussi, déjà *Le Meilleur des mondes*. Et, en moi, indéracinable, cette angoisse qui me vient du temps où notre famille vivait en proscrits, sans cartes d'identité, sans jamais le moindre papier en règle, à la merci du moindre contrôle. Mais simultanément, cette espèce d'exaltation que je ressens toujours à passer une frontière, aussi modeste soit-elle, parce que ce moment me permet de vérifier que je suis un homme libre.

A vrai dire, les obsessions de la police américaine ne recoupent guère mes mythologies intimes. Elle recherche la drogue, elle a, surtout, une phobie saugrenue des microbes. Je revois le visage effaré de cette voyageuse qui a mobilisé une vingtaine de fonctionnaires parce qu'elle transportait un saucisson d'Arles. On le lui a laissé, finalement, car elle se rendait à Tahiti. Le saucisson a été enfermé dans un container stérile pour la durée du transit. Mieux vaut, assurément, transporter un colt ou un bazooka qu'une gousse d'ail !

Kennedy Airport : dix fois Orly. A elles seules, la TWA et la PANAM disposent, chacune, d'une aire aussi vaste que Roissy. Première leçon de modestie pour les Français que de se voir refouler à l'extrême de l'aéroport, parmi les compagnies qu'on surnomme Pim Pam Poum — Royal Air Maroc, Syrian Airlines, etc. —, là où se tient notre comptoir national.

Ici, on le sent bien, la France n'est qu'un pays de vingtieme zone. Elle ne compte guère aux yeux des Américains. Et les Français sont exactement considérés à l'égal de ces Pakistanais avec lesquels je viens de voyager, c'est-à-dire aussi mal. A Kennedy Airport, on débouche sur une autre dimension, où tout se replace dans son ordre.

J'ai fréquenté bien des aéroports, ceux de Tokyo, de Montréal, de Berlin, de Rome, de Londres. Aucun ne m'a jamais donné ce choc, ce sentiment que la réalité, soudain, se projette à un niveau, une vitesse supérieurs. Kennedy Airport, c'est toute une ville déjà, à l'échelle des Etats-Unis. Des cafés, des restaurants, des boutiques par centaines, des banques par dizaines, et, tout autour, un essaim d'hôtels. On pourrait y vivre sans jamais en sortir. Ce n'est pas beau, c'est autre chose. C'est l'Amérique. Une phrase qui, en moi, se redit de façon obsédante à peine ai-je posé le pied sur le sol. Un éblouissement auquel je ne m'accoutume pas.

Une impatience, aussi, qui dévoile brusquement une sorte

d'appétit formidable. A chaque voyage, je redeviens un peu l'émigrant pour qui le mot Amérique enferme tous les espoirs du monde. Qui d'entre nous n'a en mémoire ces silhouettes misérables venues d'Italie, de Pologne, de Russie et des extrêmes méditerranéens, ces foules hâves serrées sur le pont de vieux bateaux et qui attendent de voir surgir les premiers gratte-ciel ? Aujourd'hui, les émigrants vont par avion. Beaucoup, tout à l'heure encore, partageaient le même que moi.

Pour économiser, j'ai eu recours, en effet, à la Pakistan Airlines. Etonnement, du reste, d'y retrouver un certain nombre de grands bourgeois français, soucieux eux aussi de ménager leurs finances, mais tout gênés d'être surpris en si mauvaise compagnie :

— Quelle malchance ! Il n'y avait plus la moindre place, même en première classe, sur Air France ou sur la TWA ! J'ai dû, à la dernière minute, profiter de l'occasion et sauter dans cet avion ! Mais vous, docteur, comment se fait-il que vous voyagiez là-dedans ? Vous non plus, vous n'avez rien trouvé de mieux ?...

Pour l'essentiel, cependant, l'avion transportait à la fois quelques cadres pakistanais et une foule de petites gens — Pakistanais, Indiens, Iraniens — qui avaient obtenu un visa d'immigration, ou un visa de long séjour pour revoir leur famille immigrée. Les premiers, en bons Orientaux, bousculant les autres, terrorisant l'équipage, jouant les importants, se faisant accorder des passe-droits parce qu'ils détenaient, quelque part, un peu de pouvoir ; les autres, tels les personnages pitoyables du film de Chaplin, se déplaçant en groupe avec leurs poules et leurs œufs, traînant des cageots et des valises ficelées, rongés d'anxiété mais guettant la terre promise, et, celle-ci une fois en vue, se rafistolant à la hâte, se recoiffant fébrilement, tirant sur leurs vêtements fripés... Sans doute, pour ma part, fais-je meilleure figure... Pourtant, moi aussi, je vais d'une certaine manière vers l'inconnu et tente de recommencer quelque chose dans ma vie. Moi aussi, j'espère de ce voyage sans trop savoir ce que j'en attends...

Le taxi maintenant vient de s'engager sur le pont qui traverse l'Hudson. Tout au loin, minuscule, la statue de la Liberté se dessine au ras du ciel si merveilleusement pur aujourd'hui. Et l'horizon, dès lors, devient comme aimanté. Bientôt, je le sais, surgiront l'Ower Manhattan, l'Empire State Building, toutes ces masses resserrées, entassées, posées devant moi comme un jeu de construction, infime encore. Ce paysage est comme un livre mille fois lu. Mais aujourd'hui, il marque le départ d'une aventure et je le reçois avec une acuité neuve, et presque menaçante...

Post-scriptum — Paris, février 1978

Depuis presque deux années, le besoin me hantait d'un voyage, lointain et long, qui marquerait une rupture dans ma vie, m'apporterait la distance nécessaire pour reconsidérer une existence à laquelle j'adhérais de plus en plus mal, briser des engrenages dont je me sentais prisonnier, permettre, également, à certaines blessures de se cicatriser. Car il y avait eu cette succession de morts, celle d'Edith, celle d'Alexandre, ces êtres avec qui, rompant le rituel des relations petites-bourgeoises, j'avais tenté de m'engager plus loin et plus intimement.

Et puis, en janvier 1977, avait paru mon livre *Il n'y a pas de drogués heureux.* D'entrée, la vente en fut foudroyante, qu'accompagna un concert d'éloges presque unanime. Mais ce succès amenait sa contrepartie. Autour de moi, tout d'abord, il réveillait des inimitiés, voire des haines que je croyais assoupies. Surtout, il m'enfermait dans une sorte de personnage édifiant, comme un saint Vincent de Paul des toxicomanes, où je n'arrivais plus à me reconnaître.

Aussi ce premier semestre 1977 fut-il particulièrement éprouvant. Le lancement de l'ouvrage me mobilisait et je m'employais, sans relâche, à mieux faire comprendre mes conceptions, à les placer sous leur vraie lumière. Mais je voyais peu à peu s'élever une sournoise campagne de murmures. Quelques-uns de mes pairs se dressaient contre moi, proclamant que je n'étais pas un médecin mais un charlatan. Certains journaux prenaient le relais. *Libération* m'attaquait sur ma gauche. Sur ma droite, je devais faire saisir *Minute* qui, détournant des propos que j'avais tenus, publiait que Marmottan était une école de toxicomanie. Comble d'imprudence, j'avais commencé à donner des textes au *Matin*. Ce n'était, dans mon esprit, que des papiers d'humeur où je me réservais de dire simplement ce que je pensais, en homme libre qui parle aux autres, à tous les autres, sans les mépriser. Mais cette collaboration, par le fait même, me politisait et me dépouillait un peu de mon statut charismatique, celui d'un personnage au-dessus des mêlées.

Enfin, deux articles parurent qui entraînèrent, alors que le grand public m'était acquis, un renversement de faveur à mon égard. L'offensive se trouva lancée par une critique dans *Le Monde*. L'autre détonateur fut mon interview dans *Elle*. J'y parlais, sans fard, de moi, de ma famille, et commençais à y défaire mon image, en laissant entendre, notamment, que certains de mes problèmes intimes n'étaient pas véritablement réglés.

Ma notoriété s'en ressentit tout aussitôt et cela m'affecta. Soudain, je mesurais à quel point la célébrité peut rassurer, répondant à je ne sais quelle peur enfouie. Car elle comble un manque à l'instar même de la drogue et, très vite, nous plonge dans le même cycle infernal : il en faut de plus en plus alors qu'elle procure de moins en moins de plaisir. Ainsi ressentais-je la moindre baisse de popularité, souffrant, de manière absurde, de l'accroc le plus minime, comme, par exemple, de me voir refuser l'entrée d'un club privé...

Cet espèce d'abattement où je me trouvais, et que l'excitation des premières semaines, après la sortie de *Il n'y a pas de drogués heureux,* avait provisoirement masqué, s'aggravait encore de la détérioration que je constatais à Marmottan et dans les post-cures. Je voyais mon équipe vieillir, et mal. Quelques-uns de ces garçons et filles, qui, avec une extraordinaire générosité, avaient donné la meilleure part d'eux-mêmes, venaient de renoncer. Lors de notre dernier séminaire, Laurence, une de mes plus proches secrétaires, était venue me trouver. Elle m'avait demandé :

— Vous y croyez encore à tout ça ?

Je lui avais dit que oui. Et elle m'avait répondu :

— Moi, c'est fini.

Quelques semaines plus tard, elle s'était suicidée. Je sais bien qu'elle avait de lourds problèmes personnels. Tout de même, je voyais là un signe...

Que se passait-il donc ? Nous avions commencé, à Marmottan, par vivre une histoire d'amour, c'est-à-dire une aventure. Mais peu à peu, le modèle hospitalier, que nous avions banni, s'était sournoisement réintroduit. Les médecins redevenaient des médecins, les infirmières s'abritaient derrière la hiérarchie. Les anciens toxicos, qui exerçaient un intermédiaire délicat entre les drogués et nous, se trouvaient, auprès des malades, coincés dans le rôle de traîtres.

Je m'étais, d'autre part, efforcé de mettre sur pied une organisation extrêmement fluide, en suscitant notamment des expériences d'autogestion : ainsi le personnel était-il appelé à établir ses horaires, ses emplois du temps, et même à choisir ses malades. Mais le système où nous étions retombés, tout en demeurant relativement exceptionnel, rétablissait finalement les structures verticales et horizontales, avec, en arrière-plan, un discours idéologique et des oripeaux gaucho-marxisants — en somme, des alibis pour ne rien faire... Bref, Marmottan était morose et se sclérosait dans le temps même qu'il devenait illustre. Pour les pouvoirs publics, en effet, nous étions quelque chose comme le *Normandie* autrefois. On venait nous visiter tel un zoo et nous nous trouvions en représentation du matin au soir.

A cette usure générale s'ajoutait la mienne propre. Marmottan, c'était aussi quarante à cinquante garçons et filles que nous perdions chaque année, et l'on ne vit pas impunément dans la mort des gens. En outre, j'éprouvais une certaine lassitude à l'égard des toxicos. Ils étaient toujours jeunes mais je ne les trouvais plus, comme avant, beaux et intelligents. Je n'en pouvais plus de les entendre rabacher le même discours, les mêmes agressions stéréotypées contre tout et tout le monde. Je supportais de moins en moins bien leur incapacité d'exister à travers autre chose que les mots de la défonce.

En somme, j'étais la proie d'une sorte d'exaspération généralisée. Celle-ci n'allait pas sans injustice : après tout, j'étais là pour soigner les toxicos qui se présentaient et non pour les juger ! Au reste, en dépit de mes humeurs, je n'en gardais pas moins le sens de ma mission. Mais il est vrai que les autres et les choses bien souvent m'agaçaient. J'avais une excuse : moi-même je me supportais très mal.

Je traversais en effet une de ces crises profondes où l'on remet sa vie et sa personne totalement en cause. Ce questionnement intérieur me renvoyait à mon analyse, comme si j'avais pu m'y replonger tout seul et la rééclairer. Je réinterrogeais mon enfance, ma relation à ma mère, mes rapports avec mon frère... Ce sont là des gouffres dont on ne resurgit ni rapidement ni aisément. L'été me trouva seul, en proie à mes difficultés et, de surcroît, en mauvais état physique ; sursaturé en outre d'activités publiques, dépassé par le succès de mon livre et excédé du personnage où il m'enfermait, voyant se fissurer ma sublimation professionnelle, intoxiqué par les toxicos et pessimiste quant à Marmottan : bref, dans un état plutôt dépressif. Plus que jamais, la nécessité d'une césure, d'un départ, que je ressentais depuis plusieurs mois, s'imposait donc à mon esprit.

Il convenait, avant tout, que je m'éloigne de Marmottan, que je m'en dégage affectivement. On verrait au retour si j'avais encore l'envie de relancer l'aventure. Sinon, on fermerait. Ou je passerais la main. Quant à mes tourments personnels, l'éloignement pourrait peut-être les apaiser, au moins partiellement. Il était bon que je vive quelques mois à mon compte, dans des lieux où je ne serais pas immédiatement repéré...

Mon désir, toutefois, ne se bornait pas au seul présent. Je

voulais revoir également les lieux de la côte ouest que j'avais tant aimés il y a dix ans, observer ce qu'était devenue la prodigieuse effervescence qui y avait régné, toute cette explosion de l'ère des beatniks puis de celle des hippies et du LSD, qui avait nourri mes rêves et, en un sens, fondé mon action. La « route » existait-elle encore ? Y avait-il encore des gens pour rompre les amarres, choisir, tout de suite et maintenant, d'être heureux à l'intérieur d'eux-mêmes, quel que soit le prix à payer ? En somme, je voulais vérifier si la fête existait toujours ou si elle avait été remplacée par une autre, et, dans ce cas, si j'étais, en dépit de mon vieillissement, capable d'y participer.

A dire vrai, je n'étais pas sans inquiétude. Je venais de voir, avec un certain désarroi, s'étendre le mouvement « punk ». Il ne me semblait pas bien neuf et je ne l'avais tenu, au départ, que pour le fait d'une petite minorité. Puis j'avais découvert qu'il y avait là autre chose qu'une simple mascarade à l'usage de quelques individus, qu'il fonctionnait presque comme une idéologie, effaçant de la mémoire, en les banalisant, les horreurs de la dernière guerre. Personnellement, je ne pouvais éprouver qu'un sentiment de rejet envers cette attitude d'universelle dérision qui renvoyait dos à dos Freud, Hitler, Marx, etc., et derrière laquelle, tout naturellement, se profilaient les fantômes du fascisme et de l'antisémitisme. Pour la première fois, je voyais naître un mouvement où une partie des jeunes se reconnaissait et à l'endroit duquel je ne pouvais ressentir aucune sympathie...

N'étais-je donc plus dans la course ? Etais-je devenu un passéiste recroquevillé sur lui-même ? Ou bien entrions-nous en barbarie, et je n'avais plus alors ma place nulle part... Puis je me disais que le « punk », après tout, n'était sans doute qu'une maladie provisoire. Des choses belles, neuves étaient peut-être en train de s'épanouir de par le monde. Raison de plus pour y aller voir.

Je commençai, dès lors, à songer aux étapes de mon périple. L'été s'avançait, un été détestable cette année-là, sinistre et pluvieux. J'eus envie, une dernière fois, de recréer un climat de communion avec ce que j'appelais « ma petite bande » — ceux qui travaillaient avec moi ou d'anciens toxicos avec qui j'avais noué des liens d'amitié. Nous souhaitions louer une maison sur la Côte d'Azur mais rien n'était disponible. Finalement, dans la deuxième quinzaine d'août, nous arrêtâmes, presque au vol, la location d'une villa à Hossegor, à l'entrée de la côte basque.

Ce fut un complet ratage. Il y avait bien longtemps que je n'avais vécu dans une station familiale et je me trouvais renvoyé à mes pires souvenirs d'enfance. Tout m'irritait, du cérémonial de la location, avec l'inventaire des couvertures et des petites cuillères, au spectacle des familles qui s'engluaient dans des activités répétitives et stupides. Les gens me paraissaient laids, dénués d'intérêt, et plus encore les jeunes que je voyais le soir s'entasser dans des boîtes lugubres et, tous ensemble, mécaniquement, agiter leur arrière-train sur les airs « disco » à la mode.

Le mauvais temps nous interdisant fréquemment l'accès de la plage, nous vivions repliés les uns sur les autres, dans une ambiance d'autant plus pesante que chacun se trouvait en proie à de difficiles problèmes personnels. Cela devenait intenable. Je devais à tout prix changer d'horizon.

Aussi, dès mon retour à Paris, précipitai-je toutes les dispositions à prendre avant de me lancer dans le tour du monde que j'avais décidé. J'achevai les psychothérapies engagées, organisai le fonctionnement de Marmottan en mon absence. J'établis mon itinéraire, pris les contacts nécessaires : je ne me préparais pas à une banale promenade. Et le jour vint, enfin, où tous les dispositifs se trouvèrent arrêtés. Il me restait une bonne semaine à dompter mon impatience, jusqu'à ce petit matin d'Orly où, arrivé comme toujours largement en avance, je n'aurais plus qu'à bourrer mes poches de journaux et de revues que je ne lirais pas, puis à m'asseoir devant le tableau des départs, en attendant qu'on veuille bien s'occuper de moi...

NEW YORK, le 22 octobre 1977 (suite)

Le taxi a plongé sous un tunnel et, quand il ressort, Manhattan me prend à la gorge. Univers incomparable de saleté, de vétusté, de modernité décadente. Nous tressautons sur les rues défoncées, parcourues de voitures ferraillantes. Des fumées, au milieu même de la voie, s'échappent des bouches d'égout. A droite, à gauche se succèdent en désordre petites masures victoriennes et bâtiments ultramodernes, *coffee-shops* et grands hôtels. Et toute cette foule étonnamment mélangée, brassage de races et de couleurs. Les costumes les plus stricts alternent avec les plus imprévisibles panoplies. Flux exubérant que ponctuent, aux carrefours, ces policiers tellement semblables à ceux des *cartoons,* avec leur casquette plate et leur longue matraque... Tout cela mille fois dit, mille fois vu et inlassablement redécouvert. Mille fois rêvé, aussi, d'où le sentiment, étrange et bouleversant, que je rejoins d'un seul coup mon imaginaire le plus familier.

Chelsea Hotel. Je ne saurais concevoir de descendre ailleurs que dans cette grande bâtisse de brique rouge, qui dut avoir quelque prestance dans les années 20. Un ensemble sans beauté et, aujourd'hui, singulièrement défraîchi, dans la 23e Rue à Manhattan West. Mais, pour moi, le mythe au cœur du mythe. La quintessence de tout ce qui m'attire à New York, de tout ce que j'en attends. Mon « home ».

Le taxi stoppe. Nous débarquons les valises, je pénètre dans le hall. Comme chaque fois, impression d'être instantanément absorbé par un incroyable carrousel, où apparaissent, disparaissent hippies américains ou français, intellectuels de tous pays, maquereaux noirs coiffés de larges chapeaux, homosexuels, travestis ou drogués, hallucinés ou délirants de toutes sortes. De temps en temps, quelques vieillards dignement vêtus surgissent, qui habitent l'hôtel depuis au moins quarante ans. Tous ces gens, dont on se demande, pour beaucoup, ce qu'ils font là, engendrent une sorte d'animation permanente et piétinante. Les uns arpentent la salle en gesticulant, d'autres traînent, assis sur les banquettes de moleskine rouge, d'un effet très modern style, quelques-uns, brusquement, se ruent vers les cabines du fond pour téléphoner à une chambre.

Je me dirige vers la banque, c'est-à-dire le comptoir d'enregistrement. Plaisir, alors, d'être salué comme un familier. On me demande de mes nouvelles, on évoque mon dernier séjour : moi aussi, je suis un « chelsien » ! Etrange titre de gloire puisqu'il s'agit d'un des hôtels les plus sordides et les moins confortables de New York. Mieux, le plus grand bordel et le plus grand asile d'aliénés que je connaisse au monde.

Le propriétaire est un curieux personnage, comme il n'en existe sans doute plus à Paris depuis l'avant-guerre. Terrorisé mais masochiste, il jouit de l'instabilité et du danger permanent qui règnent dans son hôtel. Il jouit d'être, à l'occasion, roué de coups par certains de ses clients qui ne peuvent acquitter leur note. Il jouit de posséder un établissement où descendent les marginaux les plus en vue et les créateurs qui font les modes. Les artistes fauchés le règlent en lui donnant des œuvres, d'où l'ampleur de ses collections. Peintures et sculptures garnissent les murs du hall, en font un véritable musée. Ainsi jouit-il encore de se donner des allures de mécène.

Mais c'est aussi un homme riche. Il loue ses chambres entre trente et quarante dollars. Les suites peuvent s'élever jusqu'à quatre-vingts dollars. Ces prix, à dire vrai, ne sont pas fixes. Ils varient selon le client et peuvent tomber de quatre-vingts à trente dollars. On a donc tout intérêt à faire partie de la bande...

Entre la banale chambre pour touristes, qui est misérable, et les somptueux appartements — d'anciens ateliers — qu'occupent les vedettes de l'endroit, artistes, acteurs, cinéastes, peintres, écrivains, il y a du reste une très grande disparité. Le Chelsea apparaît comme une sorte de Babel sociologique, composé de strates antagonistes. Le premier et le deuxième étage sont dévolus aux prostitués homo- et hétérosexuels, le troisième aux travestis, aux trafiquants et aux maquereaux — des Noirs le plus souvent. Les touristes de passage occupent les quatrième, cinquième et sixième étages. Les « chelsiens » se retrouvent au septième, huitième, neuvième, dixième ainsi qu'au rez-de-chaussée.

Jointes à l'agressivité morbide, à la violence spontanée d'un grand nombre de résidents, ces juxtapositions détonantes expliquent le climat de démence qui accable l'hôtel. Il vaut mieux surveiller de près son argent, puisqu'on ne peut guère se fier au portier. Au Chelsea, on compte au moins trois morts chaque année — suicides, pendaisons, assassinats... Faut-il donc que le lieu soit bien protégé, ou la police new-yorkaise bien corrompue ! Tout peut y arriver et l'on peut tout y voir. Aussi cet univers me pénètre-t-il, me secoue-t-il comme une drogue. J'y vis perpétuellement en alerte, tous les gens aux aguets, dans une sorte d'excitation prodigieuse...

L'ascenseur est comme le poumon de cette usine à délires. Mais c'est aussi le lieu clos des plus hauts dangers : on n'est jamais sûr d'en sortir vivant. On y fait les plus inconcevables rencontres, surtout la nuit. A mon dernier dernier voyage, j'y suis tombé sur un homme déguisé en Sioux, le crâne rasé et qui, sur son pantalon, avait enfilé un slip de femme. Des gens y hallucinent, yeux exorbités, puis, brusquement, d'un ton naturel, vous demandent : « Comment allez-vous ? Avez-vous passé une bonne nuit ? » Le plus grand spécialiste du cubisme y devise avec un tapineur travesti, un nonagénaire tiré à quatre épingles et un « dealer » de cocaïne. Tout cela avec une exquise urbanité. Mais chacun demeure sur ses gardes : le coup de couteau peut jaillir d'un moment à l'autre.

Car le drame couve à chaque instant. Une « chelsienne », mon amie Martine Barrat, qui effectue un travail extraordinaire auprès des Portoricains du South Bronx, s'est trouvée un jour en conflit avec un des résidents de l'hôtel — un Français paralysé. Celui-ci s'est fait transporter devant sa porte et, durant quarante-huit heures, l'a attendue sur sa chaise longue, fusil au poing, pour la descendre...

Je me suis fait à l'hôtel quelques relations, toujours surprenantes. Ce personnage, par exemple, qui traîne toute la nuit dans le hall... Quel est son sexe ? Je n'en sais toujours rien. Ses cheveux sont teints au henné, son visage est peint en vert. Il est vêtu d'un ensemble de tissus bariolés qui s'évase en courte jupe sous laquelle surgit un pantalon... A l'opposé, ce vieux monsieur strict et digne, un client de toujours. Au dernier incendie du Chelsea, les pompiers, sur la grande échelle, l'ont embarqué comme une jeune mariée. Il en rit encore : « Si vous saviez comme je suis heureux d'être vivant ! » Alors qu'il côtoie la mort chaque jour...

Et puis, il y a Betty. Une bourgeoise, habillée comme une clocharde. Intellectuelle, ancienne scénariste et musicienne de talent. Un jour, elle en a eu assez de la vie conforme, *straight.* Elle a tout lâché, s'est installée au Chelsea où elle a été un peu initiée à la drogue par son fils et sa fille qui habitent deux étages plus bas. Comme il lui fallait survivre, elle s'est mise à vendre des légumes, des fruits et quelques bibelots dans les rues de New York, telle une marchande de quatre-saisons de la rue Mouffetard. Elle rend aussi de petits services à droite et à gauche.

C'est un esprit délicieux, fin et cultivé. Elle a rompu avec ses enfants pour être tranquille et vivre sa vie. Son meilleur ami, au Chelsea, est un émigré allemand aux opinions politiques ambiguës et qui occupe un très haut poste social. Le plus grand plaisir de cet homme est de courir les docks toute la nuit, à la quête de rencontres sexuelles anonymes et brèves (*quick sex*). Imaginerait-on cela à Paris ? Le personnage aurait pignon sur rue dans un quartier bourgeois et n'assouvirait ses tendances qu'en s'entourant d'une clandestinité vigilante. Le genre d'existence, de relations qu'il assume ici paisiblement lui vaudrait une destitution immédiate...

Cette absence d'hypocrisie me fascine : au Chelsea, on vit à découvert vingt-quatre heures sur vingt-quatre. Chacun a ses usages. Il y a les gens du matin, ceux de l'après-midi, ceux de la soirée. Ceux de la nuit, aussi, qui surgissent sur le coup de dix heures, vont un peu partout traîner au-dehors puis disparaissent à l'aube. Mais tous ces êtres contradictoires, il leur arrive de se croiser et de fraterniser quelques instants. Car ils partagent au moins ceci : ils vont, chacun, jusqu'au bout de leur différence.

Me voici à nouveau parmi eux. M'aideront-ils, sans le savoir, sur le chemin de ma propre quête ? Je parlemente pour avoir les meilleurs tarifs et, si possible, une suite convenable. On m'attribue celle qui, à plusieurs reprises, fut occupée par Arthur Miller. Sentiment étrange d'intégrer une sorte de Panthéon. De Dylan Thomas à Marilyn Monroe puis Andy Warhol, le Chelsea n'est-il pas peuplé d'ombres illustres ? Mais ce sont des ombres encore frémissantes : le temps, ici, court si vite que l'histoire en devient palpable.

Post-scriptum — Paris, février 1978

L'Amérique a été une des plus constantes aspirations de mon enfance et de mon adolescence. Elle incarnait à mes yeux le voyage et l'aventure — la seule qui demeurât en une époque où les empires coloniaux avaient perdu leur prestige. Pour ceux de ma génération, en effet, il semblait relativement facile d'être un homme blanc dans ce qui est devenu le tiers monde. C'est outre-Atlantique que nous attendait la vraie mise en question. Ainsi le rapport s'inversait-il. Le voyage aux USA, d'une certaine façon, c'était celui du colonisé chez le colonisateur.

Je ne suis jamais revenu de cette fascination. Mais si les Etats-Unis continuent à représenter pour moi l'aventure, celle-ci s'est intériorisée au point que dire « j'aime l'Amérique » n'a plus aucun sens. Occidental, je ne puis que revendiquer ce qui est le plus haut lieu de l'Occident, celui où s'expriment le mieux ses contradictions et ses chances de renouvellement.

Un roman, en dépit de sa tonalité fascinante, m'a beaucoup marqué dernièrement ; il s'agit du *Camp des saints* de Jean Raspail. C'est qu'en annonçant l'invasion du monde blanc par les pays du tiers monde, l'auteur y rejoint une hantise qui s'est développée en moi après que j'ai vu sombrer nombre de mes illusions, à commencer par celles que j'avais entretenues durant la guerre d'Algérie.

J'avais, en effet, beaucoup espéré de la victoire des Algériens. Mais, très vite, il m'avait fallu constater leur impuissance à la dépasser, leur manque de générosité à l'égard de ceux qui les avaient soutenus comme à l'égard de leurs femmes. J'avais alors mesuré le piège que constitue l'Islam, et la fatalité réactionnaire qu'il apporte avec lui.

Cette prise de conscience allait susciter, chez moi, un vif sursaut psychologique. Je compris que j'étais viscéralement solidaire du monde occidental et que je n'avais pas, ce faisant, à m'y situer en juge : les comptes que j'avais avec lui, c'est de l'intérieur que je devrais les régler. Car je ne puis, bien sûr, oublier tout ce que j'y déteste, méconnaître les horreurs dont il est responsable. Mais je pense aussi que dans l'état actuel de la civilisation, c'est là, tout de même, que l'on vit le moins mal, du moins si l'on est, tant soit peu, du côté des privilégiés ; que c'est en Occident que l'homme peut accéder à ses plus grandes dimensions.

Où trouverais-je, du reste, plus de chances d'être véritablement moi-même ? Etant né homme blanc, c'est du monde des hommes blancs que je tire mes plaisirs de culture, de vie, de table et de jouissance, mes plaisirs de la fête et de la nuit. Or, l'Amérique est l'Occident par excellence. C'est donc là que je suis le plus assuré de trouver les lieux où me projeter à l'extrême de ce que je suis, ou puis être...

L'Occident : tout à la fois la province et la ville. En ce sens, New York est la seule ville — avec, peut-être, certaines cités californiennes. Cela veut dire que tout y est plus intense, plus concentré, plus créatif et plus contradictoire : pour reprendre un mot de l'argot de la drogue qui traduit l'exaltation et la sensation d'accéléré qu'éprouvent les usagers des amphétamines, je dirai que l'on ne peut y être que *speed.* En d'autres termes, on y a le sentiment, à chaque seconde, de saisir et de ressentir toujours plus vite, celui de se dépasser sans cesse. On ne peut dormir à New York si l'on veut y survivre car on y est constamment emporté au-delà de soi-même, jusqu'aux limites de sa propre folie.

Mais comment décrire New York ? Ni le regard ni l'esprit ne peuvent s'y poser durablement. Les lieux, les modes s'y transforment sans relâche. On songe plutôt à ces villes des toiles expressionnistes que semble consumer une convulsion permanente. Tout y est contrastes outrés, affrontements dynamiques. La plus sordide déchéance y côtoie l'opulence la plus spectaculaire. Pour peu que l'on aborde le quartier noir, par exemple, on voit dix, vingt personnes, qui ne constituent pas même une famille, s'entasser dans des appartements délabrés, sans chauffage, sans carreaux, et souvent incendiés. Mais on découvre aussi bien, au sommet d'un building, quelqu'un qui s'est installé une véritable maison de campagne, avec jardin privatif, piscine et piste d'hélicoptère. Telle est la face diurne des contradictions new-yorkaises, que la nuit, peut-être, renversera. Alors, on verra la riche rejoindre les docks afin de s'y vendre aux Noirs comme esclave, obéissant en cela à son fantasme masochiste. Car New York est le champ clos de toutes les revanches, et tous les antagonismes s'y rejoignent souterrainement.

L'incroyable tension qui caractérise cette ville naît essentiellement des conflits de pouvoirs dont elle est prisonnière. Tout se passe, en effet, comme si une course de vitesse s'était livrée entre ses diverses minorités. A ce jeu, les juifs pauvres de l'immigration ont fini par l'emporter, de sorte que New York, aujourd'hui, est la première ville israélite du monde. Les juifs dominent parmi les politiciens, les avocats, les hommes de loi, les promoteurs immobiliers. Ce sont eux qui ont créé l'école new-yorkaise de cinéma. Ils règnent sur le disque, la musique, la radio et, surtout, l'audiovisuel, un secteur particulièrement important : quand on a le « câble », en effet, on reçoit plus de cinquante chaînes dont la moitié fonctionne nuit et jour ; et j'avoue qu'un de mes plaisirs, là-bas, est de m'établir une journée entière devant un écran de télévision : on en apprend plus sur le pays qu'en dix années de lecture !

La mafia s'est développée parallèlement à ce pouvoir. Les juifs y ont un peu trempé, mais elle reste essentiellement — cela est bien connu — le fait des Italiens. Elle contrôle presque tout et, notamment, dans la vie marginale, les bains de vapeur pour homosexuels, la prostitution, la came — et l'on voit des fillettes de onze ans se vendre pour que leurs « mecs », qui en ont treize, puissent s'approvisionner...

Les Noirs et les Portoricains, enfin, sont arrivés en dernier. Aujourd'hui, ils s'efforcent de prendre une revanche qu'ils n'obtiendront jamais. Ils le savent, du reste, d'où leur masochisme et leur peur viscérale qui expliquent leur agressivité et la violence pathétique de leur révolte.

Mais cette révolte, justement, coïncide avec l'épanouissement de la montée des juifs au pouvoir. Du coup, ceux-ci, comme les Israéliens, ont été brutalement projetés du statut d'opprimés à celui d'oppresseurs : renversement tragique, si l'on y songe, qui les reconduit au sentiment obsédant de leur précarité et qu'ils vivent, à leur tour, dans un mélange très particulier de violence et de désespérance. C'est à ce confluent que naît le fameux humour juif new-yorkais que l'on voit resurgir à tous les niveaux, des œuvres littéraires aux publicités pour pâtes alimentaires...

Rien ne me semble plus exemplaire de ces imbrications qu'un film, tourné par des Noirs, que je vis un après-midi. Il se déroulait dans une prison et nous présentait un Blanc qu'on avait enfermé parce qu'il violait et tuait des fillettes — chose, à vrai dire, banale à New York. Mais les autres prisonniers, qui étaient noirs, décidaient de le punir et l'égorgeaient comme une truie. On les voyait jouir, et toute la salle, qui était remplie de Noirs, jouissait avec eux. Le plus extraordinaire, pourtant, était que le dialogue de ce film, sans doute subventionné par des juifs, laissait de temps en temps filtrer, en brèves fulgurances, des traits d'humour yiddish...

Les films de Woody Allen ont du reste popularisé l'image du juif new-yorkais dans ses complexes et ses névroses, petit homme misérable, voué à l'échec mais, cependant, installé. Cette image est étonnamment archétypique : les rues, là-bas, regorgent de Woody Allen, même s'ils sont en général moins drôles, plus durs, plus pathétiques. Ils appartiennent à la scène new-yorkaise au même titre, par exemple, que les larges policiers irlandais qui sèchent dix whiskies d'affilée dans les longs bars silencieux tenus par leurs compatriotes, où l'on voit, accoudés, une douzaine d'hommes que l'on sent prêts au meurtre, et tout au bout, recroquevillé, un petit Woody Allen...

La coexistence, à l'intérieur d'un univers bloqué, de types humains à ce point opposés explique assez le caractère explosif de la communauté new-yorkaise et la dangerosité qui y règne. Ce climat, bien sûr, on le perçoit inégalement. Mais il est des lieux où il se trouve comme porté à incandescence, et tout d'abord à l'université pour jeunes. J'avoue toutefois la connaître mal, peut-être parce que, si l'on y ose, c'est encore à l'intérieur d'un ordre et que l'ordre américain m'intéresse peu.

Lors de mes premiers voyages, j'ai, en fait, presque tout connu du New York *straight,* celui des professeurs et des grands médecins comme celui de la « classe laborieuse ». C'est, à vrai dire, le New York de ma famille. Ainsi vais-je encore, à l'occasion, rendre visite à l'une de mes cousines maintenant établie à trente miles de la cité : beaucoup de gens « convenables » ont émigré aux alentours, dans de petites villes qu'ils regagnent tous les soirs en voiture. Mais je n'ai plus guère le goût de me mêler à l'*establishment* — encore qu'il reste beaucoup à dire à son sujet...

J'ai gardé, ainsi, le souvenir d'une réception où se trouvaient rassemblés toutes sortes de personnages dignes et titrés, en général médecins. C'était en Californie mais ç'aurait pu aussi bien se passer dans la région new-yorkaise. La maison était fastueuse, les femmes d'une rare élégance. Les hommes, tous grands et sveltes — comment font-ils donc pour conserver une forme pareille ? —, portaient ces smokings éclatants qui peuplent les films hollywoodiens. Parmi eux, je reconnus notamment un spécialiste de la législation de la drogue que j'avais fréquenté dans les congrès internationaux.

La *party* débuta dans une sorte de jovialité cérémonieuse. Au fur et à mesure cependant que le temps s'écoulait, je voyais les gens, par petits groupes, déserter la salle. Finalement, je cédai au mouvement général et me retrouvai à la cuisine. Sur la table s'alignait une série de pots étiquetés où l'on pouvait lire : opium, héroïne, cocaïne, etc. Et chacun, devant tous les autres, y allait de son petit « sniff »... L'ambiance, on s'en doute, a rapidement basculé et la réunion s'est achevée en partouze.

Ce jour-là, j'ai vérifié que l'on pouvait rejoindre, à tous les niveaux de l'Amérique, cette espèce de décadence à la romaine qui me fascine si profondément : il suffit de gratter. Mais, précisément, la façade m'ennuie : j'y respire encore la province. Seuls me touchent au cœur les êtres qui, à visage découvert, choisissent une existence où ils se trouvent conduits à la limite d'eux-mêmes, acceptant de payer totalement le prix de ce qui est leur manière de se libérer. D'où ma passion pour la nuit new-yorkaise et la faune du Chelsea.

Ce monde-là, je le sais bien, est une jungle où se cache une infinie misère personnelle. Chacun, en toute connaissance de cause, y épuise sa folie et ses obsessions, chacun y obéit à ses pulsions et y règle brutalement ses comptes. Le danger est partout. Si l'on ne possède pas les cinquante dollars dont on a besoin pour sa soirée, sa drogue ou son fantasme sexuel, on les prend là où ils se trouvent — à New York, toutes les portes sont blindées ou couvertes d'une vingtaine de serrures —, on les arrache au voisin ou même à son meilleur ami : il faut vivre vite, c'est le jeu. Un jeu cruel et dur, mais que tous ont choisi parce qu'il correspond à la vie qui les exalte le plus et où ils se réalisent le mieux.

Ce New York n'est évidemment pas une ville élégiaque. On s'y sent constamment menacé dans son existence et elle exerce, sur les liens les plus forts de l'amitié, de l'affection et de l'amour, une sorte de provocation où ils risquent fort de sombrer. Mais elle vous immerge, en retour, dans une prodigieuse densité de vie. Surtout, elle fait subir un décapage radical à vos sentiments et à vos perversions...

Bien sûr, une telle mise à nu apporte inévitablement sa rançon de solitude. Mais celle-ci a sa contrepartie, qui est l'anonymat. Et dans l'anonymat, tout peut arriver, y compris la plus merveilleuse nuit d'amour avec un être dont on sait qu'on ne le reverra jamais : c'est le *quick sex,* l'échange silencieux, simplement peau contre peau, au-delà du fantasme ou peut-être en deçà, lorsqu'on accepte de se réduire à son corps pour en épuiser toute la vérité...

Mais il ne faudrait pas ramener New York à la seule dimension des désirs, du désir, et oublier tout ce qui appartient à la fête ou, plus exactement, à la culture dans la fête. Car je ne connais pas de lieu où surgissent autant d'événements à la fois, que ce soit dans le domaine de la peinture, du théâtre, de la danse, de la musique ou du jazz... Je dirais même qu'il s'y déroule, en une soirée, plus de choses qu'en Europe durant un mois. A ce niveau, la lecture de la presse — le *Village Voice,* le journal de Soho ou tel quotidien ordinaire, aucun ne fait double emploi — donne véritablement le tournis. Sans parler de tout ce dont on ne peut être informé qu'à condition de fréquenter certains circuits...

Une telle luxuriance, une telle générosité, voilà qui explique assez le désarroi des snobs français accourus pour se fondre dans ce qu'ils s'imaginent être la vie new-yorkaise. Sans doute ne comprendront-ils jamais la vitalité prodigieuse de l'Amérique, celle-là même qui lui permet de digérer presque instantanément tout ce qu'elle enfante, la mode du « punk », par exemple, déjà déclinante à New York au moment où Paris commençait à y voir le dernier cri. Et cette vitalité est d'autant plus remarquable qu'elle se déploie en tout sens : si les choses se succèdent rapidement, c'est, en effet, après avoir épuisé leurs virtualités — à l'inverse de l'Europe où elles vont lentement et sans vraiment s'épanouir, car elles sont presque toujours stoppées par une réaction mesquine de moralité. Aussi les Etats-Unis peuvent-ils bien faire figure de nation décadente et monstrueuse : dans le même temps, et avec une évidence aveuglante, ils s'affirment comme le seul pays sain de l'Occident.

NEW YORK, le 28 octobre 1977

Je ne suis pas un voyageur sans bagages puisque j'apporte ici ma vision de la vie new-yorkaise. Elle s'articule, je le vois bien, sur certains souvenirs privilégiés. Cette soirée au *Limelight,* par exemple, il y a trois ans. Toutes espèces de choses, en moi encore flottantes, y ont brusquement cristallisé.

Le *Limelight* est une boîte de travestis. Je n'en avais jamais entendu parler et ce sont des amis qui m'y emmenèrent. La salle était bondée. Des garçons, quelques filles, tous jeunes, tous étonnamment beaux. On ne pouvait qu'en être jaloux.

Soudain un travesti vieillissant apparut et se mit à chanter. Son numéro était médiocre, j'étais surpris de la ferveur que je sentais monter vers lui. On m'expliqua alors son histoire. Il s'agissait de la « Queen », de la reine des travestis. Elle se retirait de la scène, ce jour-là était son dernier. Tout ce que New York comptait de déviants, de gens marqués par le sentiment d'un destin inéluctable était venu la fêter.

Je regardais le visage de la « Queen », où se lisait le naufrage de sa beauté. Elle avait revêtu sa plus belle robe, s'était couverte de ses plus beaux bijoux. Ce n'était pas seulement bouleversant, comme le sont tous les adieux : en elle, surtout, je lisais un choix de vie dont ces minutes ultimes étaient peut-être le moment le plus haut.

Lorsqu'elle eut terminé, les assistants se groupèrent en défilé pour lui offrir quelques dollars. Ceux qui étaient démunis empruntaient à d'autres. Chacun, à son tour, passait devant elle, lui glissant un billet dans le corsage ou la ceinture, puis lui baisait les mains et les pieds. Dans cet hommage, je percevais quelque chose de mystique et de désespéré à la fois. Mais surtout une forme de reconnaissance, car sans son exemple ces gens n'auraient peut-être jamais osé aller au bout de ce qui était profondément inscrit dans leur chair.

L'image de la « Queen », depuis, n'a cessé de m'obséder, jusqu'à faire figure de symbole. Car son destin dépasse toutes les interprétations, toutes les réductions psychologiques : en assumant totalement l'ambiguïté fondamentale de la condition humaine, ne s'était-elle pas projetée en un lieu qui participe au sacré pour y incarner, exemplairement, le pari insoutenable de la transgression ? Je reconnaissais la tentation qui, dans un autre registre, meut les toxicomanes profonds. La « Queen », elle aussi, jouait sa peau. On comprend donc qu'elle ait pris place au cœur même de ma mythologie de la nuit new-yorkaise.

La nuit new-yorkaise... C'est à ses poisons que je veux me confronter, au seuil du périple où je vais me lancer. Bientôt, je rejoindrais l'Orient, avec son goût d'éternité. New York m'apparaît comme un prélude nécessaire, par le contraste même qu'il constitue, cette tension, cette incandescence de l'instant où il vous empoigne.

Mais, bien sûr, on ne vit pas que la nuit. Aussi mon existence new-yorkaise a-t-elle deux visages, deux temps. Le matin je vais saluer mes voisins du Chelsea ou quelque autre relation que j'ai dans New York. Je me promène dans la ville, heureux de me sentir anonyme au sein de la foule bariolée qui me porte. Les après-midi sont également sans nuages. Je joue les touristes avec des amis. Nous furetons dans les galeries, visitons les musées, assistons à des films.

Plaisir de naviguer dans toutes sortes de milieux, parmi toutes sortes de gens : nous allons des uns aux autres, des artistes aux professeurs d'université, des musiciens aux directeurs de galerie.

Avant-hier, Martine Barrat nous a conduits chez les Noirs de South Bronx. Ce quartier, j'ai beau le connaître, je le reçois toujours en plein visage. On pense aux ruines de Stalingrad. Les habitants ont brûlé leurs immeubles pour toucher un minimum d'argent. Tout le monde est drogué ou alcoolique. Des bandes de mineurs errent dans la rue. Ils sont totalement démunis et n'ont plus de famille. La majorité, ils le savent, passera une partie de sa vie en maison de correction, puis en prison. Les autres finiront dans des gangs où ils auront à subir des initiations féroces...

L'après-midi, je suis donc un voyageur ordinaire. La traversée de la nuit est une entreprise d'une autre espèce. Elle s'effectue par zones successives. Le danger est tout au bout, alors que les premières appartiennent encore au domaine des sorties classiques. Je pense, par exemple, à l'extraordinaire concert de Patty Labelle auquel je viens d'assister.

Patty, un être d'une étonnante beauté. Certains disent que c'est un travesti. Je l'avais déjà vue, lors de la soirée du *Limelight*. Elle est, depuis, devenue une grande vedette, l'idole des gens de couleur. Elle se produisait l'autre soir au Rockefeller Center, un hall de béton lugubre et gigantesque. A côté, on donnait un opéra où se pressait une foule de Blancs tirés à quatre épingles. Mais c'est tout autre chose que le public de Patty, vivant, exubérant, d'une prodigieuse variété vestimentaire. Et presque entièrement noir, bien sûr, si l'on excepte quelques Blancs égarés. Elle a chanté, avec une force expressive, poignante, quelques blues et des rocks de style disco. Puis, au bout d'une demi-heure, la salle entière s'est levée, s'est, à son tour, mise à danser et à chanter. Je regardais ces gens, des jeunes mais surtout des adultes. Cette liberté, ce défoulement total, cette flambée de l'instant, c'est bien cela, ce New York que j'aime tant...

Je me suis rendu également au *Bottom Line*, temple du rock et du pop, juste le temps de constater que l'endroit avait déjà vieilli... La vague passe et les lieux se transforment à vue, comme dans un opéra à grand spectacle. Ainsi la Bowery. C'était, il y a quelques années encore, un secteur où l'on ne mettait jamais les pieds. L'avenue la plus sordide et la plus mal éclairée, jonchée d'alcooliques que l'on pouvait piétiner, mutiler pour un simple quart de dollar — le prix d'un verre. Une succession de devantures éclatées, d'immondes escaliers en colimaçon conduisant à des dortoirs, souvent tenus par la Croix-Rouge ou l'Armée du Salut, où des hommes sans âge allaient s'effondrer, lorsqu'ils en avaient encore la force, dans la vinasse et les vomissements.

Puis la mode s'en est emparé. Les clochards gisent toujours — et ceux de Paris sont des princes à leurs côtés ! Mais soudain les jeunes de la nouvelle vague ont déferlé. Ils fréquentent surtout le CBJR, le haut lieu du « punk ». J'y ai été voir avec des amis. Mais déjà, cela sent le déclin, tourne en rond. New York — je m'en félicite — est en train de digérer le « punk »...

Où s'élève donc le dernier cri ? Au *Studio 54,* peut-être... Tout le monde et toutes les mondanités se regroupent dans cette discothèque. Les plus grands noms, d'Andy Warhol à tel lauréat du prix Nobel. Les plus beaux garçons, les plus belles filles, la Jet Society internationale.

On pourrait dresser, ainsi, l'inventaire, toujours mouvant, des principaux lieux de la fête nocturne. Mais ce serait tricher que de se perdre dans ce recensement. Le New York dangereux, le New York pervers se tient par-delà : en quelque sorte, la nuit au cœur de la nuit.

Je ne veux pas entraîner mes amis dans les endroits où l'on peut craindre pour sa vie. Nous n'irons donc pas dans un de ces *lofts* que l'on m'a fait connaître durant mon précédent séjour (*loft* signifie atelier). Ces anciennes fabriques ont été reconverties en ateliers clandestins. Je n'en menais pas large dans celui où l'on m'avait conduit. J'avais été accueilli mitraillette au poing. La grande pièce était noyée de fumée, on se serait cru au Chicago de la grande époque. Les joueurs, en bretelles, misaient des sommes énormes. Sur une petite table à tréteaux, dans un angle, il y avait, posé, au moins un kilo de cocaïne. On le débitait à l'usage des petits trafiquants qui allaient le revendre dans la rue.

Une heure auparavant, j'assistais encore à un ballet d'avant-garde... Et j'avais cru, soudain, reconnaître une personne que j'avais vue dans la salle : fantastique réversibilité de cette ville, décidément, où, passé une certaine heure, tout communique et tout s'échange... Je ne m'étais pas attardé, cependant, tant l'endroit me pesait. Ma soirée s'était achevée près du *Junkee Paradise,* mais ce n'avait pas été une moindre émotion. Il s'agissait d'un groupe d'immeubles de Manhattan déserté par ses habitants. Les drogués s'y étaient établis. On y rançonnait et on y tuait pour quelques dollars...

J'écarte aujourd'hui ces lieux extrêmes. Plus que le danger, les scènes du New York pervers retiennent, je l'avoue, ma curiosité.

Si cette ville est *speed,* rien ne l'est autant que sa débauche : on n'y retrouve plus en octobre ce qu'on y a laissé en avril. On dirait que les gens sont fascinés par l'image de leur propre mort : il faut qu'ils se gavent d'aventure, de rencontres, d'excitation, de sexe. Rien ne vaut, pour eux, sinon le commerce des extrêmes : aller au plus sordide, au plus dangereux, au plus proche de la folie... Tout change parce que le risque est toujours à réinventer.

J'ai connu le *Village* au temps où il foisonnait d'événements. C'était il y a plusieurs années. Aujourd'hui, l'endroit est devenu un havre de paix, et, du coup, l'on s'y ennuie. Aussi les gens, dès qu'ils ont senti poindre le conformisme, ont-ils commencé à émigrer.

Ils se sont déplacés vers les docks, ce qu'il y a peut-être de plus sinistre, un faubourg peuplé d'épaves, où chaque nuit, presque, apporte son cadavre. Mais c'est là, également, que viennent stationner les routiers américains lorsqu'ils s'en vont charger au port. Très vite, les rencontres de *quick sex* se sont multipliées à l'ombre des camions ou sur les pontons gluants : nouvelle peur, nouvelle mode...

Puis les lieux se sont aménagés et des boîtes se sont ouvertes. L'une d'entre elles, afin de marier la sécurité au fantasme, a même installé un camion dans la salle...

J'ai pris, hier soir, le chemin de ces docks : une sorte de descente aux enfers. Les quartiers que l'on traverse ravivent les souvenirs les plus brutaux des anciennes halles parisiennes. La nuit est pleine de tueurs tachés de sang, qui ploient sous le poids des bêtes fraîchement abattues. A droite, à gauche, ce ne sont que des étals chargés d'énormes quartiers de viande, obsédants comme des toiles de Soutine.

Surgissent les docks, immenses, noirs, désertés. Quelques voitures, de temps en temps, trouent le silence. Certaines foncent, on croirait qu'elles veulent vous renverser. D'autres, au contraire, rôdent, moteur au ralenti, et ce n'est pas moins angoissant. Des ombres, furtives comme des rats, se faufilent entre les blocs.

Mes amis et moi arrivons devant un hôtel lépreux, à l'angle de deux rues : c'est là que se tient le club où nous nous rendons. Contraste saisissant, une étincelante Rolls stationne devant la porte. Le gorille, après que nous eûmes parlementé, s'efface et nous laisse pénétrer. Nous plongeons dans une vaste salle où, sous le plafond bas, s'étire un grand bar. Ce lieu, que j'avais connu grouillant, est aujourd'hui à moitié vide. Des hommes se démènent aux accents d'une musique bruyante à vous faire éclater les tempes. Ils sont plus ou moins nus, quelques-uns ont le sexe emprisonné par des lanières. Autour d'eux, des gens de tous âges — certains fort beaux, d'autres assez laids — tournent, se regardent, se flairent, essayent de danser, puis reprennent leur déambulation. Quelques individus, nus et enchaînés dans un coin, se masturbent en regardant le spectacle.

Le propriétaire de la Rolls est certainement cet Anglais, beau comme un Adonis. Il se noie dans l'alcool, rudoyé par un homme très vulgaire qui semble son compagnon. Celui-ci, soudain, l'abandonne et s'enfonce dans l'escalier qui conduit au sous-sol. Nous le suivons. Une *orgie-room* se tient en bas, véritable cage à fantasmes.

Mais nous n'en pouvons plus, je remonte. Affalé au bar, l'Anglais continue à se défoncer. Je suis frappé par la coupe admirable de ses vêtements, l'élégance raffinée de sa chemise bleue. Son visage est pathétique, j'ai brusquement l'impression qu'il va se suicider dans l'heure qui suit. Il est beau, il a tout l'argent qu'il veut. Et c'est sans doute l'être le plus malheureux qui soit. Le plus invivant.

Je ressens une sorte de frisson, nous sortons. L'air frais, d'un seul coup, nous enveloppe, j'ai le sentiment de ressusciter. Nous avons marché en silence, hantés par la vision de cette misère répétitive où rien ne s'échange, pas un mot, pas un regard... Tous ces yeux insupportablement vides, tous ces possédés qui ne jouissent même plus ! Quelque chose se défait en moi. Serais-je encore un petit-bourgeois ? Peut-être. Sans doute. Mais je vois bien, surtout, que s'il est important d'aller jusqu'au plus profond de soi-même, ce ne saurait être par des voies qui conduisent à une nouvelle aliénation, pire encore que le conformisme et les mutilations intérieures qui nous accablent. A quoi bon substituer la mort à la mort ?

Désormais, il est temps de quitter New York.

SAN FRANCISCO, le 6 novembre 1977

Cette Californie où j'aime tant à me retrouver, je la vis aujourd'hui dans un malaise permanent. N'est-ce pas un des plus beaux lieux du monde ? N'est-ce pas aussi la terre où s'est épanoui ce mouvement hippie dont les idéaux m'ont à jamais marqué, ce pays auquel me relient tant de moments exaltants ? Mais c'est justement ce passé qui, soudain, me pèse. Je me sens lourd de trop de souvenirs, de trop de fantômes...

Mais je suis soulagé, d'autre part, d'avoir échappé à la nuit new-yorkaise. Je ne renie rien, cependant, de ma fascination, de cette complicité confuse que je ressens pour ce petit monde du Chelsea. Mais il y a cette déchirure qui s'est brusquement produite à la fin du séjour, cette sorte de désérotisation de ces lieux, une indifférence progressive. Pire, un rejet. Je suis las de cette foire du sexe, des corps anonymes qui se vendent et s'échangent, de cette misère obtuse, mécanisée...

J'aborde donc la Californie — un bref arrêt à Los Angeles, puis San Francisco — avec le sentiment d'avoir franchi un seuil. J'ai retrouvé d'autres amis, peu nombreux. Nous sortons le soir, mais je n'ai plus de vie nocturne. C'est la journée, en fait, qui me requiert : avant toute autre chose, je souhaite m'emplir les yeux et le cœur de ces admirables paysages. J'ai loué une voiture et je m'évade dès que possible de mon hôtel de San

Francisco — celui où j'ai coutume de descendre mais qui, hélas, s'est terriblement banalisé.

Pour échapper au vertige où m'entraîne ma mémoire, je m'emploie à recréer en moi une sorte de disponibilité touristique, ce qui n'appelle pas de grands efforts tant la séduction de ce pays est immédiate. Le regard s'y établit dans une intemporalité lumineuse et légère, où toutes choses acquièrent un accent de légende.

Ainsi ai-je monté et descendu les rues de San Francisco comme si je les découvrais, ne me lassant pas d'admirer la prodigieuse variété architecturale — Europe, Amérique et souvenirs victoriens conjugués — d'où elles retirent leur parfum. L'ampleur visionnaire de Los Angeles, par contraste, ne me saisit pas moins violemment : n'est-ce pas la seule ville dont l'architecture ait été pensée en fonction de l'automobile ?

J'ai sacrifié, également, au bain de nature en me perdant dans la grandeur profuse de Big Sur. Mais comme il est difficile, en ces lieux où j'ai éprouvé de si grandes joies, d'échapper aux pièges du passé ! Tout m'y est rappel et cependant, pour peu que l'on y regarde de près, on a le sentiment que tout a bougé. J'ai cherché, mais en vain, une maison de montagne où j'avais vécu une soirée d'exaltation intense. Hier, j'ai poussé jusqu'au *Catalyst* de Santa Cruz, à cent vingt kilomètres de San Francisco. Ce vaste café, je l'avais connu envahi par une jeunesse qui y faisait régner une fête permanente, chacun suivant ses propres fantaisies dans le respect souriant de celles des autres. Mais l'endroit, maintenant, fonctionne avant tout comme cantine de l'ensemble universitaire qui s'étend alentour. Toute ambiance s'est évanouie. Auprès de quelques hippies alcoolisés qui subsistent à l'état de vestiges, on ne croise plus que des jeunes gens sages et proprets, moulés dans des shorts ou des jeans de série...

Devant ce petit univers bien en ordre, j'ai réalisé que quelque chose était bien mort. Et le peu de contacts que j'ai pu avoir me l'a encore confirmé. La période, il est vrai, ne se prête guère aux retrouvailles. Beaucoup de ceux que j'ai connus sont absents de San Francisco. D'autres ont déménagé. Au fil de mes recherches, cependant, j'ai rencontré de nouveaux visages — journalistes, écrivains, musiciens, cinéastes... De quoi se faire une idée de la Californie d'aujourd'hui : un pays où la magie n'opère plus.

Mais n'étais-je pas, au fond, déjà préparé à ce constat ? Entre la Californie et moi, il y a une histoire d'amour de dix années. Je lui dois un des coups de foudre les plus décisifs de ma vie. C'était l'époque où s'y épanouissait une jeunesse qui tentait d'incarner ses rêves en instaurant, au sein même de l'*establishment,* une sorte de contre-vie, une manière d'anarchisme utopique et jovial.

Comment n'aurais-je pas, d'enthousiasme, adhéré à un idéal qui donnait la parole à la plus large expression de soi-même et établissait, pour chacun, le droit à la différence ? Comment n'aurais-je pas été emporté par cette fête qui embrasait le quartier Haight Ashbury ou les *life-boats* amarrés du côté de Society ? Soudain, il semblait que tout le monde s'aimât. Les biens, qu'ils fussent de culture ou de consommation, se répartissaient spontanément dans des coopératives. Plus besoin de se connaître pour s'aborder, l'être le plus timide, le plus replié en solitude était immédiatement entouré et accueilli : durant mon premier séjour, je ne me souviens pas avoir passé une seule nuit dans la chambre d'hôtel que j'avais louée...

Aussi allais-je refaire, presque annuellement, le voyage de San Francisco, comme un pèlerinage. Avec le même espoir, le même bonheur. En essayant, d'abord, de ne pas trop voir la lente détérioration de ce monde hippie qui m'avait si profondément touché au cœur. Jusqu'à ce que — c'était il y a deux ans — je découvre que le plaisir de regagner la Californie se doublait, en moi, de la peur de ce que j'allais y retrouver.

C'est que les choses, par rapport à 1967, avaient bien changé. La guerre du Vietnam était terminée et, avec elle, avait disparu un des thèmes principaux autour desquels les jeunes s'étaient rassemblés ; ce retour à la paix, en outre, avait entraîné la disparition de toute une marginalité articulée autour des déserteurs. Le système américain, qui est d'une force extraordinaire, avait d'autre part récupéré le mode de vie des hippies en les professionnalisant. Enfin, je voyais l'envahissement de la drogue dure entamer peu à peu cette civilisation « Peace and Love », ruinant peu à peu son idéal qui postulait une communion quasi mystique à travers l'imaginaire libéré par les hallucinogènes.

Restait, tout de même, la musique de la côte ouest, une des plus originales qui soient. Je m'y attachais avec d'autant plus de passion que j'étais personnellement lié à des artistes des « Jefferson Star Ships ». Et certains concerts parvenaient encore à me replonger dans le climat des premiers temps. Je me rappelle, notamment, celui qu'avait donné Jerry Garcia. Peu auparavant à Paris, j'avais assisté à un spectacle « pop » aux anciens abattoirs. Nous y étions parqués comme des bœufs, et encadrés par un service d'ordre musclé et fascisant ; les musiciens, eux-mêmes, étaient coupés du public par une barrière qui isolait la scène... Aussi, dans la nuit californienne retrouvée, quel soulagement soudain, quelle fête ressuscitée !

J'avais, cette fois-là, regagné l'Europe en me raccrochant à ce souvenir. Mais le choc allait être rude lorsque je revins l'année suivante. Les choses s'étaient encore dégradées. Je m'étais rendu à l'endroit où Janis Joplin avait fait ses débuts : tout était abandonné, désert, crasseux. Je m'étais alors rabattu sur deux ou trois bistrots que j'avais connus effervescents et joyeux : seuls quelques hippies quadragénaires y traînaient, ivres et en état de détresse. J'étais monté enfin à ce campus de Berkeley qui avait été le haut lieu de la contestation étudiante. On n'y voyait plus que des bons jeunes bien conformes ; et la « Telegraph Street », où retentissait, autrefois, l'animation du marché des marginaux, était devenu le fief de commerçants installés confortablement — on se serait cru au Village suisse...

Aujourd'hui, hélas, c'est un sentiment de faillite qui m'habite. Les rues ont perdu leur entrain et seule ma mémoire peut les réveiller : ici, je revois un ensemble de musiciens, là, tout un petit groupe enthousiaste qui discute en riant... Il n'y a plus de happenings, hormis ceux que s'organisent les milliardaires d'Hollywood — ces nouveaux décadents romains — sous la protection de gardes armés de mitraillettes. C'en est fini de cette spontanéité libertaire où l'on voyait, à chaque carrefour, se confondre le plus pauvre et le plus riche.

Bien sûr, on ressent encore un climat de liberté résiduel. Les personnes que je rencontre me paraissent, le plus souvent, assez bien dans leur peau, et la Californie, malgré tout, demeure un des derniers endroits du monde où l'on peut obéir à ses rêves, vivre une aventure individuelle. Ainsi est-ce toujours un choc, pour moi, que de découvrir, dans les environs de San Francisco, tous ces gens qui se sont établis aux couleurs de leurs fantasmes d'enfance — celui, par exemple, qui s'est imaginé Tarzan se construit une cabane dans un arbre...

Mais le mythe hippie lui-même, en tant que mouvement de masse, est moribond. L'époque des phalanstères, des coopératives, d'une certaine musique, de la contre-culture, en somme, est révolue. Quelques communautés subsistent, bien sûr, tel « Number One ». D'autres ont émigré à l'île de Victoria près de Vancouver, ou se sont retranchées dans le Nevada. Mais on ne peut voir là que des survivances, des îlots repliés sur eux-mêmes, comme au Moyen Age. Aucun de ces groupes n'est plus porteur d'espoir, aucun ne croit plus en lui-même, en son pouvoir d'agir sur l'ordre des choses, que ce soit par l'arme de la drogue ou, simplement, la valeur exemplaire de ses choix.

En fait, l'impression dominante est celle d'une désagrégation par stagnation. Le mouvement « punk » n'a pas pris, on vit toujours sur la même culture, la même musique, mais celles-ci se sont standardisées : les gens gèrent de l'extérieur un héritage dont le sens s'évapore. Beaucoup d'anciens hippies — ils ont maintenant la quarantaine — sont devenus des sortes de professionnels, avec la duplicité que cela implique : en dépit de ce qu'ils prétendent perpétuer, ils sont, désormais, parfaitement intégrés aux normes américaines, et même, bien souvent, ceux qui appartiennent encore à des communautés. Quant aux autres, ceux qui sont allés jusqu'au bout, ce ne sont plus que des clochards et on les voit traîner, comme les épaves de la Bowery new-yorkaise, dans les bars les plus sordides...

Une défaite. Une indéniable défaite. Tout est rentré dans l'ordre. Le langage spontanéiste, chez ceux qui persistent à contester, s'est sclérosé en discours politique, des organisations gauchisantes ont pris le relais des mouvements de masse. Et les autres ont tout banalement rejoint la bonne conscience générale. L'esprit s'est perdu, en sorte que ne subsistent plus que les artifices ; d'où la fascination qu'éprouvent les gens pour la technique.

Cela explique que l'endroit le plus extraordinaire du San Francisco actuel soit sans doute le lasérium. Je n'ai pas voulu manquer cet étrange endroit qui rappelle un peu le planétarium parisien. On y exploite tous les procédés — physiques, électroniques, etc. — susceptibles d'engendrer des sensations. Vous êtes assailli par des lumières qui vous éparpillent, vous morcellent, vous modifient. Et si vous vous déshabillez pour vous promener dans le noir, des sensations de toute espèce vous passent sur le corps. C'est assez impressionnant, mais très en deçà du pouvoir de suggestion poétique des *light shows.*

La preuve la plus saisissante de l'aplatissement de ce qui fut autrefois contestation et révolution réside cependant dans ce phénomène relativement inattendu qu'est la victoire des homosexuels. Vingt pour cent des habitants de San Francisco, aujourd'hui, se proclament officiellement comme tels et, fait unique au monde, le chef de la police a été obligé d'intégrer, aux plus hauts niveaux de responsabilité, des homosexuels dans ses services.

Mais la contrepartie de cette victoire, c'est la banalisation. Pour qui vient d'Europe, et même de New York, où l'homosexualité s'éprouve toujours à l'intérieur d'un ghetto, cette libération apparaît comme une singularité prodigieuse : l'homosexualité, en se déculpabilisant, s'établit en pouvoir. Mais, du même coup, sa reconnaissance entraîne une perte d'originalité, car il est clair, maintenant, que le seul souci des homosexuels est de reproduire dans leur vie l'*American way of life.* Certes, leur misère psychologique n'a pas été entièrement évacuée, il existe un SOS Homo. Mais cette misère, somme toute, rejoint celle du commun des mortels.

Aussi les couples homosexuels se promènent-ils dans la rue sans surprendre qui que ce soit. Ils se reçoivent entre eux, il y a même des mariages. Alors qu'on aurait pu imaginer l'invention d'un nouveau type de vie, on constate, aux enfants près, la résurrection du modèle judéo-chrétien de la famille, une manière de retour soulagé aux normes traditionnelles. Comme me le disait une de mes amies, c'est la marée noire du rose.

Que reste-t-il à espérer, dès lors, face à un tel nivellement ? Je ne vois plus de novation nulle part. Seuls, peut-être, quelques cinéastes indépendants... Mais on sent confusément que ce qui les requiert, c'est le souvenir des années folles d'Hollywood ou la tradition du film noir. En fait, il n'y a plus d'avant-garde authentique. La Californie d'aujourd'hui se tourne vers son passé, elle n'aspire qu'à maintenir un certain climat et les images d'un certain bonheur. Cela n'est certes pas négligeable : c'est autre chose que le Minnesota — ou même la France... Mais elle est redevenue une province, une sage et souriante province. Si quelque chose doit encore se passer, ce ne sera plus dans cet endroit-là ni avec ces gens-là...

Post-scriptum — Paris, février 1978

C'est, absurdement, pour Paris que je m'envolai : une affaire contraignante, mais heureusement brève, m'y rappelait. Puis, presque aussitôt, je rejoignis l'avion de New Delhi. Ainsi mon tour du monde avait-il perdu son harmonie circulaire. En outre, il s'était un peu rétréci. J'avais renoncé notamment au Japon, où je m'étais d'ailleurs déjà rendu. Ce pays, je le savais, n'était que de l'Occident dégradé, il représentait l'Amérique dans ce qu'elle avait de pire. Et je n'avais nulle envie de replonger dans ces métros bondés, au cœur de cette foule où je pressentais, derrière l'esprit de discipline, une sorte de violence fasciste. Quant à la sagesse japonaise, que j'avais entr'aperçue lors d'une retraite dans un temple zen, il eût fallu toute une vie pour y pénétrer.

De toute manière, c'étaient les Indes qui m'appelaient. Pour moi, il s'agissait un peu d'un pèlerinage aux sources : il y a vingt ans, elles avaient été le lieu de ma première rencontre avec un univers autre que celui de la civilisation judéo-chrétienne. Depuis, j'y étais retourné à plusieurs reprises — notamment pour assister au traditionnel Noël des hippies et des *freaks* à Goa. Mais, à la différence de l'Amérique, je n'entretenais avec les Indes qu'un rapport incertain et, sans nul doute, superficiel : j'avais encore beaucoup à comprendre et à apprendre.

Mon tout premier voyage avait été en effet celui d'un touriste banal. Par la suite, mes curiosités s'étaient affinées. Toutefois, je demeurais rebuté par le système indien, fondé sur l'exploitation des êtres, et l'inégalité monstrueuse sur lequel il reposait me choquait d'autant plus qu'elle se justifiait par des dogmes spiritualistes destinés, avant tout, à mettre le corps social au service d'un clergé souvent corrompu et cynique. Mieux vaut le déclarer d'entrée : ce séjour que j'allais entreprendre n'allait rien changer à mon indignation, et je considère plus que jamais tout pouvoir ancré sur la religion comme une insulte faite à l'homme.

Comment, cependant, n'aurais-je pas succombé à la séduction de l'Orient ? Plus, même, que par ses paysages, j'avais, aux Indes, été requis par la beauté des types humains qu'on y voit, surtout dans le petit peuple : une beauté plus immédiate, plus directement envoûtante que celle des Occidentaux.

Puis le mouvement hippie avait surgi. L'Orient, chez ces jeunes, avait focalisé tout un idéal et, à travers eux, j'allais recueillir quelque chose de cet appel. Ainsi les Indes devinrent-elles, à mes yeux, l'antidote d'un Occident dont je contestais les valeurs et où je ne me sentais pas personnellement très bien.

Reconnaissons-le : je souffrais, à l'époque, d'une certaine confusion idéologique...

En dépit de mes dispositions favorables, pourtant, je demeurais sur ma faim. Cela ne tenait pas seulement aux iniquités de la société indienne. Je voyais bien que les jeunes, outre la drogue, recherchaient là-bas une certaine sagesse. Mais ce que j'en percevais me laissait hésitant, divisé. Il est clair — je m'en rends mieux compte aujourd'hui — que quelque chose en moi m'interdisait de franchir le pas, et ce n'est pas un hasard si, à chaque voyage, je me débrouillais pour ne point partir seul : en mobilisant mon attention, mes compagnons — il y eut une fille, puis des amis — opposaient un écran aux influences qui auraient pu m'investir. J'avais peur, en somme, d'être confronté à ce que je désirais rencontrer et attendais de mes accompagnateurs qu'ils me défendissent contre moi-même : par leur esprit critique, en effet, ils décourageaient chez moi toute évasion spiritualiste ; et leur présence me rappelait les réalités qui m'attendaient au retour, les comptes que j'avais avec l'existence et qu'il me faudrait régler.

Ce qui, ces dix dernières années, m'avait attiré aux Indes demeurait donc très mêlé en mon esprit. Il y avait la beauté des gens et la contagion de l'exemple hippie. Plus largement, j'obéissais à une manière de snobisme intellectuel, me répétant qu'un tel voyage constituait une expérience privilégiée dans l'ordre de la sensibilité, de la connaissance et de la culture, et que je n'avais pas le droit d'en faire l'économie. Mais cette raison, on l'a vu, en recouvrait une autre, contre laquelle je me défendais : la tentation de la mystique.

Je me suis toujours pensé agnostique. La vie, pour moi, n'a pas de sens ; ou, du moins, elle n'a d'autre sens que celui que nous y faisons surgir : nous baignons dans l'absurde, naissons et mourons au hasard, comme des insectes. Tel est mon credo. Son caractère un peu volontariste, toutefois, ne m'échappe pas ; et si le problème du devenir après la mort ne m'a jamais vraiment obsédé, je vois bien que, depuis quelques années, le vieillissement de mon corps commence à me tourmenter.

Autant dire que je ne suis pas un agnostique béat. Mon incroyance porte en elle la nostalgie de la foi. La nostalgie et la peur de la trouver...

Or cette peur, justement, tout d'abord diffuse et comme aux confins de ma pensée, s'est précisée il y a quelques années à travers deux aventures sous hallucinogènes qui m'ont durablement marqué. La première m'a véritablement conduit aux portes de la démence. Il me semblait que j'étais, peu à peu, envahi par une angoisse sans visage, qu'une sorte d'échange monstrueux, où ma personne cédait devant une réalité inconnue, s'opérait à l'intérieur de moi-même. Je grelottais sur mon lit, poings serrés, et répétant : « Non je ne veux pas aller plus loin, je ne veux pas être pénétré par ça, je veux revenir. » Il m'a fallu toute la force de mon surmoi pour en réchapper...

Ce jour-là, je fis l'expérience de la fragilité de notre finitude, comme si celle-ci communiquait souterrainement avec des forces mystérieuses acharnées à la dissoudre. J'eus confirmation également de l'irréductible originalité de la folie et de l'imposture qu'il y a à prétendre la ramener au seul jeu des contradictions sociales et politiques...

L'autre expérience, où je sombrai dans un délire mégalomaniaque, fut plus étrange encore. Je me vis Dieu — ce qui est banal dans un « voyage ». Mais ce qui l'est moins, c'est que j'eus ensuite une vision de Jésus-Christ. Il surgissait d'un buisson étincelant et m'intimait des ordres : « Tu feras cela, tu prendras la tête d'une Eglise, etc. » Ma première réaction fut de révolte : je me sentais atteint dans ma judaïté et, si je voulais bien consentir à la religion, je refusais d'avoir à trahir mon peuple en devenant un renégat. Puis, soudainement, je me dressai contre l'idée même d'un destin privilégié. Je sanglotais, murmurais obstinément : « Je ne veux pas jouer un rôle, je suis un homme comme les autres, je veux rester un homme comme les autres... » Et là encore, mon surmoi fut finalement le plus fort. Je « redescendis » et la vision m'abandonna. Mais elle devait m'obséder durant des semaines. Sans cesse, je m'interrogeais : « Qu'est-ce que cela veut dire ? »

Je reparcourus alors toutes les raisons que j'avais d'être agnostique et de me refuser à croire, par exemple, qu'une signification transcendante fût à l'œuvre dans le déroulement de l'Histoire. Quelques faits cependant tourmentaient mon esprit. Etait-ce donc le fruit du hasard si le peuple juif vivait un destin à ce point original ? Comment expliquer qu'il ait, durant des siècles, accepté d'être le paria de l'Occident et de l'Orient musulman ? N'y avait-il pas là une indication que je négligeais, plus ou moins volontairement ? Les peuples, par-delà leur quotidienneté, n'étaient-ils pas tributaires d'une vérité qui les dépassait ? Mon approche de l'Orient et de l'Extreme-Orient n'était-elle pas en ce sens exagérément prudente, voire mesquine ?

Ainsi, les expériences détestables que j'avais traversées me renvoyaient-elles à l'interrogation mystique. Ce n'était pas la première fois que celle-ci me sollicitait, mais j'avais toujours rejeté l'idéal d'ascèse et de pureté où elle m'eût porté : une telle morale était par trop en contradiction avec les convictions où je m'étais ancré ; plus encore, elle achoppait, en moi, sur un violent refus psychologique, dont les raisons plongeaient dans mon histoire personnelle.

J'ai toujours souffert, en effet, de ce que la nature m'eût fait naître laid. Et l'enfance que j'ai eue, fort marquée par des tabous de tous ordres, ne m'a en rien aidé à négocier cette hantise : mon adolescence fut difficile, mes premières amours malheureuses et humiliées. D'où, chez moi, un furieux besoin de revanche : je voulais, avant tout, réussir à m'affirmer là où triomphaient sans effort ceux qu'avaient comblés la beauté, la richesse ou la naissance.

Dans cette lutte que je me livrais à moi-même, comment, dès lors, la tentation mystique ne m'aurait-elle pas semblé suspecte ? Je me disais qu'elle avait un sens pour ceux qui avaient déjà tout. Me détourner du monde, en revanche, c'eût été pour moi, tel le renard de la fable, décréter que « les raisins étaient trop verts ». L'ascèse ne m'apparaissait que comme une fuite, une sorte de tranquillisant artificiel plaqué sur mes problèmes. J'avais d'abord à me prouver que je pouvais séduire et être aimé pour moi-même, m'accomplir dans le plaisir du corps, m'imposer socialement et même mondainement, à travers la notoriété...

Une telle disposition est tenace et l'on n'en revient guère. Tout de même, en cette journée de novembre 1977 où je ralliais une fois encore les Indes, je ne pouvais nier que mon climat intérieur eût quelque peu changé. Je retrouvais, bien sûr, une part de mes motivations habituelles : l'attrait pour la beauté des corps, le désir de voir des hommes et des femmes vivant hors de ces normes judéo-chrétiennes qui nous avaient façonnés. Et, pourquoi ne pas l'avouer ? il y avait aussi mon goût pour cette souveraineté valorisante dont se trouve investi l'Occidental dès qu'il débarque en Orient. Quelques mois plus tôt, j'avais fait un saut au festival de Cannes où l'on présentait un film auquel j'avais collaboré. Les photographes m'avaient traqué et j'avais partagé la table de metteurs en scène célèbres. Mais je n'ignorais pas qu'à côté de moi se jouaient des milliards, que j'étais rejeté par cette société d'argent dont je voyais les yachts se balancer dans la baie, et que je n'aurais pas nécessairement accès à toutes les séances du palais des festivals... En mettant le pied aux Indes, je savais en revanche que j'y ferais figure de seigneur, que le fait d'être blanc et d'avoir un minimum d'argent m'ouvrirait des portes insoupçonnées, et qu'en faisant jouer mes relations je pourrais atteindre des familles princières qui me traiteraient à l'égal des grands.

Bref, je concédais au snobisme, mais cela comptait relativement peu. J'étais plus soucieux, pour ces semaines que je m'apprêtais à vivre, d'apprendre la réalité actuelle des Indes et sa misère. Je souhaitais également voir si la « route » existait toujours et ce qu'étaient devenus tous ces jeunes qui, il y a dix ans, étaient venus chercher la révélation, tels les pèlerins de Saint-Jacques-de-Compostelle. Il y avait, au fond, du journaliste en moi plus encore que du touriste. J'avais décidé de me déplacer au gré de l'inspiration, sans jamais faire de plans, n'hésitant pas à me rendre dans les lieux les plus reculés et me réservant le droit de modifier mes décisions au dernier moment.

Mais ce que j'attendais également de ce pays était de l'ordre d'une remise en question personnelle : je voulais vérifier où j'en étais par rapport à la mystique. Trouverais-je une réponse ? En mon for intérieur, je n'en étais guère assuré. Mais du moins, par rapport à mes voyages précédents, je ne m'étais jamais senti aussi ouvert, aussi offert...

NEW DELHI, le 15 novembre

Quatre jours et déjà un peu d'ennui. New Delhi, ville officielle et d'attrait modéré, n'est que l'antichambre du voyage. Quelque chose, aussi, comme une salle d'attente. Je suis bloqué pour une affaire de visa à prolonger. Le consulat français ne me semble ni très efficace ni très informé. Mais il y aurait trop à dire.

Je suis descendu à l'hôtel Ashoka. Ce nom est celui d'un grand empereur médiéval, une sorte de Napoléon oriental. Ce petit rappel n'est pas sans utilité : il est curieux de constater à quel point nous méconnaissons l'histoire de ce pays, alors qu'elle a retenti sur le monde entier ; de mesurer combien l'irrédentisme occidental s'est efforcé d'occulter la part de l'Orient dans le passé de notre monde...

En dépit de ce grandiose patronage, l'Ashoka n'est toutefois qu'un horrible palace ultra-moderne. A vrai dire, j'avais choisi un tout autre lieu. Mais c'était compter sans la bureaucratie locale, à la fois tatillonne et brouillonne. Il faut s'y résigner : débarquer aux Indes est toujours une épreuve.

Règle générale — en quelque endroit, du reste, que ce soit de l'Asie — : ne jamais obéir aux règlements. Avec mon côté germanique et discipliné, je suis bien sûr toujours perdant. Cela a commencé dès l'aéroport. Comme il y avait une queue à faire, je m'y suis précipité et y serais peut-être encore : toute une file d'Indiens, arrogants et ventripotents, m'est passée sur les pieds — les Orientaux prennent leur revanche ! Plus dégourdi, un compagnon de voyage a immédiatement senti ce qu'il fallait faire. Il s'est faufilé jusqu'au premier rang, a secoué le douanier qui, du coup, a planté tous les bagages dont il s'occupait. Et ça a été notre tour de défiler devant la masse, complètement déboussolée, des touristes américains, anglais, allemands ou français...

Mais je n'étais pas au bout de mes peines. Il m'a fallu encore me frayer un passage à travers un groupe d'Ahra-Krishnas qui assiégeait le bureau des douanes. Cette secte, théoriquement issue des Indes et qui a un guru hindou, recrute, on le sait peut-être, essentiellement en Occident. Son siège social est d'ailleurs aux Etats-Unis. Autant dire que les Indiens ne la prennent guère au sérieux. Beaucoup de leurs sages la dénoncent même comme une escroquerie.

Or, tous ces « enfants de Krishna » débarquaient avec une tonne de valises et de paquets. Impavides mais un peu dépassés, les douaniers s'efforçaient de leur faire déballer des monceaux de bandes magnétiques et de livres de piété qu'ils prétendaient taxer. Outrés, les Ahra-Krishnas les couvraient de malédictions. Bref, du pur vaudeville...

Une fois sorti, j'ai mis le cap sur l'hôtel Impérial où, de Paris, je m'étais fait réserver une chambre par Air India. Je souhaitais me replonger dans les charmes de la période coloniale : cet hôtel, avec ses hautes voûtes et ses vastes tapis, est en effet un des derniers à conserver quelque chose des fastes de la vieille Angleterre. La réservation avait-elle été mal transmise ? Ou bien la direction avait-elle décidé de n'en tenir aucun compte ? Toujours est-il qu'il n'y avait pas de chambre à mon nom, alors que l'hôtel était bourré.

J'étais épuisé et affreusement déçu. J'ai quand même entrepris de baragouiner avec le portier, mais à peine avais-je entamé ma laborieuse négociation que j'ai été balayé par une horde de quinquagénaires en jupons — des Françaises appartenant manifestement à un voyage organisé. Avec une outrecuidance monstrueuse, pérorant haut et fort, elles ont immédiatement monopolisé la réception. Je sentais chez les Indiens un mépris de fer pour ces bonnes femmes qui — dussé-je passer pour snob — m'apparaissaient, dans un tel endroit, comme totalement déclassées.

Lorsqu'elles ont été enfin casées, j'ai pu reprendre mes pourparlers. Finalement, le portier m'a loué une chambre merveilleuse, mais pour trois heures seulement ! Une fois refermée cette parenthèse accordée à la nostalgie, je me suis donc rabattu sur l'affreux Ashoka. Ce fut d'ailleurs pour tomber sur un congrès international de gynécologues. Aussitôt reconnu, j'ai été immédiatement couvert de questions par les médecins français et leurs épouses. Pour moi qui fuyais l'Occident, on ne pouvait rêver pire ! Je regagnai ma chambre en rasant les murs...

Tous ces gens étaient plutôt caricaturaux, les femmes surtout. Dans un souci de « couleur locale », elles avaient revêtu des saris d'hypermarché en fibre synthétique qu'elles avaient encore rehaussés de signes pseudo-cabalistiques hindous. Il n'y avait que les Allemandes pour leur faire concurrence dans le ridicule — mais celles-ci, au moins, avaient la pudeur d'adopter, pour le dîner, la tenue de soirée européenne... Le contraste était singulier avec les Indiens de bonne qualité qui logeaient également à l'hôtel et dont je percevais, ici encore, le mépris. Et surtout avec les admirables Indiennes qu'on pouvait rencontrer, superbes, racées, raffinées...

J'ai hâte, décidément, de rejoindre une Inde plus secrète. Mais puisque je suis contraint de prolonger mon séjour, je me suis lancé dans une visite méthodique de la ville, en m'efforçant d'y relever tout ce qui, déjà, appartient à l'attente que j'ai de ce pays. Mais il faut bien reconnaître que New Delhi manque terriblement d'authenticité, même dans son quartier populaire. On y est écrasé par le souvenir de l'« Old Britannia », auquel se superposent les ambitions et les tares de l'Inde actuelle.

L'Angleterre, ou plutôt une projection caricaturale du

colonialisme anglais. Des monuments immenses, mais en faux, en stuc, et considérablement délabrés depuis l'Indépendance. Des places gigantesques, aussi. On sent que les Anglais ont voulu marquer les Indiens d'un sceau accablant et spectaculaire, pour leur imposer, jusqu'à l'obsession, le sentiment de leur puissance, de la grandeur de leur empire.

Mais combien cette architecture semble vaine, dérisoire, en regard des monuments proprement hindous, de leur harmonie, de leur magnificence, de leur qualité de matériau ! Il suffit, à Delhi, de comparer l'arc de triomphe — aujourd'hui monument du soldat inconnu —, où se retrouvent à la fois l'arc de triomphe de l'Etoile et le Sacré-Cœur de Montmartre, avec la grande mosquée ou le Palais-Rose dont la construction et la conception, bien qu'il ne s'agisse pas de monuments exceptionnels, défient les siècles.

Bref, cette ville, pour l'essentiel, constitue un vestige paranoïaque, sans art, et qui se dégrade de jour en jour. L'Indépendance n'a pas changé son destin. Les fonctionnaires indiens ont succédé aux Anglais, apportant leur autoritarisme vétilleux, leur sens inné de la gabegie et du gaspillage. Ainsi la grande avenue à six voies qui mène de l'aéroport au centre de la ville est-elle illuminée comme aucune artère française ne l'est, alors que, dans cette nation à la misère extrême, le manque d'électricité impose des coupures quotidiennes de plusieurs heures !

En fait, New Delhi n'est qu'une façade officielle dans un pays dont le moindre défaut n'est pas l'hypocrisie. Mais celle-ci ne peut longtemps tromper. Dès que l'on met le pied dehors, on tombe par exemple sur la drogue. Certes, la législation est à son égard totalement prohibitive. Mais les gens, dans les petites rues, vous proposent tout ce que vous pouvez souhaiter. Les pharmacies ne vous refusent rien non plus. On en trouve une à quelques mètres de l'hôtel, c'est-à-dire en plein centre, qui est ouverte toute la nuit. Et c'est un spectacle pitoyable que de voir, à partir de neuf heures du soir, les ombres pâles des jeunes Occidentaux s'y glisser furtivement et repartir, provision faite.

J'ai rencontré ainsi quelques Français misérables, désespérés, effroyablement squelettiques ; et je pensais à ces autres Français, suffisants et tapageurs, qui se pavanaient dans les hôtels...

Au vrai, on comprend très vite ici qu'on peut tout avoir avec de l'argent, absolument tout. Autre exemple. La législation sur les mœurs y est fort rigoureuse. Mais j'ai surpris dans un parc, et presque à la vue de tous, un gamin de quatorze ans qui faisait un « massage » très complet à un vieillard obèse. (Le terme « massage » est en quelque sorte le mot code des aventures sexuelles.)

Aujourd'hui, cependant, las de tourner en rond dans cette Inde contemporaine, j'ai loué un chauffeur pour me rendre à Jaipur, qui est à environ deux cent cinquante kilomètres. Echappée bienheureuse ! Ça a été, tout d'abord, venant après Paris et les villes d'Amérique, la révélation exaltante d'une nature neuve, la plongée soudaine dans une campagne tropicale, avec palmiers et chameaux. Puis nous sommes arrivés au pied du palais d'Amber, dont l'admirable structure, déployée sur une colline, occupe un espace qui est presque quatre fois celui du château de Versailles. On y accède à dos d'éléphant et j'avais l'impression, dans cette nacelle cahotante, de pénétrer dans quelque Disneyland oriental, sous la lumière émerveillée des livres d'images d'autrefois.

Huit kilomètres plus loin, nous avons atteint le palais des maharajahs de Jaipur. Une façade adorable, toute de pierre rose subtilement ciselée. Un vaste jardin où l'un des maharajahs, autrefois, fit installer d'énormes appareils pour mesurer la distance des astres à la terre. Et, à l'intérieur, un musée d'une prodigieuse richesse, où se pressent sculptures, tapis, miniatures indiennes ou persanes. Un incroyable trésor de raffinement. C'est aujourd'hui, enfin, que j'ai franchi le seuil de l'Inde véritable...

Post-scriptum — Paris, février 1978

Etre un Occidental aux Indes, cela ne se vit pas facilement. C'est qu'on s'y confronte, en même temps, à la complexité de la société traditionnelle et au nouvel état de choses créé par l'Indépendance, où l'on voit se greffer, sur les structures anciennes, celles de l'Etat moderne.

Cette superposition engendre un type de pouvoir à tonalité bien spécifique, tout à la fois autoritaire, compliqué, désordonné et doucereux, que l'on ressent de façon particulièrement accablante lorsqu'on aborde l'Inde par Delhi. Je sais bien que le pays, au moment de mon arrivée, sortait de l'état d'urgence : tout de même, on ne pouvait qu'être choqué par l'omniprésence policière, et cela au centre même de la ville, où les gens se faisaient arrêter pour un oui ou pour un non. Quant à la bureaucratie, c'est vraiment une des pires que je connaisse, une manière de synthèse de l'asiatique, de l'anglaise et de la russe : quiconque, là-bas, détient une parcelle de pouvoir, il n'en est jamais rassasié, et les Indiens en pâtissent plus encore que les Occidentaux.

L'indépendance acquise, elle-même, est source de contradictions. Fort logiquement, elle a fait surgir, chez les Indiens, un sentiment nouveau de fierté. Le temps n'est plus où il suffisait à un Européen d'être un Européen, où, par exemple, on lui abandonnait comme de droit une banquette entière dans un train, alors que la foule s'entassait sur les autres. De ce respect obligé pour l'Occidental, il ne demeure plus désormais qu'une sorte de vernis verbal. Les anciens vous donnent encore du *Master,* et les plus policés vous disent *Sir.*

Mais il se trouve, également, que cette nation neuve a choisi le modèle occidental. Aussi cette espèce de conversion religieuse que tente une minorité de jeunes Blancs venus aux Indes — la plupart n'y vont chercher que la drogue et les facilités d'existence — constitue-t-elle un sujet d'étonnement, du moins dans la couche la plus avancée : comment peut-on adhérer à quelque chose d'aussi retardataire ?

En fait, la société indienne actuelle est, assez globalement, fascinée par l'argent et les techniques de l'Occident, en sorte qu'en milieu urbanisé, les éléments évolués commencent à accorder plus d'importance à la réussite qu'à l'origine de caste. Reste que cette notion-ci demeure solidement chevillée en chaque Indien, quel qu'il soit. Aussi ne peut-il s'empêcher d'éprouver à l'égard du Blanc — qui n'est pratiquement rien — un arrière-plan de supériorité raciste.

Curieusement, ce sentiment se marie spontanément avec ce qui me semble être la plus extraordinaire qualité de ce peuple, à savoir la tolérance. Que ce soit dans les villes ou dans les campagnes les plus reculées, je me suis toujours promené, durant ce voyage, sans jamais craindre d'être inquiété, sans jamais susciter la moindre curiosité indiscrète. Bien au contraire, j'ai été partout accueilli avec un tact et une gentillesse extrêmes...

Il n'est pas de peuple, en somme, pour respecter à ce point le droit à la différence. Mais c'est précisément parce que la différence est au cœur de sa culture. La tolérance indienne va de pair avec une conception très hiérarchisée de la vie. Bref, elle n'est pas neutre, ni même, à proprement parler, bienveillante : il faut plutôt y voir l'acceptation d'un ordre.

D'où, par-delà une courtoisie de surface, le scepticisme, voire l'ironie feutrée des Indiens à l'endroit des Occidentaux séduits par l'hindouisme ou le bouddhisme, comme s'il était possible à un Blanc de se faire asiatique. Car leur tolérance n'implique nullement qu'ils acceptent qu'on prenne leur identité. Et s'il est des gurus qui enseignent des Occidentaux et même s'expatrient aux USA — les Américains en importent presque par charters entiers sur les rivages californiens —, c'est, je crois, dans un but lucratif, afin de soulager leur misère.

Pour l'Européen, en tout cas, qu'il soit prévenu ou non, le système des castes — qui se fonde sur la naissance et ne renvoie donc pas nécessairement au métier effectivement exercé — représente dans la pratique une source permanente de difficultés. Les affaires les plus simples, comme se faire établir un billet de chemin de fer, vous précipitent dans un univers délirant :

votre commande est notée par une personne de telle caste, en sorte qu'elle ne correspondra pas avec la personne de telle autre qui constitue pourtant son intermédiaire logique, et qu'elle devra, de ce fait, emprunter des détours invraisemblables. Malheur à vous, aux Indes, si vous n'avez pas réglé tous vos problèmes par avance !

D'ailleurs, ces castes sont tellement nombreuses, différenciées et hiérarchisées que vous n'aurez guère de chance de vous y reconnaître. On en retient surtout les extrêmes, d'une part la caste des guerriers et celle des prêtres et des érudits (les brahmanes), de l'autre les malheureux intouchables — les sans-caste, qui sont la plus basse réincarnation de leurs péchés antérieurs —, dont la réalité lamentable vous atteint souvent en plein visage. Car ces intouchables sont moins que des hommes, et j'ai vu des chauffeurs de taxi freiner à mort de peur d'atteindre une bête qui pourrait être la réincarnation de leur grand-père alors qu'ils n'auraient pas fait le moindre écart pour éviter un enfant intouchable...

Pourtant, les sans-caste représentent une part très importante, sinon majoritaire, de la population. Dans les villages, ils constituent la masse de manœuvre des travaux de la terre et c'est parmi eux qu'il faut chercher les « harijans », qui sont des ouvriers agricoles tellement endettés auprès de leurs propriétaires terriens que leur condition est, en fait, celle du servage, bien que celui-ci soit théoriquement interdit. Exploités sans merci, il leur arrive fréquemment de se soulever dans des révoltes qui sont durement réprimées, les hommes de main de leurs employeurs les battant jusqu'à ce que mort s'ensuive. La presse indienne, du reste, rapporte régulièrement ces massacres en les accompagnant de commentaires indignés sur les insensés qui ont osé se dresser contre leur état...

Ainsi, aux Indes, circule-t-on constamment entre le Moyen Age et l'Occident le plus outré. Le pays a choisi de devenir une grande nation industrielle, et il commence à y parvenir. Mais c'est au prix du sacrifice de l'immense masse de la population, et en s'appuyant sur ce honteux système de castes. Le spectacle, en ce sens, est poignant de ces adolescents et adolescentes que l'on rencontre dans les campagnes, souvent admirablement intelligents, presque toujours sveltes, élancés, d'une beauté miraculeuse, et que l'on sait irrémédiablement condamnés à un destin misérable et archaïque. Comment ne pas penser, ici, au fameux « Mozart que l'on assassine » ?

Mais dans le temps même où il s'émeut, le voyageur, non sans malaise, met en rapport la pureté de cœur du petit peuple avec l'arriération qui semble la préserver. De même s'émerveille-t-il, en parcourant l'arrière-pays, de la qualité inchangée des lieux et des monuments, alors qu'il vient de faire l'expérience, dans la mouvance des villes, de l'enlaidissement apporté par l'occidentalisation. Ces déchirements, au vrai, sont de partout. Mais convenons qu'il n'est peut-être pas de nation pour les porter à un tel paroxysme.

BÉNARÈS, le 25 novembre

Un ami m'avait dit : « Au premier abord, cela vous semblera insupportable. Surmontez votre irritation, sinon vous passerez à côté de quelque chose d'essentiel. Restez huit jours au moins et laissez-vous pénétrer par les lieux. » Je me suis rappelé ce conseil en temps opportun : au bout de quelques heures, en effet, je n'en pouvais déjà plus de Bénarès...

A première vue, c'est Lourdes. Même clergé obsédant, même chasse aux touristes, même prolifération mercantile d'antiquailles religieuses. On y exploite le mysticisme à l'envi, on y détrousse allègrement le pèlerin. Mais c'est l'Inde, également, dans sa vision la plus éprouvante, avec ses foules écrasantes, ses sages faux ou vrais, ses mendiants hideux — le souvenir me poursuit d'un hydrocéphale enchaîné par un collier de fer et promené comme, autrefois, les ours dans nos villages...

Au centre de tout cela, le Gange : immense, boueux, fétide, chargé de déjections. Alors, à l'accablement que vous inspire cette ville, qui est laide, s'ajoute une sorte de dégoût de tout l'être. Comment des hommes et des femmes peuvent-ils boire cette eau ignoble, se baigner ainsi parmi les détritus, les étrons, les animaux crevés ? Et les crématoriums qui rougeoient nuit et jour sur la rive, au bas des *ghats* — les escaliers qui conduisent au fleuve, Bénarès étant construite en hauteur —, exaspèrent encore ce haut-le-cœur. Car on brûle à ciel ouvert, en public. Le mari ou le fils aîné met le feu à la torche et toute la famille, sans un cri, sans une larme, assiste à la combustion de ce corps famélique, presque desséché, qui fut celui d'un être aimé : pour se complaire à ce spectacle, il faudrait être d'un voyeurisme morbide !

D'autant que ces images, en moi, en réveillaient d'autres qui s'y mêlaient perversement. Les cadavres sont en effet brûlés et dispersés par des intouchables spécialisés, gros et gras comme des rats trop nourris, et qui s'emploient avec l'indifférence mécanisée des videurs de poubelles. Mais on pressent chez eux une sorte de cynisme désespéré, d'avoir à vivre leur condition au carrefour du privilège apporté par la fonction, et du mépris total où ils sont tenus du fait même de leur état et de leur métier. Aurais-je pu, alors, ne pas songer aux camps nazis, et aux commandos spécialisés qui étaient chargés de brûler les cadavres, fût-ce ceux-là même de leurs proches ?

Et pourtant, je suis resté. Six jours se sont écoulés depuis mon arrivée, mais le temps ne compte plus guère. Je me sens habité par une sorte de paix lumineuse. Vient-elle du lieu ? L'ai-je puisée en moi-même ? Tout se confond, tout se rejoint.

Je ne pouvais demeurer ici qu'en choisissant de prendre de la distance : non pour fuir, mais pour me rapprocher au contraire, m'établir en deçà du premier regard, celui qui ne retient que le pittoresque, fût-il horrible. Et puisque le Gange est au cœur de tout, chaque jour, après avoir déambulé sur les lieux de pèlerinage, je monte dans une barque et me laisse guider par le fleuve. Trouverai-je une vérité ?

Je dérive des heures, presque totalement nu. Bénarès se dresse auprès de moi. Mais de l'autre côté, c'est un espace sablonneux et presque vide. Les gens viennent y faire leurs excréments, les pauvres y campent. Certains ascètes (*sadhus*) y font retraite. Ce contraste relève de bien plus qu'une simple organisation du site, on peut y lire quelque chose comme un dialogue de l'architecture et de la nature. Si la ville est un hommage à l'homme, si elle incarne son droit à s'affirmer, l'horizon le rappelle à la complicité qui le lie à la terre. Et à la jointure de l'un et de l'autre, il y a le Gange, encore, celui qui sanctifie et qui fortifie, celui qui unit.

Cette expérience des éléments, qui recouvre celle des grands termes de notre destin, est sans doute ce qui m'atteint le plus. Certes, je ne fais que retrouver l'émotion de tous ceux qui ont ressenti l'Orient en profondeur. Mais c'est à Bénarès, je crois, dans ce pays dévasté par la sécheresse, que l'on saisit le mieux la dimension de l'eau. Elle irrigue en fécondant et purifie en s'offrant aux ablutions pluriquotidiennes du pèlerin : ainsi est-elle, en tous sens, source de vie. Mais, cernée par les *ghats* funéraires, elle emporte également la mort dans son cours, la mort qui se redit, ici, sans cesse et partout, et avec laquelle chaque Indien se tient en familiarité sereine.

Comment ne pas le reconnaître ? Dans cette barque où je passe des après-midi entiers, remontant et descendant le fleuve, je vis une espèce de pause méditative qui, par instants, frôle la mystique. L'imagerie et le bazar sont oubliés. Les gens se sont habitués à moi, je me sens inséré quelque part. En ces moments, je rejoins un peu cette émotion contemplative qui m'avait étreint au Japon, lors de mon séjour dans un temple zen. Reste que la réalité de Bénarès, les confrontations auxquelles elle vous contraint, assez durement quelquefois, obligent à une mise en cause philosophique plus serrée. Mais, finalement, c'est toujours à moi-même que renvoie ce questionnement. L'Inde le suscite mais je demeure en marge, j'éprouve ce qui fonde la religiosité indienne sans pour autant la rejoindre. Du moins je comprends mieux.

Mais, pour cela, il me faut surmonter l'étrangeté radicale que représente ma présence dans cette ville élue et qui, par conséquent, existe avant tout à travers sa fonction : extérioriser et accomplir religieusement un certain mode de vie intérieure. Si l'on vient à Bénarès, c'est pour participer : que suis-je donc vis-à-vis de ces milliers de pèlerins, sinon un être insolite, hors du coup, moralement exclu ?

Car on se rend là comme on va à La Mecque. Les pèlerins

affluent de manière permanente, au grand bonheur des hôteliers. Mais il est des saisons privilégiées, et aussi des fêtes plus importantes, soit dans l'année, soit dans le cycle des années. L'une d'elles qui revient, je crois, tous les sept ans, draine des millions de gens. C'est alors une cohue monstrueuse, où tous se bousculent, se piétinent : à chaque fois, on dénombre une centaine de morts... Dans le mois ou la semaine, enfin, on commémore des événements plus particuliers, qui se rapportent aux différentes réincarnations de personnages divins dans la nomenclature desquels je me perds complètement...

Bref, la vie religieuse ne semble pas connaître d'interruption. La succession des cérémonies couvre aussi bien la nuit que le jour, en liaison avec les temples qui sont innombrables et dont quelques-uns ont été offerts par des familles princières : temple à Çiva, à Vishnu, à Kali, etc. Lors de mes promenades matinales, j'ai même découvert, avec saisissement, un temple dédié à la déesse Variole, ce fléau dont sont morts des milliards d'Indiens ! Les cérémonies, d'ailleurs, ne se spécifient pas seulement par leur destination mais encore par leur niveau : certaines sont ouvertes au peuple, d'autres réservées aux initiés — et il y a plusieurs degrés d'initiés... En fait, il est difficile, pour qui ne s'y est pas frotté, d'imaginer un tel foisonnement de religiosité, et une telle variété aussi, puisque l'on trouve également à Bénarès une très belle mosquée musulmane...

Mais comment se situer dans tout cela ? Quelle part de soi-même pourrait en être éveillée, hormis la curiosité, et cette émotion qui vous vient de l'emprise d'un spectacle grandiose ? Celui, par exemple, sur presque dix kilomètres du Gange, de ces milliers et milliers de luminaires ou de petites bougies portés par une foule — deux cent mille personnes, au moins — qui prie, chante, puis descend se baigner et se purifier...

Se faire, si peu que ce soit, l'âme indienne... Je l'ai tenté en parcourant les temples et en me mêlant aux offices. Mais, comme toujours, ce qui m'atteint vraiment, ce ne sont ni les gestes ni les croyances mais l'authenticité qu'on y apporte. Ce qui me touche, c'est l'homme : comment pourrais-je oublier la ferveur dont rayonnent tous ces gens, jeunes ou vieux, laids ou beaux, valides ou infirmes ? Et c'est aussi, dans la pratique religieuse, tout ce qui est en deçà des figures particulières d'un culte et, plus simplement, traduit le rapport de l'homme à la nature où il s'inscrit. Ainsi lorsque, au lever et au coucher du soleil — ces deux moments privilégiés de la journée —, les gens s'en vont au fleuve afin de rendre grâce au dieu du Gange...

C'est, du reste, à travers le cycle de la Vie et de la Mort symbolisé par le Gange que j'ai commencé à comprendre, à acclimater en moi ces crématoires à ciel ouvert qui m'avaient si vivement horrifié. Est-il plus satisfaisant, d'ailleurs, de mettre les corps en terre et de les abandonner aux vers, ce dont les Indiens ne se moquent pas sans raison ?...

Mais imagine-t-on, aussi, la dépense que représente, pour les plus pauvres, ce cadavre qu'il leur faut véhiculer parfois de fort loin, durant peut-être des journées et des nuits entières ? Car si l'on veut lui donner la meilleure chance de réincarnation, c'est sur le bord du Gange, ou dans l'un de ses bras, qu'il convient de le brûler. Et le système des castes, là encore, intervient. Un des hauts lieux de Bénarès est un *ghat* royal, et donc réservé aux mieux nés, qui a été fondé par un maharajah. Celui-ci s'y est fait brûler et, selon la tradition, sa veuve s'est immolée à la suite.

Ce souvenir est d'ailleurs toujours vivace, et l'on raconte que certaines épouses se sacrifient aujourd'hui encore ou, du moins, qu'elles y sont incitées. Au vrai, tout cela reste confidentiel et il est difficile de savoir à quoi s'en tenir. Mais il est certain que Bénarès plonge encore dans l'Inde ancienne. J'ai été frappé, notamment, par le respect qui entoure les familles de maharajahs, alors qu'elles ne disposent plus de pouvoirs réels et que je croyais honni tout ce qu'elles représentaient. Un batelier, ainsi, m'a conduit au pied du palais d'une ancienne famille régnante, lequel menaçait ruine et, d'un geste tremblant, m'a montré la maharani et sa fille qui prenaient le frais sur une terrasse délabrée. On le sentait empli de terreur et d'admiration à la fois, comme s'il n'était qu'un ver tout juste bon à être écrasé...

Et sans doute est-ce cela qui est le plus éprouvant lorsque l'on s'immerge d'un coup dans Bénarès : le brassage constant entre le passé et l'actuel, le vrai et le faux, le sincère et le mercantile, l'authentique et la frime. Il est scandaleux, par exemple, de voir les faux gurus occidentaux parader dans leur robe safran auprès de ces Indiens misérables, exploités par leur clergé, mais qui ont investi toute leur vie dans leur foi religieuse. Comment ne se sentiraient-ils pas volés, en dépit de leur tolérance, devant ces caricatures ? On comprend l'ironie discrète dont ils entourent ces imposteurs. Ou du moins qui m'apparaissent comme tels.

Car il est assurément, parmi ces gurus, des gens animés d'une conviction réelle ; et l'animosité, à leur endroit, des Eglises officielles s'explique aussi par le dépit d'être dépouillé d'une clientèle... En qualité de thérapeute, je ne puis nier, pour ma part, le bien que certaines sectes apportent aux jeunes en difficulté et qui pensent y avoir trouvé leur voie. Mais je suis, bien sûr, violemment hostile à l'endoctrinement forcé, au lavage de cerveau, à toute cette aliénation de la personne que beaucoup de ces sectes mettent si volontiers en pratique. Comme, du reste, les Eglises officielles...

Autre choc du présent, et combien plus saisissant : la drogue. C'est à Bénarès, en effet, que les Indes fabriquent leur morphine, pour l'industrie pharmaceutique mais également pour l'exportation. Un grand nombre de trafiquants s'y sont donc installés : les ouvriers n'ont guère de mal à voler dans l'usine et, de toute façon, les flics, dit-on, sont achetés. Ainsi les produits circulent-ils presque directement du producteur au consommateur, et on les trouve avec une facilité dérisoire. A peine étais-je arrivé que j'ai été abordé dans la rue. On me proposait du hasch. Je refusai. Alors le type parla d'opium et ma curiosité fut piquée :

— D'accord, mais je ne veux pas de cochonnerie.

Il me regardait, un peu étonné : je n'avais ni l'âge ni la tête d'un *freak*. Finalement, il me sortit un produit.

— Désolé, ce truc ne m'intéresse pas. Je veux du mou et du marron.

Il marqua un temps d'arrêt. Puis il me dit que j'étais bien tombé, qu'il me fournirait tout ce qu'on pouvait souhaiter. Et il me donna rendez-vous le lendemain à trois heures, dans une petite échoppe en plein centre.

J'étais, en m'y rendant, un peu inquiet car je craignais qu'il m'eût dénoncé à la police. Mais tout se passa bien. Il me montra un petit bout d'opium d'extraordinaire qualité. Après quoi, mis en confiance, il me proposa de la cocaïne. Je refusai tout net.

— Il n'y en a sûrement pas ici. Ce que tu veux me refiler, ce doit être du *speed*...

Pour le coup, il fut interloqué. Il me demanda d'où je tirais mon savoir. Je lui expliquai mon métier, ce qui l'affola. Mais je le rassurai. Nous discutâmes. Il m'affranchit sur le trafic, me raconta sa vie, et comment, après Bénarès, il descendait faire la saison à Goa...

Ainsi gorgée de came, cette ville — comment s'en étonner ? — est devenue aujourd'hui un des plus importants carrefours de toxicos d'Occident. On les trouve, par dizaines, dans des maisons flottantes totalement pourries (*house-boats*) que leur louent, pour quelques roupies, des Indiens cupides. Ils se droguent jusqu'à s'achever, se « finir », comme ils disent. Quand ils sont morts, on avertit le consulat afin qu'il se mette en rapport avec les familles. Si elles ne réagissent pas, les Indiens brûlent leur cadavre — ils n'en sont pas à un près ! Ces corps ne représentent d'ailleurs pas grand-chose puisqu'un Blanc vaut moins qu'un intouchable...

Et c'est peut-être une des dernières images que j'emporterai de Bénarès, une de celles qui résument le mieux cette ville singulière. Près d'un crématorium, le long d'une bouche d'égout, j'ai vu un *boat* misérable — c'est seulement dans ces endroits ignobles que les Indiens autorisent les *freaks* à s'ancrer. Et sur ce rafiot, au milieu des relents immondes, dans l'odeur de chair carbonisée et la fumée qui brûle les paupières, vit en permanence un jeune Américain d'environ vingt-cinq ans. Il est squelettique, à l'agonie, complètement parti, dramatiquement perdu... Faut-il aimer la drogue, faut-il y avoir enseveli toutes ses raisons d'être pour accepter cette existence-là...

Ce sont les Indiens qui me l'ont montré. Avec un peu d'ironie mais, également, une manière de respect. Et l'on ne peut, en effet, que respecter celui qui a choisi d'aller jusqu'au bout du chemin. Les toxicos de Bénarès ne trichent pas. Ils ne vivent que pour la drogue. Ne sont là que pour elle. Et ils en meurent. Sur le Gange, près de tous ces cadavres déversés par l'Inde et qui s'en vont en fumée. Mais sans au-delà, eux, pour les recueillir...

Le cœur se serre devant ce destin. Et je sens aussi, en moi, que quelque chose est mort. C'est à cela donc que conduisaient les illusions triomphantes de la drogue, c'est sur cela que s'achève cette fameuse « route » où tant de jeunes se lancèrent... Je sais, maintenant, qu'une époque est close.

Post-scriptum — Paris, février 1978

En choisissant, presque au départ de mon itinéraire, de passer quelque temps à Bénarès, j'avais voulu, d'entrée, plonger au creuset de la vie mystique indienne. Attendais-je quelque conversion de ce séjour ? Ce serait beaucoup dire. Je n'étais guère au fait du contenu religieux, fort complexe, où se rejoignaient les croyants auxquels je me mêlai. Ce n'est qu'un mois plus tard, sur la route des temples du Sud, que je me confronterai véritablement avec les enseignements et les symboles. A Bénarès, en revanche, il me semble que j'ai plutôt recherché une sorte de communion immédiate, en m'imprégnant de son vécu quotidien. En d'autres termes, je suis volontairement resté au niveau des sensations.

On l'a vu, cependant, le déclic n'a pas joué et je suis en

quelque sorte demeuré à la porte. Certes, j'éprouvais bien qu'il y avait là une réalité, un mystère, et que celui-ci avait du sens puisque des millions d'êtres y adhéraient profondément. Mais plus que son objet, c'est leur ferveur qui me touchait.

Quelques semaines après, en ralliant Calcutta, je serai à nouveau fasciné par le spectacle d'un pauvre hère se baignant dans un affluent du Gange — et cette eau-là est encore plus putride que celle de Bénarès. On sentait, de façon bouleversante, qu'il vivait une rencontre avec ce qu'il avait de plus important. Ce n'étaient pas des simagrées, ce n'était pas pour les autres, il n'était pas, évidemment, de ceux qui font des offrandes dans les temples afin de prouver leur richesse. En cet instant, il rayonnait d'authenticité : on ne se plonge pas dans la merde pour rien... Je me répétais : « C'est un homme, c'est ton frère quelque part. » Mais je n'adhérais pas ; et je ne pouvais, non plus, m'empêcher de penser, avec une sorte d'effroi, que le sort aurait pu me faire naître là et que j'aurais, alors, partagé la même misérable condition. Ce bonheur, pourtant, cette sérénité, comment n'en aurais-je pas ressenti la nostalgie...

Mais, de même qu'à Bénarès, j'étais à la fois séduit et exclu, comme si une différence radicale me séparait de cet homme et qu'elle était inscrite dans le fonctionnement de mes cellules nerveuses... Et j'en suis maintenant convaincu : resterait-on sa vie entière aux Indes, sa sagesse nous demeurerait inaccessible ; tous ceux qui, parmi nous, pensent en connaître quelque chose sont ou bien mystifiés, ou bien mystificateurs.

Aussi bien, jamais autant qu'à Bénarès n'ai-je été finalement rejeté à mon identité d'Occidental. Si j'y ai cependant connu quelque chose de l'ordre de la mystique, c'est à l'extraordinaire pouvoir du lieu que je le dois, à la rencontre, vécue journellement, des éléments primordiaux de la nature par lesquels je me sentais pénétré et, si j'ose dire, presque transfiguré. Pour qui veut comprendre ce que représentent l'eau et la terre nourricière, mesurer combien le temps peut s'approfondir et l'espace s'élargir, c'est là-bas en effet qu'il lui faut se rendre. Bénarès représente une conjonction exceptionnelle, et d'abord pour l'Inde elle-même, où l'étendue, bien qu'il s'agisse d'un pays gigantesque, semble toujours comptée, brisée qu'elle est par la succession perpétuelle des plateaux et vallées — c'est pourquoi le voyageur en retire l'impression d'une nature plutôt encaissée, hormis le delta du Bengale et, justement, la dernière partie du Gange.

C'est donc à travers cette expérience des éléments que je suis quand même parvenu à m'évader de l'Occident. Mais ce fut une aventure singulière, qui ne mettait en cause que moi-même. J'ai sans doute, à Bénarès, intériorisé quelque chose de l'Inde. Mais seulement par un détour à travers mes méandres, mes thèmes intimes, mes valeurs singulières.

KATMANDOU, le 9 décembre

Bonheur de retrouver le Népal, d'autant que ce séjour n'était pas vraiment prévu. Mais il me fallait — subtilités administratives — quitter les Indes si je voulais que mon visa y soit prolongé. Aussi l'occasion était-elle idéale, pour moi, de redécouvrir ce pays où je m'étais déjà rendu il y a presque vingt ans. Il venait tout juste, alors, de s'ouvrir aux étrangers, et ç'avait été une véritable expédition que d'y pénétrer. Dans ces conditions, mon approche n'avait pu en être que superficielle. Mais j'avais été suffisamment séduit pour, durant toutes ces années, rêver d'y revenir. M'y revoilà, aujourd'hui, et ce que j'en vois nuance évidemment mes souvenirs. Comment en irait-il autrement ? Et puis le Népal, entre-temps, a beaucoup changé.

S'il est un lieu, me disais-je, où le mouvement hippie a quelque chance de s'être préservé, c'est bien celui-ci. Car lorsqu'on vient de l'Inde, avec ses foules oppressantes, ses contradictions entre modernisation et archaïsme, son envahissement touristique aussi, et son occidentalisation ravageuse, le Népal fait figure de petit paradis. Tout y concourt : la modestie relative du peuplement, l'accueil nettement plus chaleureux des habitants, les conditions climatiques, la beauté du site enfin, où alternent hautes montagnes et fraîches vallées. On songe à une

Suisse asiatique, mais une Suisse originelle et candide, où renaîtraient de nouveaux Paul et Virginie...

Au fond, le Népal évoque à bien des égards ce que devait être un pays européen au Moyen Age. Les communications y demeurent difficiles — la première route a été achevée au début des années 60, une seconde, qui traverse le pays, est actuellement construite par les Chinois —, et seul l'apport de l'aviation permet de relier les vallées entre elles. Aussi les gens vont-ils le plus souvent à pied... Ces Népalais vivent, à 95 %, de l'agriculture — chacun cultive sa maigre parcelle et verse des impôts en nature —, et l'économie, où l'argent ne représente pratiquement rien, est essentiellement de survie et de troc.

On ne s'étonnera donc pas que la misère soit grande : ici, le niveau de vie est encore plus bas qu'aux Indes, en sorte que, comparés aux Népalais les plus défavorisés, les Indiens pauvres paraissent presque riches. Mais le dénuement est moins spectaculaire, et le Népal, sauf à Katmandou, depuis l'invasion du tourisme, ignore la mendicité. Il faut dire que cette population, en regard de celle monstrueuse du pays voisin, est extrêmement clairsemée — trois millions de gens peut-être, encore que, du fait de l'effort sanitaire entrepris, elle tende actuellement à doubler, ce qui pose des problèmes d'alimentation dramatiques.

Malgré leur misère, les Népalais constituent le peuple le plus accueillant et le plus ouvert qui soit. On respire, chez eux, et bien que leur passé historique soit violent et tourmenté, une bonhomie sereine, une joie de vivre, une manière d'être présent à autrui, d'être en sympathie avec lui qui va bien au-delà de l'esprit de tolérance hindou. D'où l'attrait que ce pays, depuis son ouverture, exerce sur les jeunes Occidentaux, surtout lorsqu'ils se sont précédemment confrontés aux Indiens, à leur lutte acharnée pour survivre, à leur système social éprouvant.

Ce n'est pas que le Népal ne connaisse, lui aussi, la hiérarchie des castes. Mais elle est, en quelque sorte, estompée par la médiocrité générale des conditions de vie et l'on n'y ressent jamais, comme aux Indes, l'oppression d'une caste par l'autre — à l'exception, toutefois, de la tyrannie exercée par le milieu privilégié de la famille royale et des princes.

Ce caractère accueillant, détendu des Népalais se retrouve également dans leur relation au sacré. Leur pratique me semble beaucoup plus personnalisée, beaucoup plus libre, plus épanouie en un mot, que celle assez formaliste des hindous. Et si leur religiosité est extrême, qui imprègne leur vie entière, elle témoigne en même temps d'un large syncrétisme, où se marient le bouddhisme, l'hindouisme et un ésotérisme très fermé.

En ce sens, on dirait qu'ils constituent un peu les juifs de l'Asie. Et c'est une chose singulière, pour moi, de découvrir que leur jour de congé est le samedi, et que leur symbole national le plus constant, avec d'ailleurs la croix gammée aryenne, est l'étoile de David à six branches : d'où vient donc cette parenté qui unit aux sémites ces tribus perdues des confins de l'Himalaya ? De même, le Népal est un des rares pays d'Asie à entretenir des relations diplomatiques avec Israël ; c'est l'un des seuls, aussi, où l'on rencontre en grand nombre des hippies israéliens...

Bref, voici une nation souvent insolite, et d'une originalité rafraîchissante. L'ouverture des frontières, néanmoins, la transforme peu à peu. En permettant la modernisation, et notamment l'ébauche d'un système de communications, elle a certes assuré son unité interne. Mais le pouvoir a été malheureusement accaparé par une famille royale détestable et autocratique, qui considère le pays comme son bien, et dont la politique relève d'un pragmatisme servile : on flatte tout à la fois les Américains, les Russes et les Chinois — le petit livre rouge fleurit partout à Katmandou, et en toutes les langues, sauf, bien entendu, celle du pays, car il ne faut pas contaminer les Népalais...

Mais si ces derniers sont ainsi préservés de toute pensée « subversive », ils n'ont pas échappé, ceux de Katmandou du moins, à la dégradation qu'apportent l'Occident et le tourisme. Celui qui, comme moi, a connu la capitale autrefois, reçoit un vrai choc en la redécouvrant. Alors qu'on n'y trouvait pas le moindre hôtel, mais tout juste une espèce de bouge, le *Tibetin Inn,* où l'on pouvait se rencontrer autour d'une table en bois, il s'en est construit au moins trente, dont certains sont aussi chers que les palaces parisiens. Ont surgi, également, une foule de restaurants à tous prix, en général très marqués par l'influence américaine, notamment des *pie-shops* où les Népalais, aujourd'hui, confectionnent des gâteaux aussi délicieux que ceux que l'on consomme aux Etats-Unis. Bref, Katmandou est désormais plus envahi que Nice dans sa saison de pointe, en sorte que ses habitants ont perdu une part de leur personnalité traditionnelle et qu'à leur hospitalité spontanée s'est substituée une hospitalité commerciale assez irritante.

Quant à la ville elle-même, elle est devenue méconnaissable. Elle s'est beaucoup défigurée architecturalement, et son ambiance rejoint désormais le cliché asiatique : c'est un spectacle navrant, ainsi, que de voir ces rues, qui furent sereines et secrètes, envahies par des groupes de « mémères » bardées d'appareils-photos et poursuivies par des enfants qui mendient... Tous ces touristes, en outre, se comportent avec une arrogance de nouveaux riches, et les Français ne font pas exception, loin de là.

Ainsi ai-je été vivement choqué, le jour où je me suis rendu au temple des Singes, dans les environs, de voir toute une horde de compatriotes débouler au cours d'un office, en ignorant superbement les recommandations, pourtant fort libérales, qui étaient inscrites à l'entrée — on demande seulement aux gens de se déchausser et de témoigner d'un peu de respect pour les cérémonies. Ils ont déambulé, avec un sans-gêne incroyable, comme s'ils visitaient une ménagerie, s'interpellant à voix haute et envoyant leurs flashes dans les yeux des bonzes. Tout leur comportement trahissait le mépris où ils tenaient une civilisation qui n'était pas la leur : quelle n'aurait pas été, en revanche, leur noble indignation si des étrangers en avaient fait le quart à Notre-Dame !

Ainsi devenus, en très peu de temps, un des hauts lieux du tourisme mondial, Katmandou a subi une transformation d'autant plus vertigineuse que celle-ci est partie de plus loin et qu'elle allait plus vite ; et il a fallu, à cette ville, un tel élan pour rejoindre le siècle, sa trajectoire, en outre, était à ce point dégagée de structures intermédiaires qu'elle paraît aujourd'hui plus moderne que les agglomérations indiennes les plus résolument occidentalisées.

Le charme, pourtant, ne s'est pas encore dissipé du lacis de ses rues étroites, souvent en simple terre battue, de l'alternance des grandes places et des petites piazzas, toute cette architecture urbaine qui atteint spontanément au sublime, bien qu'on n'y voie aucun faste — la misère ne s'oppose pas au goût ! —, où se traduit l'accord profond d'un peuple avec son mode de vie et qui, par instants, évoque irrésistiblement certaines villes italiennes. Quelles leçons n'aurions-nous pas à en tirer ! De même, je ne me lasse pas des délicieuses maisons d'habitation en bois, avec leurs vantaux qui tiennent lieu de fenêtres — le Népal traditionnel ignore le verre —, chacun si finement sculpté que je voudrais, nouveau Malraux, les arracher et les emporter... Car on trouve ici un artisanat local d'une extraordinaire qualité, et les temples en portent également témoignage, où l'on admire, sculptées à même la pierre ou le bois, des gargouilles tibétaines ou népalaises, des scènes érotiques, des représentations des diverses réincarnations du Bouddha...

Un tel art, une telle douceur de vivre... On comprend, en effet, le choix initial des jeunes Occidentaux. Mais je sais ce qui les attire surtout. Dès qu'on met le pied dehors, on vous propose de la drogue. Certes, comme aux Indes, sa vente est illégale. Mais il faudrait avoir une tête de vieil officier allemand, avec des cheveux coupés en brosse, pour qu'on ne vous sollicite pas... Et encore !

Les jeunes : contrairement à ce qu'on a dit, à Katmandou, il y en a toujours énormément. Et le bilan est à nouveau, hélas, très négatif. Extrêmement démunis, dans un état physique lamentable, ils habitent des taudis, des mansardes ou, à la rigueur, des pensions bon marché. Et leur existence est sinistre, désolée, terrorisée. Ils se trouvent là pour la drogue, et pour cela seulement. Cette obsession et l'usage des produits les conduisent à une sorte de paranoïa. On les voit déambuler isolés, ou par petits groupes hostiles. Ils ne communiquent pas, ne se rencontrent pas, ne se parlent plus.

Les tentatives de communauté n'ont évidemment pas résisté à cette atmosphère délétère. Il subsiste deux groupes à quelques kilomètres de Katmandou, au pied du temple des Singes. Il y a aussi, comme un peu partout en Asie, des « Enfants de Dieu », une association qui s'occupe des toxicos et des laissés-pour-compte de la « route ». Mais on peut se demander s'il ne s'agit pas d'une escroquerie...

En fait, chacun vit replié sur soi. Et c'est peu dire qu'il n'y a plus ni tendresse ni joie. Les rapports, d'une dureté singulière, se placent sous le seul signe de l'arnaque, de la jungle. Car les anciens, devenus trafiquants, ne survivent — certains fort bien, d'autres misérablement — qu'en exploitant les nouveaux. Mais leur cynisme voile un désespoir total...

J'en ai rencontré un dans une boîte de nuit, le *Yin et le Yang* : décoration sophistiquée, coussins de couleur vive, sono tonitruante, on aurait pu se croire dans n'importe quelle discothèque parisienne. C'était un type d'une trentaine d'années, qui m'a frappé par sa lucidité et sa culture — assez rare, désormais, dans cet univers. Il s'est livré tout d'un coup, avec une sorte de brutalité :

— Moi, je suis fils de prolo, d'ouvrier communiste. J'y ai cru en mai 68 et je suis parti. Comme les autres. Et j'ai loupé mon truc. Comme les autres. Ecoutez-les, ils vous tiendront des tas de discours. En réalité, ils sont paumés, malades et malheureux. Moi, je m'en tire en faisant le trafic. C'est ma façon de payer mes conneries. De toute façon je ne peux plus vivre en Europe...

Il a cependant conservé la nostalgie de la France, où il va, de temps à autre, faire un petit séjour. Mais il n'arrive plus à s'y insérer. Alors il revient et reprend son commerce d'héroïne, qui le promène entre la Thaïlande, l'Inde et le Népal. Celui-ci lui permet de manger à l'européenne. Parfois, il descend à l'hôtel

Impérial de Delhi. Il s'y habille strictement, se fait couper les cheveux. Pour coller à ses origines. Il ne veut plus rien avoir à faire avec les hippies.

En tout cas, il m'a mieux renseigné sur la drogue en Asie que tous les officiels, chargés de ce problème, que j'ai pu rencontrer. Et c'est lui qui m'a indiqué — ce qu'ignorait le médecin du consulat français — qu'il y avait encore une survivance de l'idéologie hippie au Népal, et plus précisément à Pokhara. On devine que j'ai aussitôt décidé d'y aller voir...

C'est, à deux cents kilomètres de Katmandou, une bourgade sur les bords d'un lac, dans un site magnifique, ceint de montagnes élevées où domine le massif de l'Himalaya. Le climat, en outre, est particulièrement amène qui, en plein hiver, rappelle celui de la Californie. Bref, un endroit idyllique, dont on peut craindre seulement qu'il soit bientôt gangrené par le tourisme. Mais celui-ci, pour l'instant, s'y fait encore discret.

Une centaine d'Occidentaux y résident, dans des maisons louées ou des chambres chez l'habitant. Ils vivent là plusieurs mois par an. Certains, aux approches de la mousson, rentrent dans leur pays, afin de se faire un peu d'argent, puis reviennent. D'autres inaugurent le « voyage » par ces lieux bucoliques, d'où ils retirent comme un surcroît d'âme et de force avant d'aller se perdre dans la grande fournaise de Katmandou, des Indes et de l'Asie. D'autres encore arrivent des Indes, au contraire, et cherchent ici un moment de pause, une désintoxication non seulement morale mais physique, puisqu'ils abandonnent momentanément l'usage des drogues dures. C'est qu'à Pokhara, on s'en tient généralement au hasch, excepté quelques-uns qui, en plus, s'adonnent aux champignons hallucinogènes — on en trouve, aux environs, une espèce qui vaut la psyllocibine mexicaine —, et c'est pour eux l'occasion d'une aventure intérieure assez dense, où ils puisent leur raison d'être.

Ce souci de s'aménager une retraite dans le tourment de la nouvelle « route », le rejet des drogues dures, le désir, parfois, de se confronter à une nature admirable pour y mener une existence contemplative, tout cela trahit un sursaut de conscience qui explique la qualité assez exceptionnelle de la plupart de ces gens. Pour l'essentiel, ce sont du reste des intellectuels ou — que l'on me pardonne cette notation élitiste ! — des bourgeois bien nés. Et l'on sent, chez eux, autre chose que le seul désir de fuir l'Occident à tout prix : un besoin d'ascèse, certes, mais encore le souci de réinventer sa vie hors des archétypes occidentaux, dans le dédain de l'argent et pour le plaisir du présent, ainsi que la nostalgie d'une société idéale, où l'on serait tout à la fois en accord avec l'autre et avec soi-même.

Ainsi retrouvais-je, fugacement sans doute, cette « route » ancienne dont je pensais qu'elle avait à jamais disparu. Tout ne serait-il pas perdu ? La vieille idéologie, préservée par quelques-uns comme un feu sous la cendre, allait-elle un jour resurgir pour embraser le monde ?... J'avais l'impression de rejoindre une part de ma jeunesse, bien que j'aie passé, hélas, l'âge de la naïveté de cœur...

D'entrée, plusieurs garçons et filles m'avaient reconnu et, grâce à eux, je me suis tout de suite trouvé un logement sur le bord du lac. La journée commençait tôt car, dès cinq heures du matin, on venait me réveiller afin d'aller admirer le lever du soleil sur l'Himalaya, spectacle d'une beauté somptueuse, et qui retentissait si fort en moi que tout le reste du temps en recevait une sorte d'allégresse...

Puis je me mêlai à la vie de cette petite société libertaire. Quelques-uns se livraient à l'artisanat. D'autres dessinaient ou peignaient. Mais l'essentiel de la journée était consacré aux joies du moment, à la baignade, aux jeux, dont certains remontaient à mon enfance, tel cet anneau de caoutchouc qu'on se lance et qui circule d'un poignet à l'autre...

Le crépuscule venu, on se réunissait pour la veillée — depuis combien de temps n'avais-je vécu cela ! Les gens fumaient, chantaient, jouaient de la guitare. Et je pensais, en écoutant cette musique, à celle que je venais de subir à Katmandou. Sans doute pour paraître à la page, les *pie-shops* et les hôtels de luxe, là-bas, et même la radio népalaise entre deux mélopées orientales, déversent en abondance des airs de la côte ouest, *folk* ou *pop :* mais ce sont ceux d'antan, fanés, usés, aussi éraillés que la cire où ils sont pris. Quelle différence avec cette musique vivante, parce que jaillie d'une inspiration qui n'a pas renoncé à elle-même...

Cette communion, où il me semblait renaître, tirait sa source profonde d'un contact renoué avec la nature — et l'absorption des champignons hallucinogènes recueillis dans le pays scellait en quelque sorte ces noces mystiques. Aussi, avant toute autre chose, les courses en montagne constituaient-elles la grande affaire de la journée. Le petit déjeuner avalé, nous partions en groupe pour des randonnées qui duraient des heures. Souvent, sur le sentier, nous croisions d'autres Occidentaux. Et, alors que ceux que j'avais jusqu'ici rencontrés ne se parlaient jamais, veillaient, au contraire, à s'éviter, on s'arrêtait, on se souriait, on bavardait quelques minutes. On se redécouvrait, soudain, humain parmi les humains...

Ces parcours en moyenne montagne — le *trekking* — sont du reste en passe de devenir à la mode. A Pokhara, on commence à voir surgir des touristes bien argentés qui y viennent séjourner comme ils le feraient à Gstaad ou à Saint-Moritz. Durant une dizaine de jours, ils sillonnent les contreforts de l'Himalaya sous la conduite de sherpas... Mais cette nouveauté fait surgir des problèmes inédits. Beaucoup de Népalais misérables se postent, en effet, sur les pistes de *trekking* et proposent leur riz aux étrangers, en échange de roupies dont ils ne tirent finalement aucun parti — la monnaie, dans l'économie de ce pays, ne représente presque rien et, il y a dix ans, elle était encore ignorée. Ce bénéfice illusoire les replonge donc un peu plus dans leur dénuement, et c'est là un des méfaits de ce nouvel impérialisme occidental qui, au Népal comme dans toute l'Asie, s'est substitué à l'ancienne occupation militaire ou coloniale...

On ne peut donc se le dissimuler : les ferments de désagrégation sont sur place, et le monde actuel, peu à peu, grignote cet îlot préservé. Qu'en sera-t-il bientôt de ces derniers hippies, de ces ultimes rescapés d'une époque révolue ?... Mis à part ceux qui se sont engagés dans une aventure spiritualiste individuelle, aucun du reste ne nourrit d'illusions. Ils ont bien conscience, au contraire, de vivre sur la défensive, en prolongeant une aventure désormais résiduelle. Beaucoup m'ont dit : « C'est quand même fini, on se serre les coudes, mais l'élan ne nous porte plus. » Face à un avenir qui les effraie, leur seule ambition est d'épuiser le moment présent...

Aussi bien, alors que je viens de rentrer de Katmandou, le souvenir tout proche de ces journées lumineuses se nuance-t-il, déjà, d'un voile de tristesse. Depuis que j'ai entamé ce voyage, j'ai certes connu des moments heureux et sereins — comment oublier Bénarès ? — mais c'est la première fois que j'en éprouve auprès d'Occidentaux, et non malgré eux. Dans le même temps, cependant, je réalise que ces journées relèvent d'une survivance. Malgré les apparences, à Pokhara comme à Bénarès et à Katmandou, l'ancien idéal, le désir d'œuvrer pour l'avenir sont bien morts...

Alors, puisque j'ai choisi de voyager les yeux ouverts, il me faut rendre au passé ce qui lui appartient et, plutôt que de mélancoliser sur les espoirs défaits, plonger au plus vif, au plus dramatique de l'Inde actuelle. C'est Calcutta, maintenant, qui m'attend...

Post-scriptum — Paris, février 1978

Aller à Katmandou... Il est peu de villes pour avoir acquis, auprès de la jeunesse de ces dix dernières années, une telle aura mythique, comme si elle signifiait, par excellence, le bout de cette « route » où s'engagèrent, à partir de 1968, tous ceux qui rejetaient l'Occident. Et, en faisant ce détour, j'ai bien conscience, par-delà mon désir de vérifier certains souvenirs, d'avoir obéi à la pression de la légende : un des buts premiers de mon voyage n'était-il pas de voir ce qu'étaient devenus ceux qui, autrefois, avaient déserté notre société, et si leur choix avait suscité une relève ? C'est au Népal, finalement, que j'ai poussé le plus avant cette interrogation, à laquelle mon séjour ultime à Goa allait apporter une conclusion dont, en fait, je connaissais déjà les termes...

Avouons-le, l'enquête que je menais ne relevait pas seulement d'une curiosité de journaliste, de sociologue, ou de thérapeute de la toxicomanie ; j'avais trop partagé les espoirs d'une génération pour ne pas, également, m'y sentir mis quelque part en cause. Et cette démarche était encore sous-tendue par une autre qui m'était personnelle. Je m'étais en effet promis de retrouver Michel, un garçon qui avait compté dans ma vie. Ç'avait été un de mes tout premiers toxicos, et j'avais noué avec lui une relation très forte où je me voulais à la fois son soignant, son ami, son père et sa mère... Il avait même collaboré à l'établissement de mon premier ouvrage sur la drogue. Puis brusquement, il y a cinq ans, il avait disparu de Paris et s'était perdu en Asie.

Aussi, dès mon arrivée à Delhi, avais-je été traîner du côté des hôtels où il aurait pu descendre. Je fis de même à Katmandou, à Goa et surtout à Bombay où il avait laissé un souvenir très vivace, y ayant été durement emprisonné pour une histoire de faux passeport dont je l'avais aidé à se sortir. Mais ces recherches devaient rester vaines : il était toujours parti ou sur le point d'arriver — ce sera l'Arlésienne de mon voyage... Auprès des Européens ou des Européennes que j'interrogeais, cependant, je mesurais combien il était connu, jusqu'à devenir un personnage. Sans cesse, on revenait sur sa violence, son désespoir, sa frénésie d'aller jusqu'au bout de la drogue, sur son ambiguïté aussi...

Curieusement, ce Michel introuvable allait fréquemment m'introduire auprès des anciens de la « route ». C'est que, tout en me critiquant parfois violemment, il avait bâti une véritable légende autour de ma personne : j'étais celui qui avait été comme son père, avec qui il avait publié un livre, l'homme, enfin, qui savait tout sur la défonce, les hippies et les freaks. Aussi beaucoup de jeunes et de moins jeunes venaient-ils me demander spontanément si je l'avais vu, et comment il allait. Je ne le savais pas, évidemment, et n'en sais toujours rien. Sans doute, lorsque nous avons quitté les Indes, se trouvait-il à Bangkok, probablement pour des raisons de trafic...

De toute manière, je crains qu'il ne se soit perdu dans cette amertume qui m'avait si vivement frappé chez le trafiquant de Katmandou, et dont je pense qu'elle est le fait de la plupart des « anciens » — c'est-à-dire ceux qui, ayant pris la route à la fin des années 60 et au début des années 70, ont maintenant trente ans et plus. Tous ces gens qui étaient beaux, intelligents et souvent riches avaient très sincèrement décidé de se réinventer et de changer de peau. Mais ils ont le sentiment, désormais, d'avoir fait un mauvais choix pour y parvenir. Ils savent qu'ils constituent une génération perdue et mesurent dramatiquement leur échec.

Certes, ils ne regrettent rien des années extraordinaires qu'ils ont vécues. Mais aujourd'hui qu'elles appartiennent irrémédiablement au passé, ils découvrent qu'ils ne peuvent plus faire machine arrière car ils sont incapables de se réinsérer en Occident. Il ne leur reste donc qu'à assumer le piège où ils se sont mis — ce qu'ils font avec des alternances de cynisme et de désespoir — et à poursuivre leur chemin jusqu'au bout.

Mais un désarroi profond les ronge, où ils se supportent mal. Et se supportant mal, ils supportent les autres plus mal encore, les plus jeunes surtout, qu'ils méprisent franchement, à la fois parce que ces nouveaux, à leur tour, se trompent, et qu'ils renvoient, de l'idéal ancien, une image terriblement appauvrie.

Car si la « route » continue, contrairement à ce que l'on croit en France, c'est à un niveau infiniment plus modeste qu'auparavant. Les nouveaux jeunes, qui ont entre dix-huit et vingt ans, proviennent en général des couches pauvres, ce qui, d'une certaine façon, explique leur choix : qui ne les comprendrait de préférer les Indes à un travail d'apprenti boulanger ou de manœuvre chez Renault ?

Mais ils n'ont plus cette espèce d'éclat triomphant dont, à

l'origine, témoignaient leurs aînés. Eux aussi pourtant refusent l'Occident, eux aussi se droguent. Reste qu'à l'exception des quelques rares qui sont tentés par une aventure mystique, l'Orient, à leurs yeux, ne représente qu'un pis-aller : ils y viennent faute de mieux, parce qu'ils s'éprouvent comme des laissés-pour-compte dans leur société d'origine. Et la drogue, qui était autrefois liée à une démarche intérieure, où les anciens voyaient un moyen pour transformer le monde, est devenue chez eux une fin en soi. Ils ne l'idéologisent plus et — telle est, du reste, avec le rejet de l'Occident, la seule justification qu'ils avancent à leur présence — ne viennent aux Indes et au Népal que parce qu'ils savent pouvoir l'y trouver facilement.

Qu'adviendra-t-il d'eux, alors ? Beaucoup resteront quelques mois ou quelques années, puis essaieront de rentrer. Les autres, en revanche, ceux surtout qui se seront engagés dans le cercle infernal de la drogue dure, se sédimenteront peu à peu avec ceux qui se sont fixés et, durant trois, quatre ou cinq ans, feront la tournée de l'Asie. Mais entre un Orient où ils ne peuvent réellement s'intégrer et un Occident où ils ne savent plus vivre, la plupart, il faut le dire, n'ont d'autre avenir que celui de victime.

Aussi bien un grand nombre d'anciens préfèrent-ils tourner le dos à la « route » actuelle. Ils se réfugient dans les vallées perdues de l'extrême nord des Indes, ou dans celles du Népal et du Pakistan. Certains vont même jusqu'en Indonésie, à Bali. Quant à ceux qui persistent dans la tourmente des Indes, ils vivent, en partie, sur le dos de ceux qui débarquent, en les exploitant à travers une sorte de mendicité — « T'as bien quelques roupies... » — ou, plus généralement, en les arnaquant, puisque beaucoup, suivant l'exemple des Indiens ou des Népalais, sont devenus marchands de drogue. Les nouveaux — comme les touristes, d'ailleurs — se laissent, en effet, aisément refiler de médiocres produits ; et ne sachant pas marchander — on peut, quand on s'y obstine, obtenir presque 70 % de baisse —, ils les paient infiniment trop cher.

On peut s'interroger, ici, sur la provenance de ces stupéfiants. L'Inde n'apparaît pas officiellement comme un très gros producteur de drogue : elle en fabrique pour son industrie pharmaceutique, elle exporte également des dérivés opiacés. Mais la réalité est assez différente puisque ce pays, en fait, se place au tout premier rang pour le haschich. On en distingue essentiellement deux sortes : le « bang » ou « ganja », un hasch assez léger que l'on consomme en général sous forme de boisson, et les « cashmeres », qui constituent des variétés noires, souvent opiacées, et dont l'effet est doux, agréable et extrêmement érotisé.

En ce qui concerne les drogues dures, l'Inde produit de l'opium pour ses médicaments, dont une grande partie est détournée de leur usage et récupérée par le trafic. Mais on n'y trouve pas du tout d'héroïne. Jusqu'à nouvel ordre, celle-ci provient des pays du Triangle d'Or — c'est-à-dire la Thaïlande, une partie de la Birmanie et du Laos, mais il semble désormais que l'Indonésie en produise également, ainsi que le Mexique, de l'autre côté du monde. Aussi la consommation d'héroïne, aux Indes, comme d'ailleurs au Népal, est-elle liée aux déplacements des trafiquants — et c'est pour cela, sans doute, que Michel fait le voyage de Bangkok.

Quant au Népal, sa spécialité fut longtemps le « népalais rose », une sorte de hasch qui distille un plaisir particulièrement subtil. Mais il a pratiquement disparu : on ne le trouve plus guère que dans certaines arrière-vallées comme le Mustang, une petite principauté dont l'accès est interdit et où il est réservé à la consommation directe des paysans. Ce que l'on vend actuellement sous le nom de « népal » est au contraire un haschich brutal, assez grossier et plutôt « intellectuel » — entendons par là qu'il rend cérébralement plus actif, de sorte que les freaks de Katmandou, peu désireux de se poser des problèmes dans leur tête, préfèrent se rabattre sur des produits importés, tels que le hasch afghan ou le pakistanais qui sont plus lourds, plus sensitifs, plus proches des opiacés.

Le « népal » proprement dit, en revanche, est écoulé d'abondance auprès des touristes. C'est ainsi que, dès mon arrivée, j'ai été abordé à Katmandou par des revendeurs indigènes ; et comme ils me paraissaient fort compétents, je n'ai pas résisté à la tentation d'un petit marchandage. Evidemment, ma connaissance du sujet les a bien vite surpris, et cela m'a beaucoup amusé de les voir déballer, pour moi, toutes sortes de haschs qu'ils tenaient enfermés dans de petits sacs. Mais quand je leur ai parlé du « népalais rose », ils m'ont soudain regardé comme si je descendais du ciel : manifestement, il y avait bien des années qu'ils n'avaient pas rencontré un Occidental qui connût ce produit légendaire, si léger qu'il ne suscite jamais le moindre mal de tête, et dont la consommation plonge le fumeur dans un état qu'on dit paradisiaque...

Du coup, leur sourire est devenu tout à fait béat. Ils ont rassemblé une suite d'échantillons et nous avons commencé à discuter comme des œnologues comparant les mérites d'un petrus à ceux d'un haut-brion : ils flairaient, puis me tendaient les variétés en me faisant valoir, avec une finesse et un sens des nuances confondants, les différences entre les bonnes et les mauvaises années, les qualités selon le degré d'ensoleillement... Ils m'expliquaient aussi les mélanges, comment il fallait pétrir, comment certaines paysannes malaxaient le hasch dans leur bouche afin de l'améliorer... Jamais, sur un tel sujet, je n'avais assisté à une démonstration à ce point magistrale !

Pour tous les Occidentaux qui vivent aux Indes et au Népal, le hasch constitue en fait le pain quotidien. Mais beaucoup franchissent un pas supplémentaire en absorbant des champignons hallucinogènes, comme à Pokhara et, je le verrai plus tard, à Goa, durant les fêtes de Noël. Un grand nombre enfin — ce qui devient grave — débouche inéluctablement sur les opiacés.

Reste cependant que la drogue, à elle seule, ne saurait expliquer l'attrait que l'Orient exerce sur les Occidentaux : il faut compter aussi avec les conditions de vie extrêmement économiques qu'il propose. D'où l'afflux de jeunes prolétaires qui, plutôt que d'affronter le marché du travail et de se trouver enfermés dans une existence médiocre, viennent rechercher une aisance qu'ils n'auraient aucune chance de connaître ailleurs que dans ces pays.

A Pokhara par exemple — mais les chiffres peuvent se transposer aux Indes —, il est loisible de se loger pour dix roupies par jour et de se nourrir pour la même somme : la roupie népalaise valant à peu près trente-cinq centimes, cela représente environ deux cents francs mensuels. Encore s'agit-il de conditions maximales : si on mange à la népalaise, on peut tenir avec deux roupies quotidiennes, soit soixante-dix centimes ; de même certains réussissent à se loger pour cinq roupies par jour et il en est qui ne dépensent rien : ils dressent leur tente quand il fait beau et s'en vont au moment de la mousson.

Les transports, par contre, sont nettement plus coûteux. Mais en général tous ces jeunes marchent ou font du stop. Et puis le temps et la distance, pour eux, n'ont pas la même dimension qu'en Europe. On les entend fréquemment déclarer, comme s'il s'agissait de se rendre au bourg voisin, qu'ils vont partir à cent kilomètres. Et si on leur demande le temps qu'ils pensent mettre, ils répondent invariablement : « On n'en sait rien, une semaine, deux semaines... » Quelle importance, en effet ?

Le plus cher, cependant, c'est évidemment la drogue, et surtout pour ceux qui s'adonnent aux drogues dures. Lorsqu'on ne reçoit rien de sa famille, lorsque se trouve épuisé le petit pécule de deux à trois mille francs que l'on a apporté avec soi, il ne reste d'autre recours que le trafic... Et quand on n'a pas la force de rentrer dans ces combines, il n'y a plus qu'à se laisser mourir...

C'est là le destin extrême, celui de tous ceux qui ne reviendront jamais. Il en est d'autres, heureusement. Car en perdant son élan, la « route » s'est aujourd'hui morcellée. Bien des choix y coexistent et les aventures s'y spécifient.

Je crois, d'abord, qu'il faut mettre à part une petite minorité à tendance spiritualiste. Ces jeunes, qui dédaignent la drogue ou, du moins, en usent peu, constituent le dernier carré de la « route » idéologique, et comme sa tentative limite. J'en ai rencontré quelques-uns à Pokhara, où ils venaient faire du prosélytisme. Ils sont issus, souvent, de collectivités avec lesquelles ils se trouvent en rupture de ban, par exemple celle de Rashneek à Poona, Auroville, ou l'ashram de Sri Aurobindo à Pondichéry.

Mais il est encore des choix plus radicaux. Des solitaires ou des couples décident ainsi de renier totalement leurs origines et de se faire Indiens ou Népalais. Ceux-là s'enterrent dans les vallées profondes du Népal ou du nord et du sud de l'Inde, où ils adoptent la religion des autochtones et partagent leur existence. Beaucoup, comme s'ils s'offraient un « trip » à l'acide, déchirent spectaculairement leurs papiers et leurs passeports — ce qui leur pose évidemment des problèmes considérables lorsque tout va mal et qu'ils veulent revenir sur leur décision... Car, à vrai dire, je ne crois pas qu'ils parviennent jamais à s'intégrer vraiment. Aucun Occidental, je le redis, ne me semble avoir la moindre chance de se faire Asiatique, même par exemple en passant par l'ashram de Sri Aurobindo, où les Indiens sont du reste très minoritaires...

A côté de ces extrémistes — extrémistes de la défonce ou de l'intégration mystique —, il y a la masse de ceux qui, entre un Occident où ils ne peuvent se supporter et un Orient où ils ne peuvent durer, ont choisi une manière de va-et-vient — six mois, un an, deux ans — qui, d'ailleurs, ne se vit pas toujours aisément. Le temps qu'ils ne consacrent pas au hasch, au plaisir de voyager ou simplement d'être là, ils le donnent, quelquefois, à l'artisanat ou à des trafics divers — objets d'antiquité, robes ou pull-overs, tapis, petits bijoux et pacotilles diverses. Ils se tiennent alors en relation avec un correspondant européen ou américain qui écoulera fructueusement ces marchandises achetées à relativement bon compte.

Quelques intellectuels ont également opté pour ces alternances de civilisation. J'ai connu notamment, durant ce voyage, une journaliste *free lance* qui tire ses ressources d'un reportage annuel qu'elle effectue en Asie. Une fois ses textes rassemblés, elle s'en va les placer puis revient aux Indes. De même, j'ai rencontré à Goa une romancière française assez bien défendue par son éditeur pour pouvoir y vivre de ses droits d'auteur — qu'elle complète, d'ailleurs, mais surtout parce que cela l'amuse, en vendant sur la plage des gâteaux qu'elle confectionne...

Ici s'esquisse une sorte de voie intermédiaire qui pourrait être celle de l'avenir. J'écarte, en l'occurrence, les gens très insérés socialement, ou du moins sans problèmes d'argent apparents — journalistes, modélistes, mannequins, etc. — que j'ai rencontrés à Pokhara où ils venaient se livrer au *trekking.* Ceux-là, les « vrais » de la route les dénomment, non sans mépris, les « touristes ». Bien sûr, ces gens s'installent parfois pour six mois, voire un an : ils louent une base arrière — un appartement à Katmandou, par exemple —, d'où ils rayonnent, faisant de l'avion, parcourant la montagne ou l'Inde à la belle saison. Mais ils ont leur billet de retour en poche et leur séjour, en effet, ne relève que du tourisme de luxe.

En revanche, je crois qu'il y a, parallèlement à cette attitude d'Occidental « dans le vent », une démarche authentique qui inclurait une expérience réelle de l'Orient tout en conjurant le spectre de cette clochardisation dont j'ai vu menacés la plupart des jeunes qu'il m'a été donné de rencontrer. C'est celle, du reste, que suivent quelques garçons et filles que j'ai croisés, et qui, ayant choisi de vivre aux Indes ou au Népal durant un an ou deux, ne se dissimulent pas, cependant, que leur vérité et leur avenir sont en Occident. En d'autres termes, il s'agit moins de changer la « route » que les perspectives — ou l'absence de perspectives — qu'on s'y donne. A ce niveau, bien sûr, la nouveauté relève plutôt de la lucidité morale, et l'on pourra m'objecter que cette option est vraiment très raisonnable. Mais nous en reste-t-il tellement d'autres, en vérité, dans cette époque ingrate et si peu ouverte aux trop grandes espérances ?

CALCUTTA, le 14 décembre

Dans ce voyage consacré au plaisir d'apprendre, de comprendre et de m'éprouver face à une civilisation autre, Calcutta apparaît comme un moment de gravité. Je n'y avais jamais été mais je savais, là, ce que je trouverais : le paroxysme de la misère, son spectacle écrasant et tentaculaire. Cette ville, je n'ai rien voulu d'autre que la vivre durant quelques jours, dussé-je m'y ennuyer ; et dans un temps où la monstruosité et la violence reviennent à la mode, j'étais mûr, je crois, pour la recevoir en plein visage.

Calcutta est un cul-de-sac, une cité à l'abandon, rejetée à l'extrême est des Indes, en totale décadence économique mais dramatiquement surpeuplée cependant. Un endroit où l'on ne va pas. L'avion qui m'amenait de Katmandou était quasiment désert : rien que deux négociants népalais à mes côtés, et un couple de vieux coloniaux anglais.

J'avais choisi le meilleur hôtel possible. Sur une avenue qui est quelque chose comme les Champs-Elysées de Calcutta. Durant le trajet qui me conduisait de l'aéroport, je restai le visage collé à la vitre, où défilait une litanie de mendiants, des corps scrofuleux, infirmes, dégénérés, des femmes promenant dans leurs bras des nourrissons mort-nés, des milliers d'enfants et d'adultes couchés à même le sol. Et les frôlant, les repoussant, les enjambant, des nantis bien habillés. Contraste insoutenable.

Mon hôtel se dresse au milieu des anciens quartiers résidentiels anglais. Comme eux, il est délabré, décrépi. Le personnel est assez nombreux, on vend des produits de luxe dans le vaste hall, il y a un jardin, et même une piscine. Mais si on l'approche, les rats détalent sous vos pieds ; et l'électricité est quotidiennement coupée pendant quatre ou cinq heures.

Cela fait cinq jours que je suis arrivé. J'ai délibérément négligé les lieux touristiques. Je ne me suis même pas rendu au fameux mouroir tenu par sœur Teresa : trop officiel. Je me mêle à la ville, me laisse envahir par elle, par son spectacle incroyable. Je suis là pour voir. Mais à aucun moment je ne m'habitue à ce que je vois. Jamais je n'ai été autant secoué.

La rue, d'abord. Avec sa mendicité obsédante et organisée — l'artère principale est le haut lieu du racket ; et les gosses que l'on produit, que l'on a enlevés à leurs parents et à qui l'on a écrasé les membres. La rue et tous ceux qui y vivent à demeure. Des familles entières, hommes, femmes, enfants. Les moins misérables dressent, contre un muret, une espèce de toile de tente sous laquelle on s'entasse à dix ou à douze. Les autres gisent à même le sol. Par temps sec, c'est encore supportable. Ce ne l'est plus lorsque vient la mousson : la pluie ensevelit les corps, la terre n'est que boue. Mais les gens s'accrochent, bien que, sans relâche, la police s'efforce de les disperser. Jusqu'à ce que le ramassage quotidien des cadavres vienne, un matin, emporter ce qui reste d'eux.

La rue encore, et ses embouteillages monstrueux. Dans ce bidonville grouillant, je n'ai jamais vu cahoter un tel fleuve de véhicules. Les voitures ont cinquante ans, on se demande comment elles tiennent tant elles sont rafistolées. Certaines n'ont plus de pneus. Ça roule pourtant, ça se bouscule, ça se cogne et, finalement, tout se paralyse... On peut végéter des heures en taxi. Et quels taxis ! Ils menacent de s'effondrer à chaque tour de roue, les portes tiennent par des ficelles...

Pourtant, ils constituent encore un luxe. Calcutta est une

des dernières métropoles d'Asie où l'on voit toujours des pousse-pousse — des *rickshaws.* Dans les villes un peu riches, ce sont des véhicules tirés à bicyclette. Mais ils le sont, ici, à la force des bras. Ceux d'enfants, d'adolescents, de vieillards qui parcourent, pieds nus, plusieurs kilomètres pour une ou deux roupies dont ils reverseront les trois quarts au propriétaire de l'engin. Et celui-ci en retournera une partie au racket qui s'est arrogé les autorisations de circuler.

De temps en temps, de malheureux tramways ou bus se fraient, tant bien que mal, un passage. Ce sont de véritables grappes humaines en mouvement : seuls les wagons à bestiaux qui montaient aux camps de concentration devaient être à ce point bondés. Mais on forçait les gens à y entrer, tandis qu'ici ils s'accrochent désespérément. Car, au bout du trajet, il y a l'espoir de quelques roupies...

Pour qui veut se faire une idée de ce que peut être la foule indienne, rien ne vaut cependant le spectacle de la gare. J'ai passé une demi-journée dans cet écrasant bâtiment néogothique, symbole démesuré de l'ancien triomphalisme colonial. Une demi-journée presque immobile, pour simplement voir ce qui constitue une manière d'univers en soi.

Car on y couche et on y vit, on y naît, on y baise et on y meurt, on y vend et on s'y vend, on se bouscule et on se bat, pour une roupie, une demi-roupie... C'est le foirail des destins perdus, toute la misère de l'Inde en raccourci. C'est également son théâtre permanent. Je regardais les gens des classes modestes s'entasser devant les guichets dans un climat d'émeute. J'observais, sans me lasser, la façon d'être de chacun, le clivage vécu des castes, et puis, aussi, les gestes furtifs des couples qui essaient de s'occidentaliser un peu, se tiennent quelques instants par la main. Et, fendant la masse tapageuse, agglutinée, hétéroclite, la matraquant au besoin, les policiers brusquement surgis, avec, au poignet, de longs batons à l'anglaise.

A même le sol, des centaines de porteurs sont allongés. Il y en a de tous les âges. Certains dorment. Mais la plupart guettent le colis qui, peut-être, leur rapportera quatre roupies, c'est-à-dire deux francs : de quoi acheter la ration de riz, la galette, le plat de fèves ou de lentilles qui leur permettra de ne pas mourir de faim pendant quelques jours. Se présente-t-il, ce colis, ils se battent à mort pour l'avoir. Parfois, c'est un ancien qui l'obtient. Il appelle deux plus jeunes qui s'en chargent. Lui dirige les opérations et prend sa part.

Qu'un train arrive, cependant, ils se dressent tous, se précipitent, se bousculent. Mais la marée qui descend bientôt les recouvre. Rien ne ressemble plus à une invasion. Et à nouveau, *Le Camp des saints* de Jean Raspail me revient à l'esprit. On se prend à fantasmer, à imaginer une armada qui s'emparerait de tous les moyens de navigation possibles pour déferler sur l'Occident. Sans armes, les mains nues. On tire dedans, mais en vain : que peut-on contre le nombre ? Il en revient toujours, jusqu'à ce qu'on soit emporté, étouffé. C'est cela, l'Orient : la meute inépuisable, inlassable. Il n'est pas à notre échelle.

Que vaut un être, ici ? A quelque cinq cents mètres de là, le pont d'Howrah enjambe un des bras du Gange. Un million et demi de personnes le traversent chaque jour, et c'est un tohu-bohu infernal d'hommes, de femmes, de voitures à chevaux ou à âne, de *rickshaws,* de taxis et d'automobiles ferraillantes. Réalise-t-on cette monstrueuse migration ?

Et sous ce pont métallique, recouverts et comme enfermés par l'incessant vacarme des cris, des embouteillages et des klaxons, croupissent une centaine de ce qu'il faut encore appeler des êtres humains — parce qu'on le sait —, mais qu'un de mes amis, plus justement, a baptisés « hommes-légumes ». Car ils ont la couleur de ce périmètre de terre auquel ils se confondent, où ils sont nés et où ils mourront, où ils copulent et où ils défèquent, et dont ils ne sortiront jamais.

S'ils subsistent, c'est par solidarité de groupe, comme à l'âge des cavernes, ou pire encore. Et leur existence, en effet, ne dépasse pas le stade animal. On les voit gratter le sol avec leurs doigts, afin de rechercher quelque chose qui se mange, ou récupérer les déchets des autres... Il n'y a même plus de rats : ils seraient immédiatement dévorés. Et leur imagination est si hébétée qu'elle ne leur suggère même pas de s'évader, fût-ce quelques instants, de ce lieu où s'enferme leur existence. Sauf certains, tout de même, qui remontent le remblai et se traînent du côté de la gare afin de mendier une sous-roupie — monnaie si insignifiante que je n'en possède pas, faute d'usage...

La nuit venue, on voit trembler les petites flammes des quelques feux qu'ils allument ; et lorsqu'ils se penchent, leurs visages émergent enfin de la poussière dont ils semblent faits. On distingue des hommes — jamais bien vieux, on l'imagine —, des femmes, des enfants, des adolescents aux traits fins et presque éveillés. Mais qui aurait l'idée de leur venir en aide ? Ce sont des intouchables...

Calcutta : le fin fond de la misère humaine, l'enfer quotidien, même si l'on y a un travail — l'image m'obsède de tous ces corps agrippés aux tramways, littéralement traînés par eux... Pour une roupie — 70 centimes — ou pour deux, on y est prêt à tout, on vous y propose tout, et notamment des enfants, dans la rue ou les bordels spéciaux où ils sont parqués. Et les gens y sont tellement dénutris que certains, lorsqu'ils reçoivent soudain de quoi manger, chez sœur Teresa par exemple, ne peuvent supporter ce repas qui est sans doute le premier, et meurent d'indigestion...

A cette incroyable déchéance matérielle vient encore s'ajouter celle qui naît du déracinement, de la dépersonnalisation, de la « massification » : uniformisés par la misère, déjetés par la force centrifuge d'un gigantesque brassage de population, ces êtres, bien souvent, n'ont plus rien à quoi se raccrocher, et pas même une vague solidarité tribale. Comment cette ville-repoussoir, dès lors, ne contraindrait-elle pas à de salutaires prises de conscience ? On s'y sent honteux d'appartenir à l'Occident ; et honteux, également, de céder parfois si légèrement à la tentation de s'en plaindre...

Mais il ne faudrait pas, pour autant, s'enfermer dans une vision trop univoque et ne peindre Calcutta que sous les couleurs d'un expressionnisme lépreux. Si l'on n'y décèle pas d'opulence véritable, on y voit cependant des quartiers résidentiels — assez modestes, il est vrai, comparés à ceux de Delhi — et on y rencontre beaucoup d'Indiens fortunés.

De même, on y trouve des commerçants assez florissants. Je me suis promené, par exemple, dans le quartier musulman qui se presse autour de la mosquée. C'est un lieu de pèlerinage, d'où l'abondance des magasins de piété. Mais on y profite de l'afflux pour y vendre, aussi, des objets de tout ordre, de la lingerie notamment. Et ce type de négoce, qui s'articule sur la ferveur religieuse, resurgit à la sortie de la ville, auprès des merveilleux temples *jaïns.* Ces activités représentent pour les commerçants des revenus qui vont de mille à trois mille francs par mois, sommes en France fort modestes mais là-bas fabuleuses.

Ainsi, à Calcutta, est-on constamment frappé par la disparité scandaleuse des niveaux d'existence. Le grand nombre croupit dans une misère inimaginable. Mais le restaurant de l'hôtel est bourré d'Indiens qui consomment des repas d'au moins cinquante roupies par personne. Et les cinémas, qui fonctionnent toute la journée et ne désemplissent pas, font payer six roupies leurs places de balcon, si celles de l'orchestre n'en valent que deux.

Qui s'étonnerait, alors, de la tension qui règne dans cette ville excessive, en sorte que, fait rarissime aux Indes, on y sent poindre une violence politique ? J'ai vu, par exemple, un restaurant en grève. Les gens réclamaient une augmentation de leur salaire, lequel, pour douze heures de travail quotidien, est de quarante-cinq roupies par mois — soit environ trente francs... Encore ceux-là sont-ils des privilégiés puisque ils ont un emploi !

Mais ce qui m'a le plus saisi, c'est de découvrir, dans la banlieue, un quartier totalement encadré par le parti communiste prosoviétique. Les murs sont couverts de slogans. Les habitants, extrêmement pauvres, ne sont pas cependant débraillés. Ils semblent avoir des occupations et on les sent mus par un but. Les gosses ne sont pas laissés à l'abandon. Des espèces de moniteurs s'occupent d'eux, leur font faire des jeux ou du sport...

Et, pour la première fois depuis mon arrivée aux Indes, alors que jusqu'ici ma présence n'avait suscité qu'une curiosité tolérante, même là où le drame vous sautait au visage, j'ai perçu de l'hostilité, et même de la haine. Pour la première fois, j'ai eu peur.

Les passants m'entouraient, prêts à me faire un mauvais parti. Un responsable politique, finalement, a surgi, qui m'a demandé ce que je faisais là. Je lui ai expliqué que je souhaitais seulement voir et comprendre. Alors, il a dispersé les gens, et ce n'est que grâce à ce laissez-passer verbal que j'ai pu circuler.

Quelque chose, ici, fermente, se prépare, qui annonce peut-être l'Inde de demain... Comment les gens supporteraient-ils éternellement, en effet, tant de misère et d'inégalité ? Comment une telle surpopulation ne pourrait-elle, un jour, atteindre son point de rupture ? Calcutta est une chaudière. Et il se pourrait que l'explosion fût proche.

Post-scriptum — Paris, février 1978

De tous les souvenirs que je devais rapporter des Indes, il en est peu qui m'auront autant marqué que celui de Calcutta, au point de repousser, dans ma mémoire, les merveilles que j'avais admirées et celles que j'allais découvrir. C'est que l'on reçoit cette ville comme une agression permanente : les aspects rebutants de Bénarès une fois surmontés, j'avais été séduit au point de tenter de participer ; à Calcutta, en revanche, je me sentais totalement écarté, rejeté, réduit à l'état de témoin horrifié et fasciné.

Aussi cette étape allait-elle, pour moi, jouer comme un contrepoids. J'avais vu l'Inde de toujours, j'abordais celle de maintenant. Mais comment ne pas voir que leur rapport est aberrant, si toutes deux s'enveloppent ? Certes, Calcutta constitue un cas extrême, et l'on ne saurait étendre son misérabilisme à l'ensemble de la nation. Mais c'est là, aussi, que se dévoilent de la façon la plus criante les contradictions qui sous-tendent l'effort de transformation, souvent spectaculaire, où se sont jetées les Indes. D'où le caractère à la fois exceptionnel et exemplaire de cette ville.

Si le pays « décolle » en effet, c'est, je l'ai dit, en s'appuyant sur le système des castes et en ne favorisant qu'une infime partie de la population — la petite, moyenne et grosse bourgeoisie. Cela signifie que l'immense masse rurale se trouve délibérément écartée de l'évolution économique — or les villes indiennes, en dépit de leur surpeuplement, ne fixent environ que 15 % de la population — et aussi que sont laissées pour compte les foules urbaines — plus ou moins importantes, mais à Calcutta singulièrement grouillantes — qui demeurent en lisière du travail organisé.

En d'autres termes, on peut donc dire que l'effort de modernisation ne concerne environ que 5 % de la population globale. En France, cela correspondrait à deux millions cinq cent mille personnes. Mais, là-bas, cela représente tout de même presque quarante millions de gens pour bénéficier des avantages d'une société hyperoccidentalisée. Et ils en bénéficieront de plus en plus, d'ailleurs, puisque les Indes, par endroits, se développent à une vitesse stupéfiante : elles sont ainsi en passe de devenir une des grandes nations industrielles du monde, et Bombay, par exemple, sera dans quelques années la réplique de Rio de Janeiro ou de São Paulo.

Qu'en est-il, alors, de cette minorité privilégiée qui accède à la société de consommation ? Elle comprend, bien entendu, tous ceux qui détiennent un poste de commande — dans l'administration, l'industrie, les transports publics, les installations portuaires, etc. Viennent ensuite ceux qui s'adonnent au moyen et petit commerce. Enfin il y a, dans ce pays où l'économie est artificielle, ceux qui gonflent leur emploi et campent dans son prestige. En ce sens, un chef liftier est un personnage important. De même, celui qui contrôle les billets de chemin de fer.

J'ai déjà dit que la gare indienne constituait un véritable théâtre. Cela ne vaut pas seulement pour le public, mais encore tous ceux qui y ont un poste : ici, le mot « emploi » renvoie moins au vocabulaire professionnel qu'à celui des coulisses, comme j'ai pu le mesurer précisément à mon départ de Calcutta.

Je m'étais rendu, pour commencer, dans une agence en ville. Le préposé a immédiatement réclamé mon passeport afin de vérifier si j'étais bien un étranger — les Indiens ne voyagent pas aux mêmes tarifs —, puis s'est lancé dans un interrogatoire dont le but évident était à la fois de se faire mousser et de suggérer l'octroi d'un bakchich, la vénalité étant une des plaies de l'administration indienne : « Pourquoi ce voyage ? Que comptez-vous faire là-bas ? Vous voulez un wagon-lit ? Je ne suis pas certain de l'obtenir, et si j'y parviens, croyez-moi, ce sera une grande dérogation, etc. »

Il s'est décidé, tout de même, à adresser un télex à je ne sais quelle mystérieuse personne pour solliciter l'autorisation en question. Après quoi, il m'a dépêché sur un nouvel employé. Celui-ci a visé majestueusement mon billet puis, à nouveau, m'a soumis à un questionnaire qui remontait presque aux prénoms de mes grands-parents, et dont il enregistrait les réponses sur papier en quatre exemplaires. Bien entendu, l'ensemble, le jour du départ, a été complètement revérifié à la gare et je n'ai réussi à gagner mon wagon qu'*in extremis,* au bout de trois contrôles...

Telle est, du grand chef d'industrie au lampiste courtelinesque, la classe montante de l'Inde. Elle tient le haut du pavé dans les villes en plein essor, comme Madras ou Bombay. On la trouve aussi, mais quelque peu noyée, à Calcutta, qui est en total déclin.

Cette ville, cependant, a connu un grand passé historique, comme tout le Bengale qui, au XVIIe siècle, a été un objet de convoitise permanent entre l'Angleterre et la France. Je dois avouer, d'ailleurs, que je n'ai cessé, durant ce voyage, d'être hanté par le souvenir de nos anciens comptoirs. Mais la France, on la trouve un peu partout là-bas. Ainsi ai-je découvert, non sans émotion, tout au bout de la Princess Street de Calcutta, un petit cimetière oublié, où, sur des tombes usées, abandonnées, une trentaine de noms français d'autrefois s'effaçaient doucement…

Curieusement, cette ville déjetée — mais qui fut une cité de haute culture, celle notamment de Rabindranath Tagore — voit paraître la seule revue éditée aux Indes dans notre langue. Elle est réalisée par l'Alliance française, toute minuscule ici, et dotée de moyens dérisoires ; et c'est une chose paradoxale et touchante que de voir surgir, de cet océan de misère, des petits fascicules mal imprimés où l'on rend hommage à Char et à Supervielle… Nos services consulaires, en revanche, font piètre figure auprès de ceux de l'Allemagne et des autres grandes nations occidentales : ainsi leur seul effort culturel, durant notre séjour, se traduisait-il par une exposition de chaussures dans le hall d'un hôtel… Singulière image de nous-mêmes, quand on y songe, à proposer dans ce carrefour de tous les dénuements !

Calcutta, pourtant, a été une ville active. Il fut un temps où les manufactures étaient nombreuses et fonctionnaient à plein régime : mais elles se sont éteintes avec le départ de l'Angleterre, pour qui elles travaillaient presque entièrement. Le port, de même, était florissant, d'où s'exportait la plus grande partie du jute. Mais les autres pays d'Asie, désormais, le concurrencent sévèrement, tant sur le plan des installations que sur celui de la main-d'œuvre et de son prix de revient. Enfin, avec le développement des lignes aériennes, le bateau a beaucoup perdu de son importance.

Secouée par les malheurs de la partition du Bengale, qui l'a privée de son arrière-pays, incapable d'assumer sa population démentielle, que l'afflux des réfugiés du Bangladesh, récemment, est encore venu gonfler, Calcutta, pour la plupart de ses habitants, est donc une ville invivable. On y vit, cependant. Ou du moins, on y survit.

Certains secteurs mis à part, en effet, l'impression globale qu'on en retire est celle de la stagnation, de l'oisiveté forcée. Les éléments inférieurs de la population favorisée, eux-mêmes, n'y échappent pas : comment expliquerait-on, autrement, que des familles entières s'entassent dans les cinémas, lesquels sont ouverts sans relâche de dix heures à une heure du matin ?

Car, on ne le sait peut-être pas, les Indes produisent entre cinq et huit cents films par an, ce qui, dans ce domaine, les place presque au premier rang mondial. Et ces ouvrages, qui se destinent essentiellement à la consommation intérieure, jouent, à l'évidence, comme une soupape de sûreté. Mais ils ne servent pas qu'à éponger le temps inemployé. Leur fonction est aussi d'anesthésier les conflits inconscients de la classe montante en la berçant d'un romanesque puéril, et, surtout, de la motiver en lui présentant une synthèse mystifiante de l'Inde traditionnelle et du paradis occidental. D'où le schéma répétitif de ces longs métrages dont je me suis astreint à voir plusieurs échantillons, et qui, il faut bien le dire, trahissent un niveau intellectuel si débile que le moindre feuilleton de *Confidences,* en regard, fait figure de roman mauriacien.

Le thème directeur, en général, est celui du quiproquo sentimental qu'ont popularisé les comédies hollywoodiennes. Le jeune premier — toujours gras et adipeux, comme il convient dans les pays où sévit la famine — est un garçon riche et évolué, qui ne quitte son avion que pour sauter dans sa voiture de sport — bref, qui vit dans un univers totalement déréel par rapport à celui de la masse des Indiens. Il courtise une fille émancipée — une étudiante, par exemple, et qui avoisine, elle aussi, les quatre-vingts kilos. Mais le père, de meilleure extraction que le prétendant, oppose des difficultés au mariage. Il s'y résout, cependant, au terme d'un marchandage à l'orientale.

Suit alors une longue séquence publicitaire sur les charmes de l'existence où va s'engager ce couple de pointe : cuisine à gadgets, machine à laver, mobilier spectaculaire dans le plus pur Lévitan, etc. Mais comme il faut tout de même enchaîner sur une intrigue cette incitation à la consommation, le malentendu va s'installer entre les jeunes époux. Il n'aime pas les petits plats qu'elle mijote cependant d'après le dernier livre de recettes en vogue ; elle, vexée, met sa mauvaise humeur au compte d'une liaison : nous sommes partis pour un drame de la jalousie. Ou bien ils vont célébrer leur anniversaire de mariage. Mais, la malchance étant le ressort privilégié de ces films, ce soir-là, par malheur, sa voiture est en panne et il ne trouve pas de taxi. Il veut téléphoner mais, autre malheur, l'appareil est en dérangement. Bref, il rentre à neuf heures alors qu'elle l'attendait à sept. C'est pour la trouver désespérée et complètement soûle. Furieux, il la menace et la bat : nouveau drame.

Tout s'arrangera, pourtant, au terme de plusieurs péripéties non moins puériles. Et les retrouvailles seront consacrées par une grande fête où seront réintroduites des scènes du folklore traditionnel, avec danses profanes ou sacrées, références à Vishnu ou Çiva, etc. Le tout baignant dans des flots mélodiques qui doivent être à l'authentique musique indienne ce que le disco est à Ray Charles.

En somme, comme on voit, il s'agit d'un cinéma de pur conditionnement. Mais à Calcutta, il joue un rôle plus précis de démobilisation et comble un vide psychologique immense. Cette action, toutefois, ne s'exerce que sur une part restreinte de la population. La vraie, l'angoissante question resurgit alors : comment tiennent-ils, ces milliers d'êtres qui n'ont pas de travail, aucun argent, et meurent véritablement de faim ?

Il y a, bien sûr, le sentiment que tout Indien, quel qu'il soit, a profondément inscrit en lui d'avoir mérité son sort : à Calcutta plus qu'ailleurs, cette fameuse résignation est tangible, qui s'étale tout le long des rues. Pourtant, on commence à percevoir qu'elle touche à ses limites et que de dures luttes politiques se préparent. Et puis, le corps se résigne-t-il ? Sa résistance est certes fabuleuse, les camps de concentration nous l'ont appris : bien des gens, là-bas, restent trois jours sans manger, cela fait partie d'un quotidien qui n'étonne plus. Tout de même, la mortalité est considérable, chez les enfants surtout. Et survivre, c'est le contraire de vivre...

Quel Etat, au demeurant, fût-ce même celui-ci où la mort ne représente pas le scandale qu'elle est pour nous, pourrait se permettre de laisser à l'agonie une de ses cités les plus peuplées ? Les Indes font des efforts, leur infrastructure sanitaire se développe. Comme partout, il y a à Calcutta des médecins et des hôpitaux. Il y faut compter, aussi, avec les initiatives privées : Caritas International, sœur Teresa, Institutions chrétiennes. Et des dames indiennes charitables distribuent de la nourriture. Mais l'offre, si l'on peut dire, est tellement disproportionnée par rapport à la demande ! Et puis la dénutrition est un phénomène de civilisation, non une maladie.

Reste que ce pays ne manque pas de soignants, bien au contraire. En outre, leur éventail est large, qui va des spécialistes œuvrant dans des hôpitaux de réputation internationale aux tenants de la thérapie indienne traditionnelle, en passant par les médecins à l'occidentale. Sans parler de tous ceux qui exercent dans la rue, et dont la plupart sont des charlatans : dentistes, docteurs au rabais installés dans des boutiques d'où ils démarchent le client — je pense, notamment, à celles que l'on découvre dans les quartiers de prostituées, et au fronton desquelles on peut lire : *Veneral Deseases.*

Les Indes, non plus, ne manquent pas d'hôpitaux. Mais, si l'on excepte les fondations où fonctionnent de remarquables secteurs de pointe, leur qualité est terriblement inégale. Certes, les médecins ou étudiants qu'on y voit témoignent d'une réelle bonne volonté. Toutefois, les moyens dont ils disposent sont infimes, de sorte qu'ils bricolent, ne s'occupent guère que des cas ponctuels — une intervention précise, une mauvaise grossesse, etc. De plus, leur culture scientifique est extrêmement lacunaire. D'où l'indigence, notamment, des hôpitaux des petites villes, qui ne constituent guère que des mouroirs.

A cela, il faut encore ajouter que l'assistance gratuite est presque inexistante : ce serait un tel gouffre ! Certains hôpitaux d'Etat ou municipaux, cependant, ne demandent pas d'argent mais ils ne peuvent fournir de médicaments — ou s'il leur arrive d'en donner, ce sont des produits frelatés ou mal adaptés, qui proviennent en général de l'aide internationale. Et les médicaments, pour les Indiens, sont si onéreux qu'on ne les vend jamais à la boîte mais au comprimé ou à la pilule — ce qui est peut-être un exemple à suivre... (Inversement, ils ne sont guère couteux pour les occidentaux, et cela donne à rêver sur les superbénéfices réalisés en Europe, puisque ce sont les mêmes laboratoires qui produisent pour les deux continents.)

Finalement, l'obstacle surgit partout. Car entrer à l'hôpital, ce n'est pas seulement un problème d'argent : plus simplement, il faut encore le connaître, le trouver et pouvoir s'y rendre. Et puis, l'admission n'y est pas aisée. Tout se passe, au fond, comme si les pouvoirs publics, en dépit de leurs bonnes intentions, s'efforçaient d'endiguer par tous les moyens une marée à laquelle ils ne sauraient faire face.

Seraient-ils seulement aptes à l'évaluer, du reste ? Calcutta regorge de gens — les réfugiés, les intouchables, les « hommes-légumes »... — dont on peut se demander s'ils ont une existence légale. Ceux-ci sont-ils même simplement décomptés ? Il y a des recensements réguliers, selon une méthode héritée des Anglais et que j'avoue mal comprendre. Mais j'ai bien le sentiment qu'il s'agit d'une immense passoire. La classe montante, bien sûr, a son état civil. Mais à l'autre bout, toute cette foule analphabète, et si misérable, parfois, qu'elle en semble presque indéterminée...

Etrange humanité, en tout cas, que celle de Calcutta ! On ne l'apprécie qu'en termes de masse et d'approximation statistique... Mais qu'elle prenne visage, et toute l'Inde en sera ébranlée...

MADRAS, le 18 décembre

Méfions-nous des guides ! J'avais lu, dans l'un des miens, que les chemins de fer indiens étaient les meilleurs du monde. Sans doute le rédacteur en était-il resté aux merveilleux trains de l'ère coloniale, décorés d'acajou et tendus de velours, avec leurs voitures-salons où se prélassaient des Anglais richissimes...

Aussi avais-je décidé de rejoindre Madras par le rail. La perspective d'avoir à effectuer 1 700 kilomètres dans ces conditions et, qui plus est, durant trois jours et deux nuits, comptait peu en regard des heures dorées que me promettait mon imagerie intime. Mais il me fallut très vite déchanter. Après en avoir terminé avec de multiples vérifications et m'être frayé un passage, une fois encore, à travers une meute d'Ahra-Krishnas acharnés à passer devant tout le monde et qu'un contrôleur, insensible à ce carnaval, rembarrait durement, j'ai finalemant échoué dans un wagon-lit qui, bien loin des fastes espérés, évoquait plutôt la prison de Fleury-Mérogis.

Le compartiment avait tout l'air, en effet, d'une cellule à deux bat-flanc. Seul luxe : un dispositif d'air conditionné dont j'allais découvrir, par la suite, le déplorable fonctionnement — je gelais si je l'ouvrais, et suffoquais quand je le fermais. En plus, comme je faisais figure de privilégié — mon billet coûtait à peu près ce qu'auraient payé vingt voyageurs ordinaires — et qu'il convenait, par conséquent, que je fusse préservé des masses qui s'entassaient dans les autres voitures, je me trouvai rapidement bouclé à l'intérieur du petit demi-wagon.

Pour un peu, il m'eût fallu encore remercier le steward — j'allais écrire le maton ! Dès le départ du train, ce petit homme, qui devait se révéler particulièrement obsédant, vint me promettre, après toutes sortes de protestations de dévouement, qu'il veillerait à ce que personne ne s'installât auprès de moi... Ce soin n'allait pas lui coûter de grands efforts : de tout le voyage, le wagon resta vide, si l'on excepte deux hauts fonctionnaires qui s'enfermèrent dans leur cabine pour n'en plus sortir.

Le principal travail de mon ange gardien consista donc à relever les commandes de nourriture, qu'il me facturait à un prix démentiel. Les plats étaient montés à une gare. Il les desservait à la suivante, ce qui laissait à peu près dix minutes pour manger...

Car on s'arrête sans cesse, dans un train indien, et pas toujours aux stations — on n'y a vraiment pas le fanatisme de l'horaire ! Du moins cette progression par petites poussées avait-elle l'avantage de me permettre de prendre l'air de temps à autre, les portes du wagon étant déverrouillées aux gares. Je pouvais ainsi jeter un coup d'œil sur les autres voitures, qui étaient incroyablement bondées. Les gens s'écrasaient dans les couloirs. Beaucoup dormaient à terre, d'autres debout, appuyés les uns sur les autres. On se serait cru dans la France de l'occupation.

Mais ce n'étaient que de brèves diversions : au bout de quelques instants, je me trouvais à nouveau cloîtré, en sorte que je crois bien n'avoir jamais autant lu, écrit, réfléchi que durant ce voyage. Le temps s'écoula donc assez vite et je fus presque surpris de me retrouver à Madras. Autre surprise : nous ne comptions pas plus de quatre heures de retard...

La ville était en pleine effervescence. Si elle bénéficie, en effet, d'un climat particulièrement clément, elle est cependant soumise au régime des moussons. Or, la région venait d'être inondée par un cyclone dévastateur. Toute une colonne de militaires se tenait prête à venir au secours des victimes — il y avait des dizaines de milliers de morts, des centaines de milliers de sans-abri.

Et c'est ainsi qu'une fois de plus j'ai pu mesurer sur le vif l'impéritie bureaucratique indienne. Car l'armée n'a finalement pas bougé : l'ordre n'était pas arrivé de New Delhi et le commandant de la région a préféré laisser les gens crever plutôt que d'agir sans être dûment couvert. A se demander si les autorités, en leur for intérieur, n'avaient pas choisi cette solution afin de s'épargner des problèmes ! Ce mépris de la vie humaine, non pas dans les rapports individuels mais au niveau des appareils d'Etat, constitue sans doute ce qu'il y a de plus scandaleux dans ce pays. Au point que l'on se sent, parfois, une furieuse envie de planter son couteau dans le ventre des responsables !

J'avais choisi de vivre à Madras, où je ne m'étais jamais rendu, un peu comme je l'avais fait à Calcutta : mais cette ville, il faut le reconnaître, est loin d'avoir la même intensité de vie et de présenter le même pouvoir de fascination. Comme dans toutes les grandes agglomérations indiennes, on y voit s'étaler des bidonvilles en torchis. Ceux-ci, pourtant, sont bien moins nombreux qu'ailleurs, et l'on a plutôt le sentiment de pénétrer dans une oasis de prospérité, que symbolise l'arrogance des buildings flambant neufs. De vastes jardins, prolongés par des promenades riantes, s'étagent au bord de la mer. Les salles de cinéma sont aussi modernes, sinon plus, que celles des Champs-Elysées. Les allées se déploient avec ampleur, et une sorte de somptuosité paisible. Seul rappel, feutré, de la misère indienne : les trottoirs, remarquablement entretenus pour le pays, sont coupés de barrières qui empêchent les gens de s'y installer, et les commerçants, afin que les pauvres ne puissent s'allonger sur le sol, répandent clous et verre pilé au pied de leurs devantures.

Bref, Madras a tout d'une ville américaine, à ceci près

qu'elle est farouchement végétarienne — contrairement au reste des Indes, il est impossible d'y manger de la viande, sauf dans les deux grands hôtels ou quelques restaurants chinois —, et que l'alcool y est résolument prohibé : mais comme dans tous les Etats « secs », il suffit de s'adresser à un médecin complice pour qu'il vous en prescrive « dans l'intérêt de votre santé », d'où le trafic d'ordonnances que l'on peut imaginer…

Telle est, derechef, la sempiternelle hypocrisie indienne que j'allais encore mesurer le lendemain même de mon arrivée. Je logeais dans un hôtel de grand standing, à la fois luxueux et guindé, peuplé de clients à mine puritaine. Sans doute me jugea-t-on d'apparence moins victorienne ? Toujours est-il que rentrant du cinéma, à minuit, je me suis heurté au garçon d'étage qui semblait en faction devant ma porte. Il s'est approché de moi, a plongé son regard dans le mien et, d'une voix doucereuse, m'a proposé un « petit massage » et toutes sortes d'autres félicités en prime. J'avais, au cours de ce voyage, déjà fait l'objet de quelques allusions, mais jamais de propositions aussi crues, aussi élémentaires — ce qui surprend tout de même dans un pays où l'homosexualité, théoriquement, est sévèrement réprimée…

Mais l'argent apporte sa civilisation et, à Madras, on le respire partout. C'est une ville en plein essor, qu'irriguent les capitaux étrangers, séduits par la modicité de la main-d'œuvre. Les implantations industrielles y sont nombreuses, notamment dans le domaine de la chimie et des produits pharmaceutiques. On y trouve aussi des studios de cinéma particulièrement cossus qui, outre les avantages financiers qu'ils proposent, bénéficient encore de la qualité du climat. C'est là, par exemple, que les Italiens viennent tourner en cachette certains de leurs « westerns-spaghettis » et que des réalisateurs hollywoodiens réalisent, à toute allure, quelques bandes de série B ou C.

Dans ce contexte, on ne s'étonnera donc pas que le niveau de vie, en dépit de ses écarts, soit relativement élevé, et que certaines familles, surtout, qui contrôlent banques, assurances, etc., étalent une opulence extrême — il en est une, même, qui, par sa richesse, dépasse les Rockefeller ! Ce sont elles qui constituent les fortunes de l'Inde d'aujourd'hui, d'une tout autre espèce que celles, traditionnelles, représentées par les maharajahs.

Bref, Madras est tout entière tournée vers l'avenir. Son attrait, en revanche, est assez limité, et il suffit d'une journée pour en prendre la mesure. Je m'y serais donc ennuyé si je n'y avais vu, essentiellement, une base de départ pour rayonner dans le Sud mystique. Au vrai, j'étais impatient d'aller plus au fond de l'Inde et de me confronter à autre chose que sa réalité actuelle et profane. J'ai donc rapidement négligé l'agglomération, sans prendre même le temps, et je le regrette, d'assister à un spectacle de musique et de danse — il y a, là-bas, une école prestigieuse —, pour me lancer dans un itinéraire dont je pressentais les merveilles architecturales qu'il me ferait rencontrer.

Que ce soit, en effet, à Madurai, Tanjore, Mahabalipuram, Kanchipuram ou Tiruchirapalli, on trouve, dans cette région, tout un ensemble de temples dravidiens, surgis entre le VIIe et le XIVe siècle, qui témoignent d'une civilisation disparue avec une somptuosité sans égale. Aussi ai-je décidé de leur consacrer une semaine entière, non pas seulement en touriste amateur de beautés monumentales, mais en y vivant durant des heures et en essayant, comme à Bénarès, d'y épouser le rythme de la religiosité hindoue.

Pour cela, il fallait cependant que je puisse me mouvoir en toute indépendance. J'ai donc loué une voiture avec chauffeur — luxe extrême à première vue, mais solution raisonnable tout compte fait, puisque, pour un parcours d'environ deux mille kilomètres, et en ajoutant le prix des gîtes d'étape, je n'ai pas dépassé la somme de mille francs…

Cette formule ne faisait pas qu'apporter de la souplesse horaire : elle m'a permis, en outre, de prendre du champ par rapport aux circuits traditionnels. C'est ainsi que nous avons traversé des campagnes où j'avais le sentiment qu'aucun Occidental ne s'était risqué depuis le départ des troupes anglaises, emprunté des sentiers délicieux et secrets, découvert, à l'occasion, d'émouvants petits temples ruraux — reproductions naïves des plus grands — qu'ignorent tous les guides.

Surtout, j'ai pu me mêler à ce peuple des villages et des champs dont je ne suis pas près d'oublier la touchante pureté, qu'elle se traduise par sa beauté naturelle ou son tact, sa gentillesse, sa simplicité de caractère. C'est comme si j'avais fait un écart dans le temps, ou plutôt hors du temps, rejoignant une sorte d'Inde fondamentale, d'une douceur lumineuse, mais aussi dramatiquement pauvre. Car ces gens, éparpillés dans leurs rizières, n'ont presque rien à manger. Je faisais du reste comme eux, me nourrissant le plus souvent de bananes et, le soir, d'un peu de riz. Quant à la boisson, c'était tout un problème. Je me méfiais beaucoup des eaux de source, souvent contaminées. Mais il était quasiment impossible de se procurer de l'eau minérale. Parfois, je trouvais du thé, ou encore de la bière, celle-ci coûtant douze roupies — une somme astronomique !

Mais il me faut parler ici du chauffeur, un personnage silencieux, attachant et nullement servile. C'est à lui, en effet, que je dois la révélation de cette Inde non dégradée par le tourisme. L'agence nous avait tracé un itinéraire. Très vite, cependant, il a pris sur lui de le déborder pour me faire voir tout ce dont on ne parle jamais. Et alors qu'au début du voyage on le sentait de mèche avec les gens qui cherchent continuellement à exploiter le touriste, il s'est fait peu à peu mon complice. Il me disait, par exemple : « Attention, dans ce temple, les brahmanes sont particulièrement corrompus, ne vous laissez pas faire », ou, au contraire : « Adressez-vous à ce brahmane, il essaiera sans doute de vous arnaquer, mais il vous montrera des fresques remarquables. »

Cet homme, étonnamment cultivé et qui parlait plusieurs langues, m'aura, en fait, beaucoup appris. Il a tenté de m'initier au syncrétisme indien. Il m'a révélé, aussi, l'existence d'une petite communauté juive à Cochin. Chrétien lui-même, enfin, il m'a longuement parlé des dix-sept millions de baptisés qui vivent dans l'Inde du Sud.

A le voir, d'ailleurs, aussi strictement vêtu, on aurait pu le prendre pour un personnage de l'*establishment*. Mais j'ai fini par découvrir, stupéfait, qu'il passait toutes ses nuits dans la voiture, même pas allongé, simplement assis à l'arrière et le front reposant sur le siège avant. Et, son service terminé, il s'abîmait dans l'alcool avec rage. Ainsi suis-je tombé sur lui, un soir, dans une petite cahute pourrie où je m'étais rendu, toute répugnance surmontée, mon auberge n'ayant rien à me proposer à manger. Il était complètement ivre et ne m'a même pas reconnu. Les Indiens l'ont raccompagné à son automobile, tandis que j'avalais des espèces de fèves dont aucun animal de notre Hexagone n'aurait voulu...

Je ne lui ai jamais parlé de cet incident. Mais, par petites touches, j'ai appris à mesurer la pauvreté de sa condition. Il ne devait pas gagner, au service de son agence, plus de cinquante roupies par mois. C'est la somme que j'allais du reste, à la fin du trajet, lui laisser comme pourboire : à la joie qu'il manifesta, je compris que j'avais doublé sa mensualité...

Je lui suis redevable, en tout cas, d'avoir su resituer mon périple et me faire aborder les grands temples dans le contexte historique et vécu où ils se dressent. Leur splendeur n'en est d'ailleurs que plus émouvante, et je doute que Malraux, découvrant Angkor, ait éprouvé un choc plus grand que celui que j'ai ressenti devant tous ces édifices.

De façon générale, aucune architecture au monde, je crois, ne me fascine autant que celle des palais, temples ou monuments de ce pays. L'Occident a pu produire les cathédrales, Versailles, Schönbrunn, ou les châteaux de Louis II de Bavière, mais il n'est jamais parvenu à égaler, ni dans l'art profane ni dans l'art religieux, la grandeur, l'inspiration et le raffinement de l'architecture hindoue (exceptons, toutefois, les nombreux palais de maharajahs construits à l'époque coloniale — les Anglais favorisaient ces potentats qui leur permettaient de régner par personnes interposées — et qui ne constituent, en fait, que de médiocres répliques des châteaux européens).

Cette splendeur de l'art monumental me saisissait d'autant plus que je le voyais surgir, au fur et à mesure de mon itinéraire, d'un véritable océan de pauvreté. De quel élan mystique ces temples étaient-ils donc nés ? Je songeais à la construction des cathédrales gothiques, jaillies, elles aussi, du peuple et de la foi. Mais, en même temps, je me disais qu'il n'en était aucune pour marier à ce point l'ampleur et l'harmonie. Les cathédrales se déploient d'un seul bloc et il faut être, finalement, un spécialiste pour en apprécier les détails : par là, elles relèvent de la mise en scène de masse. Tandis que les temples hindous, avec leur centre où l'on circule, leurs enceintes successives, leurs divers modes de pénétration, constituent des ensembles où la structure globale, souplement, intègre toutes sortes d'espaces — et donc de démarches — spécifiques, où l'un se vit à travers le multiple.

Ces temples, à la différence de nos édifices religieux, sont en outre des lieux de vie autant que de recueillement — ainsi ai-je pu imaginer, à Madurai notamment, ce qu'avait dû être l'antique temple de Jérusalem... Les premières enceintes sont peuplées de gens qui mangent, font leurs ablutions, dorment à l'occasion. Souvent, ils se regroupent autour de conteurs qui déploient leur trésor de légendes. Et le commerce va bon train. On vend, on achète, on trafique. Comme à Bénarès, il m'arrivait d'être exaspéré par l'incessante exploitation des fidèles et des touristes à laquelle j'assistais...

Et s'il n'y avait que les marchands ! Mais les brahmanes, qui pullulent, sont peut-être pires encore. Ces gens qui constituent le clergé des temples — il ne faut pas les confondre avec les Indiens de la caste des brahmanes installés dans la vie sociale — vivent en principe de charité. Mais ils s'emploient à provoquer les offrandes avec une incroyable absence de scrupules.

Il en est un, cependant, qui m'a beaucoup frappé et même, en un sens, séduit. Un personnage viscéralement intéressé, profondément libidineux, mais intelligent et fort cultivé. Le chauffeur m'avait prévenu : « Attention ! Fixez une somme d'entrée, car il essaiera, sans cesse, de vous extorquer de l'argent. Mais il sait beaucoup de choses. »

Je suis donc allé à lui. Il m'a demandé aussitôt ma nationalité — manifestement, il variait son parcours selon les catégories d'étrangers... Quand il a appris que j'étais français, il m'a immédiatement conduit à des bas-reliefs érotiques devant lesquels il m'a tenu, en rapport avec le Kama Sutra, une des leçons les plus extraordinaires qu'il m'ait été donné d'entendre et de voir. Usant de son foulard en virtuose, il voilait de temps en temps un détail pour en faire saillir un autre ou, l'œil allumé, rendre lisible une position indéchiffrable dans une vue d'ensemble...

Aujourd'hui pourtant, alors que me voici de retour à Madras, je sens bien qu'il manque quelque chose à ce tohu-bohu de souvenirs — amusés, heureux, admiratifs et souvent éperdus — dont ma mémoire déborde. Quelque chose qui est peut-être le sacré, ou l'émotion du sacré. Suis-je passé à côté ? Ai-je été touché à mon insu et suis-je encore trop proche de tout ce que j'ai vécu pour m'en rendre compte ? Je ne sais. Mais je crains bien que l'interrogation ne demeure ouverte.

Post-scriptum — Paris, février 1978

Ai-je été véritablement ému dans ces temples indiens ? S'il s'agit d'esthétique, j'ai assez dit, je crois, mon admiration. Mais c'est autre chose qui est en question, une autre émotion, et là, je ne puis que constater : je n'ai pas tout à fait franchi le pas ; j'ai rencontré la mystique mais elle ne m'a pas subjugué.

Cela explique que mon bonheur, au terme de ce circuit, n'ait pas été total — pouvait-il, au reste, en être autrement ? J'étais ivre de beauté, et presque saturé, comme un enfant que l'on a gavé. Mais je savais bien que dans la mesure où j'admirais sans vraiment adhérer, je séparais ce qui ne doit pas l'être.

Avais-je imaginé quelque conversion ? C'eût été beaucoup dire : participer n'est pas nécessairement se fondre. Ce que je souhaitais, me semble-t-il, c'est atteindre une ligne de partage où se seraient échangées mes nostalgies mystiques et la religion vécue de tout un peuple. Mais, encore une fois, je suis toujours demeuré en deçà...

A cela, sans doute, il y a au moins deux raisons. La première, qui est d'ordre instinctif, tient à cette espèce de blocage que le spectacle de la vénalité des brahmanes ne cessait de susciter en moi, et, également, au sentiment que tout ce déploiement religieux allait de pair avec l'iniquité sociale, l'exploitation des gens, et, en un sens, servait à les justifier. C'est pourquoi, si j'interroge ma mémoire, il me semble que j'ai été bien plus profondément bouleversé par le peuple des campagnes auquel j'ai pu me mêler que par les temples eux-mêmes.

La deuxième raison renvoie à ce qui apparaît, finalement, comme le contenu ultime de la sagesse hindoue. Dans ses rites et son efflorescence symbolique, cette vie religieuse, j'y reviens, me paraît impénétrable à un Occidental honnête : on peut s'y sentir intuitivement mis en cause — ce fut mon cas —, on ne peut comprendre. Mais tout cela aussi converge vers un enseignement qui, au bout du compte, n'apporte rien d'autre que ce qui se dit dans toutes les sagesses du monde, et il faut avoir la naïveté des jeunes Européens, ou leur dégoût envers les Eglises officielles, pour ne pas en être conscient.

Bref, à parler brutalement, les Hindous « n'ont pas inventé la poudre »... Me serais-je senti plus enrichi si j'avais pris le temps de faire retraite dans un ashram, si je m'étais rendu, par exemple, comme le font beaucoup d'Occidentaux, chez le maître Rashneek à Poona ? J'en doute fort. Ces établissements m'apparaissent surtout comme des exploitations commerciales éhontées ; et les disciples qu'il m'est arrivé de rencontrer s'enveloppaient d'un tel galimatias pataphysique que l'on sentait, à l'évidence, qu'ils n'étaient venus aux Indes que pour étancher une soif inconditionnelle de foi, ou, plus simplement, se masquer leurs problèmes personnels.

Reste, cependant, alors que deux mois se sont écoulés au moment où j'écris ces lignes, que cet itinéraire m'habite encore avec une force singulière, et que son souvenir me tient dans un charme si puissant qu'il résiste quelque peu à l'analyse. Sans doute n'ai-je jamais vécu une semaine aussi intense de plaisir, de culture et de réflexion.

Ce qui domine, je crois bien — cela a été évident dès les premiers jours —, c'est l'extraordinaire sollicitation intellectuelle exercée par ces temples. Car l'approche, si superficielle soit-elle, qu'on peut en avoir n'est possible qu'en se référant à la conception du monde dont ils témoignent : conception globalisante où s'unissent l'homme, la nature et le divin, immanence vécue, et dans le sentiment de laquelle l'Indien intègre, sans y ressentir de contradiction, une foule prodigieuse de dieux particuliers. Cette perspective, on s'en doute, restreint considérablement le champ de la liberté personnelle. L'individu est partie intégrante de l'univers, lequel lui assigne sa place, et tout ce qu'il peut, c'est éviter d'être condamné à une réincarnation dégradante et douloureuse — d'où l'importance de la purification, du rituel, de la liturgie et, par là, du clergé : les Chinois, en Asie, sont finalement les seuls, même à travers leur bouddhisme, à laisser le monde à la disposition de l'homme, puisque celui-ci a à construire l'unité à partir de deux éléments contraires, le yin et le yang...

Aussi bien le temple hindou a-t-il pour fonction d'exprimer le monde et d'y représenter l'homme. Sa construction symbolise celle de l'univers, et son rapport à la cosmogonie — relation avec l'horizon, disposition par cercles concentriques — n'est pas sans rappeler des choses familières, l'abbaye de Sénanque, par exemple, où l'on voit, aussi, se confondre l'esthétique et l'ésotérique.

Mais s'il exprime le monde, le modèle concentrique également traduit la structure humaine puisque l'univers est construit à son image et, là encore — que l'on songe au symbolisme qui commande la cathédrale de Chartres —, nous sommes renvoyés à la chrétienté... Ainsi les temples s'étagent-ils en enceintes qui s'enveloppent, chacune reproduisant l'autre en la transposant comme autant d'étages qui vont du plus profane ou du plus matériel au plus spirituel et au plus sacré. Cette progression, après des sortes de purgatoires, conduit finalement au Saint des Saints où l'on se purifie, les passages successifs correspondant, chaque fois, à des approfondissements et des élargissements du sens — ce qui, au fond, renvoie à des notions très juives...

Pénétrer dans un temple, c'est donc effectuer une démarche initiatique. Certains suivent un circuit précis, dont la signification est connue d'eux seuls ; mais d'autres chemins sont possibles, qui représentent un itinéraire plus particulier encore. Et à l'intérieur même de chaque enceinte, il y a progression de lieu à lieu, c'est-à-dire d'un niveau de sagesse à un autre plus élevé.

Inutile de dire, bien sûr, que je n'ai pu qu'entr'apercevoir tout cela, et qu'une vie entière ne suffirait pas si l'on voulait véritablement comprendre. Toutes les déterminations possibles, ici, se nouent et s'échangent pour dessiner le comportement qui appartient à chacun, et qui dépend de sa place dans le temps, de sa date et de son lieu de naissance, de ses rapports avec ses ascendants et ses descendants, etc. : il n'y a rien, en fait, de plus étranger à la pensée scientifique que le rapport que l'Indien entretient avec le sacré.

Mais cette étrangeté-là, justement, est une des choses qui m'ont le plus touché, moi qui, si souvent, me suis senti pris au piège de mon éducation occidentale et rigoriste, et comme mutilé par le rejet que je faisais d'un type de pensée auquel mon approche des toxicomanes, cependant, me préparait. Aujourd'hui encore, je recule devant tout processus ésotériste et paralogique. Mais je sais bien que cette dimension ne peut être négligée, et ce n'est pas un des moindres pouvoirs de la religiosité hindoue que d'avoir, en moi, ravivé ce questionnement.

A cet intérêt purement intellectuel, toutefois, je devais voir s'ajouter, au fur et à mesure que je progressais, l'émotion et le trouble que m'apportaient les innombrables bas-reliefs érotiques où se disent les plaisirs des dieux. Je pus alors mesurer à quel point, chez ces gens théoriquement puritains, la religion est sexuée, et combien, si l'on y regarde de près, elle tranche sur cet hindouisme aseptisé à quoi la réduisent en général les Occidentaux. Certes, l'ascèse demeure l'idéal prédominant, ne serait-ce que parce qu'il facilite l'oppression. Mais les initiés, c'est-à-dire ceux qui appartiennent à la classe des brahmanes, savent bien que leur religion est fondamentalement en rapport avec les pulsions et les désirs profonds de l'homme.

On voit bien, ainsi, que l'hindouisme, quelque part, me sollicite. L'Occidental que je suis, et ne peux ne pas être, se trouve obscurément, avec lui, en état de dialogue. A la fois proche et à distance. Et il me touche moins par ce qu'il est — disons par ce que j'en perçois — que par ce qu'il éveille en moi de familier, la manière qu'il a de me reconduire, selon des voies qui lui sont propres et me demeurent en partie mystérieuses, à mon vécu, intellectuel et sensible, le plus obsédant. L'hindouisme ne m'a pas foudroyé, je ne l'ai pas reçu comme Claudel fauché par le catholicisme derrière un pilier de Notre-Dame. Mais il est certain que, dans une mesure dont l'importance, sans doute, ne m'apparaîtra que plus tard, j'en aurai été fécondé.

GOA, le 23 décembre

« Vers le milieu de la côte ouest de l'Inde, il est un coin de paradis tout en cocoteraies, jardins fleuris, rizières miroitantes et longues plages de sable pâle, où une population débonnaire semble se griser, au soleil, de pure lumière et de vents marins... » Pour une fois le style inimitable de mon guide rejoint presque une réalité : Goa prête à l'image d'Epinal. J'ai la mienne également, qui n'est qu'une variante de celle en usage dans les offices de tourisme. Mille souvenirs heureux, étagés dans la mémoire, l'ont déposée en moi.

C'est pourquoi j'ai décidé de vivre Noël à Goa. Pour clore — du moins je l'espère — mon voyage en beauté. Depuis l'apparition des hippies et du mouvement de la drogue, ce lieu idyllique, en effet, n'a cessé de constituer le point de convergence de la génération contestataire — non pas celle qui conteste politiquement, celle qui le fait dans sa vie, son mode d'existence, par son refus du travail intégré, du conformisme vestimentaire, de l'économie occidentale ou socialiste. Aujourd'hui la grande époque californienne appartient au passé, et Katmandou n'apparaît plus que comme un mythe dégradé. S'il est un endroit où des gens conservent et préservent l'esprit des années 60, ce ne peut donc être que celui-là : Goa ou la vérification ultime...

Le moment que j'ai choisi n'est pas indifférent. La nuit de Noël, ici, c'est un peu le pèlerinage de La Mecque. Les gens de la « route » débarquent de toute part, après quelquefois plusieurs mois de marche, pour célébrer le solstice d'hiver. C'est là leur grande fête, qui s'organise autour d'un concert à faire rêver tous les organisateurs du monde. Le podium d'Anjuna — une plage merveilleuse, cernée de roches basaltiques qui lui donnent un aspect de forteresse abrasée — a vu ainsi, au fil des ans, se succéder les plus grands noms du pop et du rock — John Lennon, les Pink Floyd, Jerry Garcia, etc. Ces artistes ne donnent pas seulement des concerts gratuits : en partant, ils lèguent l'essentiel de leur matériel afin que la fête se poursuive — elle durera jusqu'au 15 février.

Ce n'est pas mon premier Noël à Goa. Et jusqu'ici, je n'ai jamais été déçu, bien que j'aie perçu, l'an dernier, un certain fléchissement. Ces festivités n'ont rien à voir avec les entreprises du genre « Woodstock » ou « île de Wight ». Le public, la fête terminée, ne rentre pas chez papa et maman. Et on ne souffre d'aucun environnement mercantile. Tout est pur, spontané : ce sont les messes du temps présent.

Mais ce climat, peut-on le décrire ? Il vous prend à la gorge, aux yeux, au nez, il vous enveloppe brusquement de sa chaleur, à travers les sourires, les tapes amicales, les embrassades, les conversations aussitôt établies, même si l'on ne vous connaît pas encore. Les gens dansent, grattent de la guitare, échangent des mets, comme dans une cérémonie païenne. Certains se lancent dans de longues discussions mystiques. La plupart fument, ou prennent du LSD, de l'acide. La fête y gagne son euphorie, son exaltation visionnaire...

Retrouverai-je tout cela demain soir ? Ce serait le souffle qui disperserait les déceptions accumulées... Cet espoir me rend heureux en dépit de la médiocrité de mon actuelle condition de vie.

Un ami, en effet, m'avait promis de me louer une maison. Mais il y a eu malentendu. J'ai donc été contraint de me replier sur l'hôtel de Fort Agoada, le temps de me dénicher un gîte par mes propres moyens.

Mais je l'ai, maintenant. Je l'ai choisi à proximité de la plage de Calangute, un endroit plus central, plus civilisé, si je puis dire, et donc mieux fourni en commerçants. En outre, je ne tenais pas à me trouver à proximité d'Anjuna, où se trouvent la majorité des gens de la « route ». J'y ai été, en effet, trop vite repéré par beaucoup de mes « clients ». Quelques-uns me sont hostiles, qui me reprochent mes prises de position sur le problème du hasch, et, surtout, d'avoir écrit un livre sous le titre *Il n'y a pas de drogués heureux.* Quant aux autres, le plus grand nombre, ils m'ont accueilli avec enthousiasme mais m'ont replongé, en même temps, dans ma condition de médecin traitant. Moi qui ne venais pas pour travailler, j'ai été assailli par les problèmes des uns et des autres, en sorte que mes premières heures à Goa se sont passées à donner des consultations ou à m'occuper du rapatriement de telle fille ou de tel garçon.

Extérieurement, ma maison est assez belle. Mais l'intérieur est d'une saleté écœurante, les sanitaires notamment — une espèce de trou sous lequel les cochons se rameutent pendant que l'on est sur le siège. J'ai embauché un Goannais qui m'a paru enchanté. Mais comme j'ai commis l'imprudence de le payer d'avance, il ne fait pratiquement rien (c'est cela, je pense, que mon guide appelle une « population débonnaire »).

Autre malheur. J'aspirais à la solitude et au calme. Or mon installation — je ne l'avais pas remarqué — est environnée de soupentes où les propriétaires ont logé une foule de gens — une trentaine au moins. Je vis donc cerné par un insupportable vacarme, le moindre n'étant pas celui qui s'élève de la maison de mes Goannais, lesquels ne semblent vivre que la nuit.

Tout de même, je m'emploie à faire bon visage : après tout, on ne vient pas à Goa pour y jouer les Robinson. Je me prépare à la fête qui s'annonce, tout en fermant les yeux sur certains mauvais présages que je perçois depuis mon arrivée...

Post-scriptum — Paris, février 1978

Depuis presque vingt ans, ce sont, en moyenne, quatre à cinq mille garçons et filles qui se retrouvent au moment de Noël à Goa. La majorité ne fait qu'y transiter durant un mois ou deux. Mais elle rejoint, provisoirement, un nombre non négligeable de « permanents » ou de « semi-permanents ». Ceux-ci ont loué une maison à l'année, qu'ils abandonnent en général de mai à septembre, pendant la mousson qui est là-bas très dure, pour se rendre à Manali, dans le nord du pays, au Népal, à Bali, ou bien encore en Europe, afin de s'y faire de l'argent. Certains, pourtant, restent en toute saison : c'est là, désormais, que s'inscrit leur existence.

Les résidents, on s'en doute, ne forment pas un ensemble homogène : les nouveaux ne ressemblent pas aux plus vieux, les ressources financières diffèrent, et plus encore les options personnelles. D'où, sur ce vaste territoire (3 609 km^2), un éclatement des Occidentaux selon les affinités, l'ancienneté, les produits absorbés, les horizons idéologiques, qui fait que l'on peut presque lire, dans leur implantation, une sorte de résumé des heurs et malheurs de la « route ».

Goa, qui fut jusqu'en 1961 une enclave portugaise, apparaît essentiellement comme une longue et admirable suite de plages déployées autour de la capitale, Panjim — une ville surprenante et délicieuse avec ses petites maisons coloniales du XVIIIe siècle et, surtout, sa floraison d'églises et de monastères. On a ici le sentiment de se trouver tout à fait en marge des Indes. D'abord, on est en région catholique ; et les habitants, d'autre part, ont encore beaucoup de sang portugais : ainsi, avec leurs moustaches tombantes et leurs traits presque occidentaux font-ils songer, en plus bruns, à certaines populations de la région parisienne. Mais la langue portugaise, en revanche, semble à peu près oubliée si beaucoup de patronymes en perpétuent le souvenir...

Aujourd'hui, on ne croise plus guère de jeunes Occidentaux à Panjim : ils s'établissent aux environs des plages, les anciens, en un mouvement de repli, s'éloignant progressivement de Calangute et de Baja, qui sont les deux centrales, celles où règne la plus grande animation, celles également que le grand tourisme a envahies. Au sud, ainsi, Vasco de Gama fixe des « routards » de trente-cinq à quarante ans, qui ne prennent presque plus de drogue, hormis le hasch, et vivent en ermites, voire en mystiques. Ils habitent de petites fermes à l'écart — certaines, même, se perdent dans un début de jungle —, s'adonnent à la culture avec leur femme, qui est parfois une Indienne de Goa, et leurs enfants quand ils en ont. Ces familles sont peu nombreuses et très isolées ; en outre, elles ne se déplacent guère et on ne vient pas les voir, même à Noël. Bref, ces anciens comptent parmi les rares qui ont réussi à s'établir en conformité avec leur idéal. Une fois par an, ou tous les deux ans, ils vont en Europe retrouver leurs parents et amis. De temps en temps, aussi, ils séjournent dans un ashram. Mais c'est à Goa qu'ils vieilliront et mourront. Sans idée de retour.

Symétriquement, on découvre, en direction du nord, une série de plages, Valagator, par exemple, où se sont réfugiés des anciens d'Anjuna, de vieux *junkees,* terriblement drogués, qui y semaient la peur. Ils sont, en général, installés un peu à l'intérieur, auprès d'un lac qui rejoint la mer par un lagon, lieu véritablement paradisiaque où ils vivent quasiment nus, opérant un retour radical à la nature. On ne les voit jamais, eux non plus, sauf lorsqu'ils viennent faire leur marché à Anjuna.

A l'inverse, la plage de Calangute, au centre, premier point de colonisation hippie, est de plus en plus désertée. Comme la plupart des endroits qui ont été lancés par la *Beat generation,* le tourisme de masse a déferlé sur elle, refoulant les jeunes devenus tout à coup indésirables. Les Indiens déboulent par cars entiers pour contempler les derniers « routards » qui s'accrochent. Les Occidentaux aisés débarquent à leur tour par l'aérodrome de Panjim, qui est à soixante-dix kilomètres. Ils prennent une chambre au grand hôtel de luxe de Fort Agoada

— mais d'autres sont en construction —, sacrifient à quelques périples obligés, flanent aux éventaires où l'on propose un bric-à-brac d'objets pittoresques.

Aussi bien, avec son alternance d'établissements sophistiqués et de *pie-shops* où l'on peut manger à bas prix, Calangute prend-il désormais un petit air de Juan-les-Pins. Le seul lieu relativement préservé, dans le secteur, est, au sud, la petite plage de Diabolim. Les gens qui y louent des maisons constituent une sorte d'intermédiaire entre la nouvelle vague et les anciens dispersés au lointain. Ce coin, pour eux, présente l'intérêt de rester encore à l'écart, tout en étant proche de Calangute, où l'on s'approvisionne, et d'Anjuna, qui demeure le grand lieu, celui où il se passe toujours quelque chose.

Anjuna s'étend au nord de Calangute, dans un paysage qui est sans doute un des plus beaux du monde — bientôt, hélas, il sera probablement aussi pollué que Saint-Tropez ! Imaginons une vaste anse, partagée par des rochers et coupée de petites rivières. Les cocoteraies et les rizières s'épanchent vers la mer, ponctuées, dans l'arrière-pays, d'un ensemble exquis de petits lacs et de montagnes douces où surgit, parfois, une cascade.

Eblouissantes de blancheur, les plages de sable fin se découvrent à perte de vue... Celle d'Anjuna est sans doute la plus séduisante. Une ceinture de hauts rochers volcaniques la dessine, d'où s'élancent palmiers et cocotiers, en un rideau serré de verdure qui tamise le soleil et maintient une extrême douceur de climat. C'est là que toute la vie se rassemble. Les Goannais tiennent des *pie-shops* où ils donnent à boire et à manger pour des sommes dérisoires. Ils font également les courses pour les gens, louent des motos, et, à l'occasion, vous promènent, pour une roupie, sur un rayon d'une dizaine de kilomètres...

Mais Anjuna, surtout, rassemble la majorité des Occidentaux de Goa. Ceux qui ne sont que de passage dressent des tentes, du genre *teepee,* sous la protection des habitants à l'année. Quant à ceux-ci, ils sont parmi les derniers à poursuivre le rêve « hippie », d'où, chez eux, la nostalgie permanente des temps d'autrefois et une sorte de mentalité « ancien combattant ». Etablis quasi définitivement, et non sans confort, dans leurs maisons de style portugais, ils perpétuent une vie communautaire à aspiration culturelle, où, sous la conduite de maîtres spirituels, fleurissent le yoga, le tantrisme, la méditation transcendantale.

Mais la plus belle réussite de cette microcivilisation — les pédagogues feraient bien d'y réfléchir ! —, ce sont sans doute les enfants. Ils sont élevés de manière très libre, par des professeurs de toutes sortes qui leur enseignent ce qu'ils connaissent le mieux — ce peut être le zen, le sanscrit, la philosophie, et ce sont toujours les langues vivantes, de sorte que ces garçons et filles ne sont jamais cloîtrés dans leur parler originel. Plus encore, l'idéal communautaire les épanouit étonnamment. Les couples se relaient pour s'occuper d'eux et comme leur père et leur mère, fréquemment, ne vivent pas ensemble, ils appartiennent un peu à tout le monde et sont accueillis partout : nulle part, en fait, je n'ai vu d'enfants aussi heureux, aussi développés physiquement, aussi libres, gais, détendus...

On comprend donc pourquoi Anjuna est un de ces lieux où j'aime revenir. C'est là, d'ailleurs, que se célèbre la Noël, c'est sur ce sable fin que s'élève le podium. Jamais autant qu'en cette fin 1977 je n'avais aspiré à y retremper ce qui me restait de certitudes...

GOA, le 26 décembre

Noël est passé et je sais, maintenant, que cette fête, elle aussi, est morte. De ces heures navrantes qui n'ont jamais réussi à exister, à prendre forme, il ne me reste rien, sinon un affreux goût d'amertume.

La soirée, pourtant, avait bien débuté. Un groupe d'anciens qui vit dans une maison à Diabolim — des chanteurs et des artisans — m'avait prié à dîner. Comme, parmi les autres invités, se trouvaient des gens juste arrivés de France avec des victuailles plein leurs bagages, l'ordinaire s'en est trouvé singulièrement amélioré. Nous avons bu du vin et mangé du brie. Je dois le reconnaître, devant une assiette, je suis toujours chauvin.

Après quoi, on a fait un peu de musique. Beaucoup de convives ont commencé à fumer. Aux alentours de minuit, cependant, j'ai levé le siège car j'avais décidé de passer la nuit à Anjuna. J'ai fait un crochet par Calangute, afin de me munir d'un matelas : d'autres amis, en effet, m'avaient offert l'hospitalité de leur *teepee*.

Je les ai vite découverts parmi les tentes qui avaient d'un coup fleuri entre les arbres et les rochers. J'ai entrepris de déployer mon installation. L'impatience me gagnait. Pourtant, j'hésitais à sortir, comme un acteur saisi par le trac.

Les souvenirs m'assaillaient en foule, défilaient devant mes yeux. Je revoyais les vagues de jeunes gens surgis des quatre points de l'horizon. Certains étaient venus par la Turquie, l'Iran, l'Afghanistan, le Pakistan. D'autres descendaient du Népal. D'autres encore étaient partis des Philippines. Quelques-uns remontaient de Bali. Goa, pour tous, c'était un aboutissement, le moment où l'on reprend souffle, celui où l'aventure individuelle, pour un temps, cède le pas à la joie collective, celle qui naît du plaisir d'être ensemble, de communier ensemble, de planer ensemble... Les drogues dures, qui isolent, étaient bannies. On s'en tenait à celles qui euphorisent, comme le hasch, ou qui exaltent, comme les hallucinogènes.

Née à Noël, la fête durait des nuits entières, de deux heures du matin à l'aube. Les gens jouaient de la musique, dansaient, mangeaient, se baignaient. Après quelques heures de sommeil, ils s'élançaient avec plus d'enthousiasme encore vers la nuit nouvelle qui s'annonçait. On sentait, entre eux, circuler un extraordinaire climat de simplicité ouverte, de tendresse, d'amour. Ceux qui avaient de l'argent venaient en aide aux plus pauvres.

Tout ce bonheur me serait-il donc redonné ? Je me levai enfin, rejoignis mes amis et nous descendîmes. Il était une heure du matin. La lune, qui était pleine, baignait la plage d'une lumière douce et nacrée. Devant nous se déployait un immense parterre de petites lumières — torches électriques, lampes à pétrole, bougies plantées dans le sable — autour desquelles les gens, par groupes de trois ou quatre, s'étaient rassemblés. Il y avait à peu près autant de monde que l'année précédente.

Pourtant, au fur et à mesure que nous progressions, un mauvais pressentiment montait en moi. Les Goannais avaient dressé des étals pour vendre du thé et des gâteaux, tout cela devenait bien commercial. Puis nous commençâmes à enjamber les sacs de couchage et je vis que personne ne se parlait. Chacun était frileusement replié sur lui-même, visage clos, sinistre. On restait à sa place, sans bouger. Du podium s'élevaient des bruits de dispute.

Je compris alors que ces jeunes étaient désormais incapables de se transcender, d'atteindre à une vibration collective. Ils n'avaient, manifestement, rien à partager, ni idéal, ni espoirs, ni langage. Ce n'étaient plus ceux que j'avais aimés. Ceux que je découvrais étaient déjetés, misérables et, bien souvent, hébétés par les stupéfiants.

Pourquoi donc avaient-ils échoué là ? Sans doute avaient-ils entendu parler de Goa et des vedettes qu'on y voyait. Ils étaient venus comme, autrefois, on allait à Saint-Tropez pour Brigitte Bardot. Mais des vedettes, il n'y en avait plus. Et l'orchestre annoncé — un ensemble fort médiocre — se faisait lui-même prier. Les musiciens jouaient les professionnels, s'affrontaient pour des questions de préséance, monopolisant le podium en chassant les instrumentistes de bonne volonté qui se présentaient.

Les gens, moroses, sommeillaient, se soûlaient ou se piquaient. Quelques anciens tentaient d'apporter un peu d'animation. Mais sans conviction. Et on les sentait inquiets d'avoir abandonné leur maison. A la Noël précédente, beaucoup s'étaient fait dérober des biens, ou les produits qu'ils avaient chez eux. Il était dangereux, maintenant, de s'éloigner sans laisser quelqu'un en faction...

Tout de même, la musique a fini par démarrer. Mais la fête ne suivait pas. De rares couples dansaient, qui semblaient perdus sur la vaste piste de sable... Mes amis et moi, nous avons attendu jusqu'à trois heures du matin. Puis, rien, décidément, ne se produisant, nous sommes remontés au *teepee*. Nous avons dormi jusqu'au lever du soleil, réveillés de temps en temps par des bouffées aigres de guitare.

A huit heures, pourtant, je suis redescendu : peut-être se passait-il quelque chose ? Mais tout le monde somnolait, on se serait cru dans un campement de romanichels ou à un bivouac de guerriers en déroute. Alors, j'ai un peu traîné puis je suis allé me réconforter chez d'autres amis. J'ai parcouru le marché aux puces où les hippies vendent les produits de leur artisanat. C'est quand même là que j'ai rejoint un très fugitif état de grâce. Quelqu'un s'est mis à jouer du tambourin, un Noir américain lui a répliqué à la flûte. Mais ils n'ont pas réussi à impulser la fête. Un dernier espoir m'a reconduit, à la nuit tombée, sur la plage d'Anjuna. C'était aussi morne que la veille.

Il ne me restait qu'à réintégrer Calangute. J'avais au cœur une tristesse sans nom.

Post-scriptum — Paris, février 1978

J'étais, je me souviens, dans un *pie-shop.* Autour de moi, de jeunes Français discutaient. Je tendis l'oreille, curieux de leurs propos, et fus stupéfié. Ce n'était pas de leur vie à Goa qu'ils parlaient, mais des vacances d'hiver qu'ils passaient autrefois avec leurs parents... Il faisait presque trente degrés, la mer était splendide. Les gens, entièrement nus, se baignaient et s'exposaient au soleil. Mais ces jeunes n'avaient en tête que la neige et la nostalgie de leur enfance bourgeoise. Décidément, le ressort était cassé, le *feeling* s'était évanoui...

Dès mon arrivée, certes, j'avais très vite perçu un changement, à travers l'envahissement touristique et la commercialisation du lieu par les Indiens. Mais ce fut la lugubre nuit de Noël qui me fit véritablement comprendre que le Goa auquel j'avais rêvé appartenait au passé, et que la fête, si elle attirait encore beaucoup d'Occidentaux, ne constituait plus qu'une survivance.

Bien sûr, le discours hippie est toujours en usage, mais comme un disque ancien, rayé, répétitif, totalement coupé du réel. Et plus encore que le discours, la musique que l'on entend, qui est celle de la côte ouest des années 60, témoigne d'un irrémédiable vieillissement. Comment, d'ailleurs, aurait-elle pu se renouveler ? Les musiciens « hard-rock », « punk » ou « disco » dédaignent aujourd'hui les nuits de Goa, qu'ils voient sans doute à l'image d'une cérémonie d'anciens combattants sous l'Arc de Triomphe.

Encore, si cette musique « planante » avait conservé sa beauté originelle ! Mais la médiocrité de son exécution la démode définitivement. Et le professionnalisme a désormais chassé tout esprit d'invention et de liberté. On trouve bien, de-ci, de-là, quelques groupes épars de musiciens. Mais la formation principale, qui est contrôlée par les Indiens, truste toutes les fêtes et, trois fois par semaine, se produit en exclusivité dans des cafés d'Anjuna où il est obligatoire de consommer — ce qui suscite les protestations du dernier carré des purs, indignés d'avoir à payer pour quelque chose qui fait partie intégrante de leur style de vie.

Ainsi Goa n'est-il plus qu'un mythe stagnant, fripé, récupéré. Et ce qu'il recouvre n'a qu'une unité illusoire. Anjuna, bien sûr, demeure l'un des derniers grands rendez-vous de la marginalité. Mais qu'y a-t-il de commun entre les jeunes de vingt ans et ces freaks qui, à quarante ou même trente ans, ont déjà des airs de vieillards sinon leur misère ? Pour moi, du reste, qui ai un culte hédoniste de la vie, quel crève-cœur que cette disparition presque générale de la beauté physique ! Car les nouveaux n'ont plus de rayonnement, et beaucoup d'anciens, avec leurs défroques hippies devenues soudain insupportables, ne sont rien d'autre que des clochards...

Et il n'y a pas que l'opposition entre les générations. Où que l'on se tourne, le petit monde de Goa apparaît comme un univers éclaté, que de multiples clivages traversent en tous sens : entre ceux qui passent et ceux qui vivent à l'année, ceux qui prennent des drogues dures et ceux qui s'y refusent, entre les mystiques, ceux qui veulent encore changer la vie ou, du moins, s'efforcent de maintenir les traditions de la « route » et ceux qui font semblant et trichent. Sans compter tous ceux qui n'ont plus de famille et sont totalement coincés, au bout du désespoir, définitivement perdus.

Mais le contraste le plus saisissant s'établit au niveau de l'argent. Le Goa des Occidentaux, en effet, s'est structuré en société de classe depuis qu'a surgi, il y a quelques années, toute une catégorie de touristes bien argentés, parmi lesquels beaucoup d'anciens hippies, issus de familles riches, qui ont connu les lieux naguère et viennent, en grand luxe, raviver leurs souvenirs.

Ces gens, même s'ils ne séjournent qu'un mois, louent à l'année les plus belles maisons — que leur importe le montant du loyer, d'autant que celui-ci n'est jamais très élevé, qui ne dépasse en aucun cas deux mille francs par an ! Et d'un voyage à l'autre, ils aménagent leur résidence, apportent des congélateurs, des chaînes stéréo, font venir leur voiture. En somme, ils font la saison à Goa comme ils le feraient à Deauville, au cap Ferrat ou à Acapulco, mais en singeant les marginaux. Ils enfilent des oripeaux hippies ou des pantalons indiens taillés chez Saint-Laurent, fument du haschich, s'offrent parfois un petit « sniff » de cocaïne.

Bref, leur spectacle est insupportable. Certains, le matin, montent à cheval, entourés de toute une cour. Le soir, flanqués de dobermans et habillés à la dernière mode, on peut les voir, à l'occasion, festoyer dans les restaurants de Calangute autour de langoustes au champagne. Bref, ils ont apporté Castel à la semelle de leurs chaussures. Mais sur la plage, à quelques mètres, il y a des jeunes qui meurent de faim, de drogue et de folie — le temps de mon bref séjour, trois Français, au comble du dénuement, se sont suicidés...

Reste que ces « hippies de luxe », peu à peu, commencent à plier bagage devant la montée de la dangerosité et de la violence. Car, dans ce pays de rêve, on règle maintenant ses comptes et on joue du couteau. Je faillis d'ailleurs en faire l'expérience. Récemment, en effet, j'ai appris qu'un groupe de garçons et filles, hostile aux positions que j'avais prises et me tenant pour un salaud, un faux jeton, avait projeté de m'assassiner. Un débat orageux s'était tenu et il avait fallu l'intervention de quelques anciens, qui les menacèrent de représailles sanglantes, pour que l'affaire tournât court...

Un tel climat, cela eût paru impensable il y a dix ans ! Il

tient avant tout à l'emprise croissante de la drogue dure, laquelle, pour n'être pas une nouveauté, est devenue si envahissante que beaucoup de vieux « routards » renient aujourd'hui Goa pour s'établir dans les îles indonésiennes. Et qui dit drogue dure dit aussi empire des trafiquants et jeu effréné du marché. A la Noël, les *dealers,* alléchés par l'importance de la clientèle potentielle, débarquent chargés d'une quantité considérable de produits. Mais comme ils en ont trop et qu'ils sont trop nombreux, les tarifs chutent très vite, en sorte qu'aux derniers jours, on voit les types faire le forcing dans la rue et assaillir le moindre passant. La morphine s'écoule soudain à un prix dérisoire, et le gramme d'héroïne, initialement côté à cent francs, peut descendre jusqu'à vingt-cinq.

Comment les plus jeunes, même s'ils vont là-bas avec la ferme intention de résister, pourraient-ils, dès lors, ne pas succomber ? Et il n'y a pas que la drogue dure pour faire des ravages. Beaucoup absorbent également de la datura, une plante hallucinogène qui conduit à la folie et, finalement, au suicide — certains se noient, d'autres se jettent au fond d'un puits...

Pourtant, cette violence ne constitue que l'aspect le plus frappant d'une situation globale particulièrement explosive. Société éclatée, je l'ai dit, Goa accumule les tensions nées d'innombrables antagonismes : entre les générations, les comportements, les différences trop criantes de ressources, les implantations géographiques, les horizons idéologiques... Au bout de tout cela, il y a la disparition presque totale de cette gentillesse, de cet esprit d'amour et de solidarité qui faisaient le charme de l'univers hippie.

Désormais, c'est le règne du « chacun pour soi ». On ne se parle plus, on n'aspire qu'à aller tout seul au bout de son aventure, en essayant de la vivre le moins mal possible. D'où l'incroyable dureté des rapports entre les gens, qui fait que plus personne n'a le souci de personne. J'ai découvert, par exemple, dans une des soupentes qui entouraient ma maison, un garçon à l'abandon, malade, désespéré. On lui connaissait, théoriquement, des copains. Mais, durant quarante-huit heures, aucun ne s'est présenté, et ce sont mes amis et moi qui l'avons entouré, qui lui avons apporté à manger...

On ne se contente pas, du reste, de s'ignorer, on se débrouille encore sur le dos des autres. Le vol et l'arnaque sévissent sans répit : c'est, en somme, tout un moment de civilisation qui s'est brusquement dégradé. En témoigne, par exemple, cette mésaventure qui m'est arrivée.

J'ai dit que je logeais à Calangute. Mais comme cela m'ennuyait d'y revenir lorsque je passais la soirée à Anjuna, j'avais souhaité disposer d'un pied-à-terre à proximité de cette plage. Je me mets en quête et tombe finalement sur une fille, mi-française, mi-algérienne, qui possède une grange — en fait, une sorte de soue à truies — qu'elle n'utilise pas. A peine ai-je formulé ma demande qu'elle se lance dans de grandes protestations d'amour à mon endroit, ce qui ne l'empêche pas, son enthousiasme retombé, d'exiger cent roupies sur-le-champ. Je suis un peu surpris : cela ne correspondait pas aux usages que j'avais connus. Si elle m'aimait, elle me prêtait son local. Si elle ne m'aimait pas, elle me le refusait. C'est ainsi qu'il en allait dans les anciens temps. Nous n'en étions plus là. A ses yeux, visiblement, je n'étais qu'un médecin connu, et donc un bourgeois à exploiter...

Je lui verse la somme — après tout, je n'en étais pas à cent roupies près. Elle me donne la clef, je passe une première nuit et reviens le lendemain. Surprise ! Entre-temps, la fille avait changé le cadenas, sans doute pour louer son local à d'autres. La nuit était noire, l'heure avancée : j'ai dû solliciter des gens qui m'ont logé dans leur *teepee.*

Evidemment, je leur ai expliqué l'embrouille dont j'avais été victime. Ils n'étaient pas moins écœurés que moi. Et comme ils connaissaient vaguement la fille, ils l'ont prise à parti le lendemain et l'ont contrainte à reverser les cent roupies à une organisation qui s'efforce d'aider les jeunes en difficulté à Goa...

Petite histoire, bien sûr, mais singulièrement exemplaire...

Ces lieux sont toujours un éden, mais on n'y est plus heureux. Le grand embrasement s'est défait. Ne subsistent que quelques petites flammes, quelques foyers privilégiés, quelques cœurs vrais. C'est à eux que je dois, quand même, d'avoir un peu oublié, au moins le temps d'une veillée, ce qui, je le vois bien aujourd'hui, demeure comme la plus amère déception de mon voyage, celle qui l'aura radicalement et définitivement marqué.

PARIS, le 13 janvier 1978

Il m'a fallu connaître les Indes pour éprouver combien j'étais occidental. Et je sais bien que, même si mes critiques à l'endroit de l'Occident sont furibondes, c'est là, pourtant, qu'est ma place et que se nouent mes solidarités. N'empêche ! Tout cela, que je me répète, ne parvient pas à dissiper le malaise où je baigne depuis mon retour en Europe.

A peine, du reste, avais-je basculé sur le versant du départ qu'une sorte d'angoisse m'a saisi. Pourtant, j'étais impatient de reprendre l'avion et vivais déjà au passé le peu qui me restait à voir. C'est sans grande curiosité, ainsi, que j'ai traversé Bombay. Qu'y aurais-je trouvé, d'ailleurs ? Cette ville ne marquait, pour moi, que le retour au cynisme occidental, avec l'Inde en plus. Elle est totalement polluée par son développement industriel. Et il faut y subir le spectacle des riches arabes qui traversent le golfe et se conduisent avec une intolérable arrogance, comme en pays conquis.

Seule survivance de l'ancien temps : les prostituées en cage — garçons et filles — qui se vendent pour une bouchée de pain. Je ne veux pas cacher ma fascination. Mais il est un peu étrange que le dernier visage de l'Inde à m'avoir retenu n'ait touché que la part de perversité que je porte en moi !

Le retour lui-même, je préfère n'en point parler. Je m'étais confronté à la plus extrême misère, aux plus intolérables injustices, j'avais enduré des bureaucraties paranoïaques. Une fois sur le sol parisien, tout m'a paru pire. Une impression de tristesse et d'abominable grisaille m'est tombée sur les épaules. J'avais le sentiment de pénétrer dans un univers insidieusement terrorisé, recroquevillé sur lui-même, agressif, intolérant à l'endroit de tout ce qui diffère du modèle qu'il propose...

Sans doute, ici, dois-je faire la part du choc inhérent à tout retour et tenir mes humeurs en lisière. Je vis, actuellement, ce moment inconfortable où l'on est rendu sans tout à fait être rentré. Intervalle, en tout cas, propice aux premiers bilans : qu'ai-je rapporté de ce voyage ? Suis-je le même homme ?

Il est trop tôt, en vérité, pour parler de moi-même : sur ce plan, je ne peux que prendre acte de mes doutes et de mes incertitudes, même si je n'oublie pas certains moments privilégiés. Mais, à travers ce périple, je n'ai rien découvert non plus qui me permît d'augurer du futur... Ma quête demeure ouverte et peut-être ne me reste-t-il qu'à préparer un nouveau voyage. A celui qui vient de s'achever, je ne dois d'autres leçons que celles qu'engendrent les échecs — ce qui est déjà beaucoup.

J'avais voulu vérifier si l'idéologie, les valeurs où j'avais investi régnaient encore quelque part. S'il existait, au moins en Orient, des tribus perdues où j'aurais pu trouver ma place. Mais tout cela ne renvoie, semble-t-il, qu'à une civilisation effacée.

S'agit-il d'une disparition définitive ? J'hésite à le croire. Ce qui me semble certain, en revanche, c'est l'échec des thèmes dominants où l'on vit se reconnaître la jeunesse des années 60. Et, plus précisément, l'échec absolu, radical, et sans doute inévitable, de la drogue considérée à la fois comme levier de révolution intérieure et de transformation collective — j'entends, ici, les drogues idéologiques, tels le haschich et le LSD, dont Timothy Leary pensait qu'en modifiant les champs de conscience elles modifieraient la mentalité des gens et, partant, les rapports qu'ils entretiennent entre eux.

Mais la retombée des illusions de la drogue ne doit pas masquer ce fait essentiel : si l'idéologie qu'il faut bien appeler

« hippie » a malheureusement échoué, c'est en raison de la difficulté fondamentale qu'ont les individus à se dépasser, à oser être autre chose que ce qu'ils sont ; c'est en raison, également, des pressions extérieures, de l'empire de cette société de consommation dont chacun redoute tellement de perdre les bénéfices — et que pèse, en regard, le discours gauchiste ou écologiste ?

Nous vivons aujourd'hui dans une société de plaisir. Et moi qui suis un des théoriciens du plaisir, je ne puis qu'être effrayé de voir à quel point la notion s'en trouve sournoisement subvertie, et combien notre univers s'emploie à en évacuer la part de spontanéité individuelle pour en imposer, de l'extérieur, une version standardisée : à son tour, le plaisir est devenu objet de consommation.

Mais il en va plus gravement encore lorsque sont en jeu la nouveauté et l'esprit de création. L'art et les systèmes de pensée, aujourd'hui, se muent instantanément en produits. A un autre niveau, on voit les décorateurs et marchands de vêtements s'approprier toutes les modes, hippie puis punk. Et les sociétés européennes, suivant en cela l'Amérique, s'apprêtent à récupérer le haschich, lequel jouera ainsi, au sein de la pression collective grandissante, comme un amortisseur biologique, un instrument de compensation : en somme, un plaisir permis, donc octroyé.

Doit-on s'étonner, alors, de l'amertume des novateurs, sans cesse dépouillés, expulsés d'eux-mêmes, et de cette espèce de désespoir extrémiste où ils se trouvent acculés ? : « Vous nous récupérez ? Eh bien, nous allons aller jusqu'au bout de la dérision et de la violence, nous ne respecterons plus aucune règle du jeu. » A plus ou moins long terme, une explosion me paraît ainsi difficilement évitable, dont les « Indiens » de l'intérieur, en Italie, manifestent déjà les avant-signes...

Mais je le dis tout net : d'un passage à la limite, je n'attends rien de bon. Reste que dans cette France que je viens de retrouver, mon impression dominante, et jusqu'à l'obsession, est celle d'une société en totale frustration. J'y reviens : ce que je lis, ici, sur tous les visages, c'est la peur — de l'aventure, de vivre, d'oser être soi-même. La peur de son désir : tout se passe comme si, pour les gens, l'autorisation du désir s'accompagnait d'un prix trop lourd pour ce qu'ils sont ou peuvent. Ce qu'ils demandent profondément, c'est qu'on les mutile en les aidant à réprimer leur désir, et qu'on leur en fournisse un substitut qui serait le même pour tous.

Nous revenons à grands pas vers un nouveau Moyen Age, et le surgissement d'un terrorisme extrémiste ne peut qu'accélérer cette évolution. Y aura-t-il quelques clercs pour s'isoler et maintenir, en secret, les valeurs essentielles ? Sans doute. Mais l'immense majorité, je le pressens, est prête à basculer...

La tentation est grande, aussi, de se réfugier dans une tour d'ivoire. Plus je regarde autour de moi, plus je me demande ce que je viens faire dans ce monde-là. Au moins sais-je une chose : je ne puis qu'entrer en rupture.

Mais c'est ici, pourtant, que je m'interroge : suis-je tout à fait de bonne foi ? Est-ce que cette attitude de retrait ne me sert pas également à me masquer les difficultés que j'éprouve à assumer mon retour ? Je vois bien, maintenant, qu'il me faut rentrer tout de bon. Renouer les ponts que j'avais provisoirement coupés. Mettre cette part de sérénité que je dois au voyage à l'épreuve de tout ce qui m'a précisément poussé au départ. A commencer par Marmottan.

DEUXIÈME PARTIE

Marmottan réinventé

I

NOUVEL AIR, NOUVELLE ÈRE

Revenir à Marmottan m'angoissait affreusement. Je n'avais pas fermé l'œil les nuits précédant mon retour. Un peu comme un gosse terrorisé par la rentrée des classes. Il y avait de cela, d'ailleurs. J'avais encore du soleil plein la tête et renâclais à l'idée de reprendre le collier. Mais cet état d'âme, je le savais, serait vite surmonté. J'avais suffisamment fait l'expérience de l'Orient et de ses spiritualités, joui de cette entière disponibilité d'existence qu'on peut y connaître pour savoir que mon chemin n'était pas là. J'étais un homme actif. J'avais besoin de me confronter au temps et aux événements et ne m'imaginais nullement partageant l'avenir — ou l'absence d'avenir — de tous ces hippies fatigués que j'avais rencontrés. Une parenthèse éblouissante venait de se refermer. J'avais maintenant à gagner ma vie et les combats qui me tenaient à cœur.

Franchissant la porte de l'institution, cependant, je ne me sentais pas très bien dans ma peau. Je pensais à la tâche qui m'attendait. Une fois de plus, je réentendais le cri de Laurence, peu avant qu'elle ne se suicide : « Vous y croyez encore à tout ça ? » Or, parmi les raisons de mon départ, il y avait que l'institution était sortie de sa lune de miel et que je ne l'avais pas supporté. Maintenant, j'étais revenu. Les choses avaient probablement empiré pendant mon absence.

Pour me ménager une transition, j'avais choisi de faire ma première réapparition un dimanche matin, alors que la maison, l'hospitalisation exceptée, est pratiquement vide. J'avais débarqué dans un véritable chantier — les travaux de réfection, que je réclamais depuis longtemps, venaient tout juste de commencer, et cela ne créait pas un climat engageant. Afin de me réhabituer, je m'étais promené un peu partout. Soudain, j'avais reçu comme un choc en plein visage. Toute une série de graffiti couraient le long des murs. Les avais-je oubliés ? Les découvrais-je ? Je ne sais plus. Mais j'avais l'impression d'en être atteint pour la première fois.

On en voyait partout, à l'hospitalisation ou dans la salle d'attente... Les toxicos des anciens temps dessinaient dans les endroits réservés, mais ils ne maculaient pas les murs. Les graffiti, je n'en avais rencontré, jusqu'ici, que dans les prisons, les hôpitaux psychiatriques, tous ces lieux où les gens se sentent mal. Et c'est à ces graffiti-là que ressemblaient ceux que je lisais. Rien de commun avec les formules ironiques ou poétiques de mai 68... Ainsi cette institution, qui avait été ma fierté, était-elle aujourd'hui ressentie comme une geôle ! Il y avait même des inscriptions nazies. C'était pour moi une tristesse sans nom.

L'histoire de Patrice, que j'appris un peu plus tard, allait d'ailleurs me confirmer cette évolution. Patrice était un fils de famille, intelligent, beau garçon, très grave toxicomane. Il avait agressé des dizaines de pharmacies, connu plusieurs années de prison. Nous l'avions récemment envoyé en postcure dans le Lot à la Gentillade, un lieu merveilleux, où l'on n'oblige les gens à rien, où on ne leur impose aucun travail. On leur donne simplement les moyens matériels de vivre. Car la seule chose qu'ils aient à apprendre, c'est à vivre. Sans la drogue.

Mais au bout de deux jours, Patrice avait introduit de la

came. Puis il s'était enfui avec une fille à laquelle il semblait attaché. Il lui avait dit un matin : « Je m'en vais faire une promenade dans les bois. » Et il n'était pas revenu. La garde montée l'avait retrouvé le lendemain. Il avait tenté de se suicider. On l'avait ramené, il était resté quatre jours dans le coma...

Tout cela était banal, en un sens. Mais ce qui l'était moins, c'était la lettre que Patrice avait envoyée à sa mère, et où il écrivait, après le traditionnel procès de la famille : « Je ne veux plus aller en prison, que ce soit à Fresnes ou à la Gentillade... »

Cette phrase terrible résonnait dans mon esprit comme un double avertissement. Il était clair que le courant ne passait plus comme nous l'avions initialement voulu, que la maison s'était rigidifiée. D'autre part, la jeunesse avait de toute évidence changé. La comprenions-nous bien ? Faisions-nous surtout l'effort nécessaire ? Il semblait que non. Ainsi me trouvais-je reconduit aux questions que je me posais avant mon départ, alors que je me demandais si j'allais fermer ou passer la main. Une chose, toutefois, différait. J'étais sorti de mon état dépressif, les beaux désespoirs ne me tentaient plus. Ce qui m'importait désormais, c'était de redresser la barre.

Dès le lendemain, alors que la maison avait retrouvé son animation, j'allai rôder du côté de la salle d'attente. La fréquentation globale avait un peu baissé, mais il venait toujours beaucoup de monde puisque nous recevions, chaque jour ouvrable, de trente à quarante personnes. Les lieux, pour le moment, étaient même particulièrement remplis. Pourtant, l'époque ne nous était pas favorable. Fouetté par les campagnes de parents, le ministère, face aux problèmes de toxicomanie, cherchait à susciter des alternatives nouvelles, de nature nettement répressive.

D'autre part, le bouche à oreille — celui qui bourdonne chez les jeunes comme dans un certain Tout-Paris — se révélait particulièrement délirant à notre endroit. On disait que Marmottan était une école de drogue, que les malades et le personnel s'y défonçaient à l'envi, qu'on y organisait même des orgies sexuelles. D'autres, inversement, prétendaient qu'il y régnait une discipline de fer, que les toxicos étaient liés tout nus sur des lits de contention et qu'on les y laissait se tordre de douleur par pur sadisme, sans jamais leur donner le moindre médicament. On répétait encore que nous étions appointés par la police et que nous lui faisions tenir la liste des gens qui venaient nous trouver.

Mais ces sottises n'avaient eu manifestement qu'un effet très limité. C'est qu'en dépit des ragots et des hostilités, du vieillissement des lieux et de l'équipe soignante, Marmottan, à l'évidence, répondait à un besoin, épousait fondamentalement la demande des toxicomanes. L'un d'eux, quelques jours après mon retour, viendrait d'ailleurs me le rappeler, comme s'il craignait que je succombe à quelque excès de pessimisme.

— D'accord, ce n'est pas parfait... Mais envers et contre tout, il y a ici une liberté, un droit à la parole comme nulle part ailleurs. Cette possibilité d'être soi-même, c'est cela qui compte...

Si la salle d'attente était donc toujours comble, je mesurais en revanche combien la clientèle était effectivement devenue différente. Sans doute avait-elle commencé à se renouveler avant son départ. Mais obsédé par mes soucis, requis en outre par mes propres patients, je n'en avais pas pris une vraie conscience. C'est donc un œil neuf que je posais sur tous ces gens. Il fallait beaucoup chercher pour retrouver quelques vestiges de la vieille garde, ces vétérans de mai 68, avec leurs bagues, leurs cheveux longs, leurs robes bariolées, leur maintien serein, tous ceux-là pour qui Marmottan avait été inventé et que les « nouveaux jeunes », aujourd'hui, désignaient du terme un peu dédaigneux de « babacools ». C'en était fini de la génération des toxicos beaux, intelligents et cultivés ! Le type dominant était le loubard de banlieue, d'origine ouvrière et, souvent, enfant d'immigrés. Avec, pour uniforme, les jeans, les santiagos et les blousons de cuir à lanières. A l'occasion, on remarquait aussi quelques « punks », au déguisement misérabiliste et outré. Et, en singulier contraste, deux ou trois jeunes très « rétro », habillés stricts et cheveux plaqués.

Cette clientèle nouvelle, j'allais rapidement découvrir qu'elle plongeait mon équipe dans un profond malaise. Elle dérangeait ses habitudes, faussait ses concepts. Je crois aussi qu'elle lui faisait un peu peur. Alors que l'institution était à la recherche de son second souffle, la transformation sociologique de notre public apparaissait donc comme un ferment supplémentaire de division. Certains, arc-boutés sur nos principes de base, avaient fini par isoler un modèle archétypique du patient-digne-d'être-soigné-à-Marmottan et, renversement paradoxal, au lieu de s'adapter à la clientèle, attendaient de celle-ci qu'elle se conformât à leur exigence. D'autres — c'était essentiellement le cas de plusieurs médecins — rétablissaient insidieusement les distances hiérarchiques, que nous avions toujours bannies, pour éviter d'avoir à trop se « mouiller » : manifestement, chez eux, les soucis de carrière et la lutte pour le pouvoir prenaient le pas sur les problèmes thérapeutiques. Enfin les infirmiers gémissaient sous le poids des responsabilités dont les autres avaient pris l'habitude de se décharger sur eux.

C'est dans ce climat d'antagonismes fréquemment exacerbés que s'ouvrit, quelques semaines après mon retour, notre grand séminaire annuel. En mon absence, il avait été préparé par Richard Rech, le chef des infirmiers. J'avais personnellement refusé de m'y rendre. A Richard venu m'y inviter, j'avais répondu :

— Ma présence ne s'impose pas. Vous avez décidé ce séminaire, ce sera le bilan de cette période où je me trouvais absent, j'en tirerai les conclusions. Vous me dites que la maison ne va pas très bien et, pour être franc, je m'en suis déjà aperçu. Ou bien l'équipe est capable d'opérer son redressement et alors tant mieux, je vous suis. Ou bien je prends mes décisions, comme c'est mon rôle.

A la vérité, je soupçonnais non sans raison que ce séminaire, au lieu de constituer ce large dialogue qu'il avait été jusqu'ici, donnerait lieu à un règlement de compte généralisé.

Or il me semblait nécessaire qu'il eût lieu mais peu souhaitable que j'eusse à l'arbitrer. Et, de fait, tous les malaises, toutes les maladies et carences qui minaient Marmottan s'y portèrent à leur paroxysme. Aussi les gens en revinrent-ils terriblement secoués. Je ne me sentais pas bonne conscience en les voyant : n'avais-je pas ma part dans la crise de la maison et ne m'étais-je pas soustrait aux difficultés en m'enfuyant, ce qui, de surcroît, me permettait de réapparaître dans le rôle d'un juge ?

Mais l'important n'était pas de juger. Il fallait remanier, réorienter, réinventer. Une période difficile, incertaine s'inaugurait, marquée par des départs déchirants, dramatiques, parfois lourds de malaise, rythmée de surcroît par la lente, trop lente progression des travaux de réfection de l'hôpital. Une période de plus d'une année, au terme de laquelle Marmottan présenterait un visage totalement remodelé.

***

La leçon du séminaire était sans ambiguïté : je devais reprendre les choses en main. Le redressement ne pouvait venir de l'équipe. Elle était trop divisée entre ceux qui ne cultivaient plus que des ambitions personnelles ou se laissaient emporter par une dérive maximaliste qui nous coupait peu à peu du réel, et tous ceux — la majorité, en fait — dont les bonnes intentions, la qualité intime ne pouvaient être mises en doute mais que minait une profonde usure psychologique.

Cette partie du personnel avait fourni un travail considérable et beaucoup investi d'elle-même. Mais aujourd'hui, elle accusait une certaine perte de qualité morale. Dès l'origine, nous avions posé les buts qui déterminaient notre éthique. Celle-ci n'impliquait pas que les gens fussent autoritairement contraints d'abandonner la drogue. Ce que nous voulions, plus subtilement et plus humainement, c'est qu'ils fissent un choix d'existence qui entraînât cet abandon. Encore fallait-il les en convaincre, en leur proposant des lieux et des modèles de vie. Nous nous devions d'être exemplaires, et pas seulement par notre thérapeutique, mais encore, et surtout, notre générosité, notre force de conviction, notre manière de vivre. Exemplaires, nous l'avions tous été — tous, c'est-à-dire les médecins comme les infirmiers, les accueillants et les femmes de ménage... Mais aujourd'hui, les gens de Marmottan ne constituaient plus tout à fait des modèles, des incitations à vivre hors de l'univers de la drogue.

Dans la reprise en main qui s'imposait, deux chemins s'ouvraient à moi. Je pouvais précipiter le mouvement, déclencher une sorte de révolution culturelle, voire, dans un geste spectaculaire, fermer provisoirement la maison. C'était choisir l'engagement frontal et susciter, du même coup, une formidable levée de boucliers. Ma popularité, dans la maison, en aurait souffert, ce qui n'était pas très grave. Mais on m'aurait accusé d'arbitraire et l'on n'aurait pas eu tort. Mes vieux compagnons ne méritaient pas cela.

J'optai donc pour la deuxième voie, celle d'une réorganisation en souplesse, non moins radicale que la précédente mais se développant, cette fois, par étapes. Je me répétais que j'avais le temps, que celui-ci jouait pour moi. Sur ce plan, j'avais retenu la leçon de l'Inde : le temps qui passe n'est pas nécessairement perdu, il peut être créateur.

Avant toute décision, je fis donc, un à un, défiler dans mon bureau, sans distinction hiérarchique, tous les membres de mon équipe — soit une cinquantaine de personnes. A chacun, je posais les questions suivantes :

— Tenez-vous à Marmottan ? Que pensez-vous de son évolution ?

— Et votre propre évolution, qu'en pensez-vous ? Etes-vous capable de faire votre examen de conscience, de dépasser les discours théoriques figés, de vous transformer ? Avez-vous vraiment investi dans la maison ou y restez-vous parce que vous ne voyez rien de mieux à faire, comme un gardien de prison ou un fonctionnaire qui assure des vacations ?

— Quels changements souhaitez-vous ? Avez-vous des propositions constructives à formuler ?

— Partiriez-vous si je vous le demandais ?

Au terme de ces entretiens, je constatais que le personnel se distribuait en plusieurs catégories précises. Il y avait les sincères qui avaient atteint le bout de leur rouleau ; ceux, au contraire, qui apparaissaient toujours motivés ; les dogmatiques qui s'érigeaient en conscience pour, bien souvent, exercer un pouvoir ; ceux, dénués d'ambition, qui venaient simplement à Marmottan parce qu'on s'y ennuyait moins que dans un hôpital traditionnel. A tous ces groupes, il fallait encore ajouter celui constitué par un certain nombre de médecins qui avaient tendance à masquer leur désinvestissement derrière des discours théoriques exemplaires... Ainsi disposais-je d'une sorte de radiographie qui allait me permettre d'asseoir mon action réformatrice.

Il n'est pas question, ici, d'entrer dans le détail d'un vaste mouvement de personnel qui n'intéresse guère que l'histoire intérieure de Marmottan. Certains épisodes, il faut le reconnaître, ne volent pas très haut, notamment en ce qui concerne le remaniement de mon secrétariat. Mais il me faut saluer, parce qu'elle illustre de façon exemplaire un nouvel état d'esprit, l'arrivée d'Aimée, en remplacement de Claudine qui était ma secrétaire la plus proche et à laquelle, au demeurant, je dois une reconnaissance durable. Claudine qui avait vécu toute l'histoire de Marmottan, qui en était la mémoire, qui y avait trouvé, également, le cadre où exorciser des problèmes personnels assez lourds...

Je la croyais, bien sûr, irremplaçable. Puis Aimée est survenue : une personnalité totalement différente. Au physique, c'est une petite Bretonne trotte-menu, toujours aimable, toujours souriante, qui respire la fraîcheur. Elle n'est pas rongée par les problèmes intérieurs. Elle n'est pas passée non plus par l'univers des hôpitaux psychiatriques, n'ayant effectué avant Marmottan que des travaux intérimaires. C'étaient les petites annonces de *Libération* qui nous l'avaient amenée et elle ne connaissait de la maison que ce qu'en disaient les médias. Cela avait suffi pour lui donner envie de travailler à nos côtés.

Mais elle ignorait tout de nos méthodes thérapeutiques, et les discussions sur la psychanalyse ne troublaient point son sommeil. Bref, elle donnait une impression extraordinaire de santé.

Je l'ai dit : m'aurait-on annoncé, un an plus tôt, le départ de Claudine, j'en aurais été bouleversé, comme si Marmottan allait s'écrouler... Mais Aimée était là et la maison tenait. Cette succession redoutable — je travaillais tout de même plusieurs heures par jour en tête à tête avec Claudine —, elle l'avait assumée avec un parfait naturel. Mieux encore, son regard neuf rééclairait, resituait l'héritage. Et je me disais que les choses, au fond, étaient dans l'ordre. Il faut que les pages soient tournées, que le passé, sans relâche, soit restitué au passé : tout organisme vivant progresse naturellement sur ses propres cendres. Cela me peinait que Claudine s'en allât car je l'aimais beaucoup. Mais cette peine ne renvoyait qu'à moi, à mes nostalgies propres, au souvenir des heures exceptionnelles que nous avions partagées.

Mon secrétariat réaménagé, se posait le problème, beaucoup plus aigu, du renouvellement de l'équipe d'infirmiers. Je m'étais, sans trop de difficultés, défait de quelques-uns d'entre eux qui avaient été engagés assez récemment — certains, même, durant mon absence — et qui ne faisaient manifestement pas le poids. Mais les plus anciens, pour moi, représentaient autant de cas douloureux.

C'étaient presque tous de vieux compagnons que j'avais connus à Villejuif et entraînés avec moi lors de la fondation de Marmottan. Je souhaitais en général que la « moyenne de vie » du « petit personnel » n'excédât point deux ans et demi, trois ans car, beaucoup plus exposé que les médecins, il vit constamment en première ligne. Ainsi la moitié de ma vieille équipe m'avait-elle quitté. Mais cette deuxième moitié, qui avait largement dépassé les délais, continuait, vaille que vaille, à tenir comme la vieille garde de Napoléon. Formée dans l'univers psychiatrique traditionnel, elle avait d'ailleurs beaucoup de mérite à avoir ainsi réussi à durer.

On peut donc imaginer l'intensité des liens affectifs qui

unissaient ces filles et garçons, ainsi que la force de celui qui m'attachait à eux. Nous avions vécu et mangé ensemble, étions sortis ensemble, avions mené à l'extérieur les mêmes combats pour défendre nos convictions. Oui vraiment, mille et un fils me reliaient à eux...

Tous ces gens s'étaient extraordinairement donnés à la maison, jusqu'à se rendre malade, jusqu'à délirer. Ce faisant, ils avaient également beaucoup travaillé pour eux-mêmes. Un garçon comme Pierre Martinez avait été un des premiers infirmiers de Marmottan à entamer une analyse. Puis il avait pris en charge des patients, non comme infirmier mais comme thérapeute.

Tout cela, peu à peu, était cependant devenu très lourd. La vie personnelle de chacun s'en était ressentie. Plusieurs étaient mariés avec des gens qui, travaillant dans le cadre hospitalier habituel, ne débordaient jamais les huit heures réglementaires. L'épouse ou le mari, on s'en doute, ne voyait pas sans anxiété son compagnon se donner nuit et jour à Marmottan et s'enfoncer de plus en plus dans la vie collective très intense qui y régnait. D'inéluctables fissures s'étaient aussi produites. Pierre Martinez avait quitté sa femme. Jacques Verneuil avait eu un enfant de Laurence, qui allait disparaître.

C'étaient beaucoup de drames, de tensions, de problèmes. A Marmottan, la vie commune de ces anciens devenait un peu empoisonnée. Cette usure personnelle, jointe à la lassitude professionnelle, explique que presque tous ont finalement accepté le départ que je leur proposais. Mais je verrai certains, comme Jean-Yves, Catherine et Raymonde, revenir après avoir repris souffle...

Le cas le plus dramatique, cependant, fut incontestablement celui que me posa le chef des infirmiers, Richard Rech. Je voyais bien, là aussi, qu'il était professionnellement à bout. En outre, je sentais qu'il n'allait pas très bien personnellement. Mais j'entretenais avec lui un lien d'amitié si fort que je ne parvenais à imaginer que je dusse m'en séparer.

Richard, né dans les faubourgs d'Ivry, était la générosité

même derrière une gouaille et un cynisme de voyou de banlieue. Je l'avais découvert alors que j'exerçais encore à Villejuif. Il était de ceux qui n'hésitaient pas, en cachette, à détacher les internés qu'on avait mis dans des camisoles, afin qu'ils puissent bouger et respirer un peu. Il m'avait même agressé un jour où, faisant effectuer des réparations dans le pavillon et craignant que les hospitalisés ne les abîment, j'avais demandé qu'on les boucle dans une salle :

— En somme, ça vous est égal qu'ils étouffent du moment que vos murs présentent bien !

Quand j'avais créé Marmottan, Richard m'avait suivi et, très rapidement, était devenu le responsable des infirmiers. Il avait une façon extrêmement subtile de les protéger, tout en réglant ses comptes avec eux, lorsqu'ils arrivaient en retard ou manquaient une garde. Mais ses réflexes de solidarité n'allaient jamais à l'encontre de l'attachement qu'il portait à l'institution. Il était un de ceux qui y avaient le plus investi d'eux-mêmes. Sans lui, son travail, ses idées, sa passion, il n'y aurait jamais eu d'hospitalisation à Marmottan.

Le départ de Richard fut dramatique. Je n'arrivais pas à lui en parler, alors que je voyais les choses se détériorer. Puis, un matin, je me suis vu contraint d'exiger qu'il s'en aille. Alors, il nous a quittés avec panache, en acceptant d'y perdre beaucoup par honnêteté et fidélité. Il aurait pu se mettre en congé de longue maladie, bloquer le poste. Il savait que cela me nuirait mais que je ne l'enverrais pas en commission disciplinaire. Mais il s'en est allé simplement, dès que je le lui ai demandé. Sans même se chercher un point de chute, de sorte qu'il ne trouve plus, pour le moment, que des emplois intérimaires.

Le vide laissé par Richard a été très dur, et très long à combler. Après quelques expériences peu concluantes, la situation aurait fini par se détériorer gravement si Jean-Yves Mège, un an après qu'il nous eut quittés, à l'époque où je conduisais mes interviews, n'était venu reprendre son travail d'infirmier. C'était un ancien de Villejuif, mais qui avait retrouvé la foi. Une foi sans exaltation ni mièvrerie. Guéri, désormais, des illusions comme des désillusions, il savait ce qu'il voulait et était prêt à se battre en conséquence. Il n'était plus piégé par le mythe Marmottan et savait prendre le recul nécessaire lorsque cela s'imposait.

On le tenait, d'ailleurs, pour le meilleur infirmier de la maison. Cette unanimité était chose frappante : les hospitalisés, le personnel de l'accueil, devant qui peu de gens trouvent généralement grâce, les autres infirmiers, tous le respectaient pour sa manière de travailler et l'esprit qu'il y apportait, cette façon qu'il avait d'être toujours présent quand il le fallait, sa diplomatie, son tact, son art de se tenir en retrait des conflits stériles. Son prestige devait peu aux apparences : c'était un petit homme à lunettes, plutôt malingre. Mais il rayonnait d'intelligence et de finesse.

Je l'ai donc convoqué à mon bureau, nous avons discuté de la situation. Et très rapidement, nous sommes arrivés au même diagnostic : l'hospitalisation était assurément viable, mais il fallait tout reprendre en main. Je lui ai posé la question de confiance :

— Acceptez-vous d'être le leader de l'équipe infirmière ? Je dois vous dire que je n'ai pas les moyens de vous offrir un poste de surveillant. Je vous propose donc la fonction sans la nomination. Il ne faut pas vous dissimuler non plus que c'est une tâche dure, qui risque de vous mettre en position d'impopularité. Mais c'est cela ou la banalisation de Marmottan. Car si vous refusez, et je le comprendrais très bien, je serai obligé de demander dans les hôpitaux un surveillant choisi à l'ancienneté. Et il introduira inévitablement les méthodes asilaires classiques.

Jean-Yves me demanda un peu de temps pour réfléchir. Visiblement, il était à la torture. Il lui était désagréable de se désolidariser de sa « classe » et de paraître vouloir jouer au petit chef. Dans l'affaire, il craignait de perdre ses amis. Mais c'était un homme de réflexion et il partageait mes analyses. C'était aussi un homme de devoir. Quelques jours après, il venait m'apporter son accord.

Je demandai alors à Jean-Yves de réorganiser l'équipe

d'infirmiers en profondeur. Il fallait d'abord faire partir un certain nombre de gens, en tenant compte de leurs problèmes personnels et des services qu'ils avaient rendus. Puis recruter des jeunes. Mais non plus à l'intuition, comme on l'avait trop souvent fait. On les soumettrait systématiquement à un stage préalable dans l'institution.

Et c'est ainsi que l'équipe d'infirmiers, au début de 1980, s'est trouvée renouvelée à environ 80 %. Ceux d'aujourd'hui ne ressemblent guère à leurs aînés. Moins perturbés par la vie asilaire car ils l'ont moins connue, très motivés, mais sans idéalisme, sans utopisme naïf. Plus solides, à coup sûr, sur le plan de la santé psychique.

Ce sont des gens jeunes, mais pas trop : leur moyenne d'âge tourne autour de vingt-huit ans. Leur niveau intellectuel est élevé. Plus de la moitié suivent une analyse, ce qui est rare, en France, dans le personnel des établissements psychiatriques. Plus de la moitié aussi, et ce ne sont pas forcément les mêmes, font des études en faculté — de psychologie, d'anthropologie, etc.

Aussi ces nouveaux infirmiers verbalisent-ils mieux que leurs prédécesseurs. Et ils sont beaucoup plus aptes à situer leur travail. Quelques-uns par exemple ont, à mon instigation, tourné un film sur Marmottan. Ce genre de choses, en général, est presque toujours le fait des médecins et des cadres supérieurs : le personnel des soignants n'y apparaît que fugitivement, au détour d'un couloir, en simples figurants. Mais je voulais qu'une institution, pour une fois, fût présentée du point de vue de ceux qui la font vivre quotidiennement. Ce nouveau regard, à mon sens, ne pouvait être qu'enrichissant. Je pensais également que l'entreprise aurait le mérite de valoriser à leurs propres yeux ceux qui la conduiraient.

Dans le même esprit, j'ai demandé à ce que des tandems associant un infirmier ou une assistante sociale à un ancien drogué soient constitués pour assurer les conférences sur la toxicomanie qui nous sont constamment demandées. Ces dernières, jusqu'ici, étaient confiées à un médecin flanqué d'un ancien toxico. Mais je désirais justement que le sujet ne fût plus confisqué par les médecins. N'était-il pas, du reste, plus judicieux qu'à ces maisons de jeunes et ces comités d'entreprise qui nous sollicitaient fussent, de préférence, adressés des hommes de terrain ? Et ceux-ci, de leur côté, avaient tout à gagner à l'affaire. Les échanges avec le public les fortifiaient dans leur volonté et la conscience qu'ils avaient de leur rôle. En même temps, ils pouvaient mesurer l'audience énorme mobilisée par Marmottan.

Cette efficacité, ce sérieux, ce dynamisme de la nouvelle équipe infirmière allait s'accompagner d'une résurrection spectaculaire du service social, dont la qualité avait considérablement baissé. Nous avions connu deux remarquables générations d'assistantes sociales. La première comprenait Françoise et Cathy, qui nous avaient quittés pour fonder la Gentillade. Anne-Marie et Maya leur avaient succédé, qui, à leur tour, avaient pris le chemin du Midi où elles avaient rejoint des institutions assez proches de Marmottan. J'avais alors engagé deux filles avec lesquelles je ne me sentais guère de complicité et qui avaient limité leur action à un travail purement formel. Du coup, je m'étais quelque peu désintéressé du service.

C'est alors que Françoise est réapparue. Elle avait, un an plus tôt, abandonné la Gentillade, dont elle était lasse, pour remonter à Paris où elle comptait exercer le métier de danseuse. Mais celui-ci ne lui permettait pas de gagner sa vie. Elle est donc venue reprendre, rue d'Armaillé, la direction du service social qui s'est aussitôt réveillé de la léthargie où je l'avais laissé s'enfoncer. Françoise, ainsi, a recommencé à tisser le réseau extérieur de la maison, à renouer avec les postcures.

L'équipe d'accueillants, de son côté, a connu également son chambardement. Quelques-uns sont demeurés, des nouveaux sont arrivés. Plusieurs sont partis. Certains étaient manifestement à bout de souffle. D'autres avaient sombré dans un terrorisme qui leur permettait, surtout, de se masquer leurs problèmes personnels. Ils souffraient d'une profonde frustration : en perdant de sa souplesse, Marmottan les avait marginalisés et rejetés dans un rôle de figuration. Il me fallait donc veiller, désormais, à ce que la parole soit, pour de bon, rendue au service d'accueil.

Aujourd'hui, c'est un nouveau climat qui règne dans la maison et je savoure l'harmonie revenue, la maturité reconquise. Tout cela, cependant, n'aurait pas été durable si je n'avais apporté, aussi, de considérables bouleversements dans l'équipe médicale.

Marmottan, à mon retour de voyage, disposait, internes compris, d'une bonne quinzaine de médecins, tous gens de valeur dans l'ensemble, mais dont les rapports, souvent un peu tendus, s'étaient passablement aigris durant mon absence. Cela tenait, tout à la fois, à certaines inimitiés personnelles, à des différences d'optique médicale, l'institution étant fermement attachée au pluralisme des approches et des méthodes, ainsi qu'aux conflits d'autorité inévitables dans ce genre de communauté.

Beaucoup, il faut le dire, se faisaient du souci pour la suite de leur carrière. Ils espéraient, comme je l'espérais moi-même, que l'Etat, en reconnaissance des services que j'avais rendus et du travail auquel j'avais présidé, me nommerait à la chaire de professeur qui m'avait été maintes fois promise et dont la création s'imposait puisqu'il n'existe, en France, aucun enseignement relatif à la toxicomanie et aux marginalités. Très légitimement, mes collaborateurs ambitionnaient donc pour eux, dans la mouvance de cette chaire, une carrière hospitalo-universitaire digne de ce nom.

Mais les ministres de la Santé s'étaient succédé et les promesses, à chaque fois réitérées, n'avaient jamais été tenues. Les médecins en avaient conçu de l'amertume. Certains faisaient contre mauvaise fortune bon cœur. D'autres, enfermés dans l'alternative : me trahir ou végéter, piaffaient sur place. Les résignés étaient évidemment usés. Ceux qui n'avaient pas renoncé, faute de pouvoir percer à Marmottan, mitonnaient un projet personnel et, du coup, perdaient un peu leur temps rue d'Armaillé. De toute façon, l'expérience l'avait prouvé, aucun n'avait assez d'ascendant pour diriger l'ensemble de l'équipe, infirmiers, accueillants, secrétariat, etc. Je devais donc, comme je l'avais fait pour les différentes catégories de personnel, opérer un renouvellement radical, avec à nouveau ce serrement de cœur que l'on éprouve toujours à se séparer de gens auxquels on est relié par de profondes complicités — dans la plupart des cas tout au moins — et dont certains, quelquefois, travaillent à vos côtés depuis presque dix ans.

Je commençai par me pencher sur le cas des vacataires, c'est-à-dire des médecins qui ne font qu'effectuer des vacations horaires. J'étais résolu à faire pratiquement le vide. J'hésitais pour quelques-uns, cependant. Pour d'autres, en revanche, la décision que j'avais à prendre allait de soi, les sujets s'étant, en quelque sorte, désignés d'eux-mêmes.

Les choses étaient bien différentes, on s'en doute, en ce qui concerne mes deux assistants, Francis Curtet et Jacky Charles-Nicolas. C'étaient des médecins de haute qualité. Ils avaient fait énormément pour Marmottan et je leur devais beaucoup. Mais ils piétinaient maintenant dans leur travail. Il était normal que je les aide à franchir un cap et à s'épanouir. Je me suis donc longuement entretenu avec eux, leur ai demandé comment ils envisageaient leur avenir.

Chacun avait des souhaits institutionnels. Francis Curtet, d'abord, qui était initialement médecin de prison, envisageait de créer une institution à l'usage des toxicos incarcérés ou sortant d'incarcération. C'était là un projet original, en France tout au moins. Il avait, en outre, pour conséquence de jeter un pont entre la justice et la médecine. C'est même à cause de cela qu'il suscitait en moi de grandes réticences de principe.

La collaboration de la médecine avec la justice, comme avec la police, m'a en effet toujours semblé lourde l'ambiguïté. Non que je mette en cause la justice et la police en tant que telles. Mais je pense qu'il ne faut pas mêler les genres. La mission du médecin est de soulager la souffrance de ceux qui se tournent vers lui, quel que soit le contexte socio-politique dont ils proviennent. Pour cela, il doit défendre son autonomie et le secret professionnel comme la prunelle de ses yeux. Or le travail avec la justice et avec la police, en dépit de l'esprit d'indépendance que le médecin apporte, constitue une ouverture dans sa garde : des liens amicaux se créent, qui le rendent influençable.

Je savais, cependant, Francis Curtet honnête et moralement armé. Nous avons donc travaillé d'un même cœur sur son projet, qui a pris corps début 1979. L'institution s'appelle le « Trait d'Union » et fonctionne dans les Hauts-de-Seine. Elle comprend un centre de consultation et deux pavillons-appartements thérapeutiques. La clientèle est composée de sortants de prison, le plus souvent des anciens clients de Marmottan. Mais Francis Curtet opère aussi au sein de l'incarcération. Il lui arrive d'y entamer des psychothérapies. Lorsqu'un prisonnier demande de l'aide, il envoie une équipe pour juger de sa sincérité. Il peut alors solliciter une liberté provisoire ou une remise de peine conditionnelle auprès des magistrats. Le garçon ou la fille sont recueillis dans un de ses pavillons, afin de participer à un travail psychothérapique et de réinsertion sociale.

La création du « Trait d'Union », on n'en sera pas étonné, eut bien des obstacles à surmonter... Sans le soutien du cabinet de Simone Veil, et notamment de son directeur adjoint, M. Fragonard, l'institution n'aurait probablement jamais vu le jour. F. Curtet a donc traversé une période harassante, dont une des conséquences, fâcheuse pour Marmottan, est qu'il y est devenu une sorte de consultant fantôme. Pendant plus d'un an, en fait, nous allions souffrir du manque de présence de nos assistants.

C'est que, de son côté, Jacky Charles-Nicolas était en effet un peu démobilisé. En tant que consultant, il avait une clientèle importante et s'en occupait fort bien. Mais il s'était laissé déborder par les travaux d'ordre anthropologique et scientifique auxquels le poussaient ses intérêts profonds. Il avait monté à Marmottan un département d'électro-encéphalographie, animait également celui de recherches en psychopharmacologie. Ce qui le captivait, c'étaient les rythmes du cerveau, le problème de l'endormissement, de l'action des drogues sur le rêve et le sommeil. Bref, biologie et neurophysiologie constituaient son champ d'élection. Son esprit de recherche semblait insatiable et lui valait d'accumuler les diplômes.

Aussi bien J. Charles-Nicolas méritait-il un avenir plus ouvert que celui que lui offrait Marmottan. Et à défaut de pouvoir se consacrer exclusivement à ses travaux, il me semblait normal qu'il assumât à lui seul la responsabilité d'une institution. Son émancipation avait débuté par un raté. En accord avec les pouvoirs publics, nous avions décrété la Seine-Saint-Denis, qui connaissait une grave montée de drogués, département sinistré en matière de toxicomanie. Le gouvernement avait chargé J. Charles-Nicolas d'une mission sur le terrain. Mais il y avait été littéralement descendu par les communistes.

C'est alors que s'est posé le problème de l'institution « Pierre Nicole ». Celle-ci, il y a déjà plusieurs années, avait été fondée par la Croix-Rouge avec mon aide et celle d'un de mes anciens élèves, Braconnier. Elle fonctionnait en centre d'accueil et de postcure pour les toxicomanes lourds à l'intérieur de Paris. Mais depuis quelque temps, elle avait plus ou moins sombré. La direction en était devenue vacante et on me demandait le nom d'un de mes collaborateurs pour la prendre. J'ai avancé celui de J. Charles-Nicolas. L'idée était bonne puisque, depuis son arrivée, « Pierre Nicole » a opéré un redressement spectaculaire...

Avec Francis Curtet et Jacky Charles-Nicolas, c'étaient donc deux collaborateurs de premier plan qui coupaient le cordon ombilical. Un troisième, Rodolphe Ingold, allait également s'en aller. Mais il s'agissait, en l'occurrence, d'un voyage d'études : je n'entendais pas me séparer de celui qui constituait un des espoirs de la maison.

Sans avoir le titre, R. Ingold faisait fonction d'assistant. Il avait la responsabilité de la Gentillade mais, surtout, celle de l'hospitalisation à Marmottan, secteur crucial par excellence. Durant la difficile période que nous venions de traverser, il avait assumé les diverses charges avec beaucoup de maîtrise et un mérite d'autant plus grand qu'il avait focalisé sur lui toutes sortes de critiques et de jalousies. Rien d'étonnant à ce qu'à mon retour, il m'ait semblé plutôt las ! Il était donc urgent qu'il changeât d'air. Or il se trouvait que j'avais très envie, et fort besoin, de savoir ce qui se passait aux USA en matière de lutte contre la toxicomanie. Je l'ai donc envoyé là-bas en septembre 78, après avoir réussi à obtenir pour lui une bourse de la Fondation pour la Recherche qu'anime le Dr Escoffier-Lambiotte.

Pendant presque deux ans ainsi, mon staff médical — ou du moins sa plus grande partie — s'est donc défait pan par pan. Mais ce mouvement négatif, simultanément, se compensait par un mouvement inverse : le nouveau Marmottan se construisait au fur et à mesure que l'ancien se déconstruisait. Préparant, organisant les départs, je préparais et organisais, également, l'équipe à venir.

Cette équipe, aujourd'hui, témoigne d'une qualité d'ensemble remarquable qui n'est pas sans rapport, il faut le dire, avec une décision administrative que j'ai réussi à arracher. J'avais jusqu'ici quelques vacataires et beaucoup d'internes. Ces derniers ne restaient jamais plus d'une année à Marmottan. Parfois même, on ne les voyait que six mois. Autant dire qu'ils n'avaient pas le temps de devenir « opérationnels ». Ils constituaient plutôt des sortes de touristes intérieurs, désireux avant tout de décrocher un label de spécialiste en toxicomanie. Mais j'ai fini par obtenir que la moitié des postes d'internes soit dévolue à des vacataires, c'est-à-dire des gens que nous sommes assurés de garder trois années — un peu à l'image des « résidents » dans les hôpitaux américains. Ces collaborateurs, de ce fait, sont infiniment plus efficaces et motivés.

Le nouveau staff, tout naturellement, s'ouvre donc sur un groupe de jeunes médecins passionnés par notre projet institutionnel : Dominique Bonbilley, Patrick Maugeay, Catherine Galien, Dominique Costeraste qui exerce d'importantes responsabilités à l'hospitalisation. A ces noms, il faut joindre celui de Sylvie Sternschuss, une petite interne ingénieuse et vive, dont le dynamisme est à ce point débordant qu'elle a réussi, au bout d'une seule année, à fonder du côté du parc Monceau sa propre institution — un département de thérapeutique familiale sur lequel je reviendrai plus loin.

C'est donc une génération très prometteuse que celle qui a surgi pour assurer la relève. Encore fallait-il l'encadrer et, par conséquent, pourvoir judicieusement aux postes d'assistant laissés vacants par Francis Curtet et Jacky Charles-Nicolas. Je me suis tout d'abord tourné, pour cela, vers un ancien interne, Marc Valleur. Un garçon secret, modeste même, qui n'élève jamais la voix, réfléchit avec patience et bon sens, observe toujours un maintien discret et un peu hiératique, ce qu'accusent encore sa barbe et sa tignasse de pope.

Il rentrait du Canada, où il avait travaillé une année, et rapportait pas mal d'idées neuves. Autre atout, son absence l'avait tenu éloigné des conflits de pouvoir. Ce n'était d'ailleurs pas un opportuniste. Aussi a-t-il été fort surpris, et un peu effrayé, quand je lui ai proposé de devenir assistant, et de se charger plus particulièrement de l'hospitalisation. Mais il a accepté cette lourde tâche sans vains débats, et je lui en suis d'autant plus reconnaissant qu'il s'en acquitte à merveille. Sa compétence se double en effet d'un dévouement sans limites. Il est de ceux qu'on appelle le plus fréquemment la nuit. C'est lui aussi, alors qu'il est marié et père de famille, qui assure pratiquement toutes les permanences du samedi.

Mon second assistant, Bernard Géraud — encore un ancien interne — est un homme tout différent. Autant Marc Valleur est diplomate et réservé, autant Géraud se montre éloquent, exigeant : on peut compter sur lui pour stigmatiser nos petites lâchetés et nos complaisances !

C'est le fils d'un cafetier auvergnat monté à Paris. Et des Auvergnats, il a indiscutablement la générosité, la ténacité et les formidables capacités de travail. Comme soignant, Bernard Géraud est avant tout un psychanalyste. Mais son rôle dans le fonctionnement de l'équipe n'est pas moins important. Gardien de nos exigences éthiques et thérapeutiques, il veille à ce que la maison ne s'enlise pas dans une psychiatrisation excessive et, par là même, un compartimentage détestable. C'est lui que j'ai chargé de maintenir le dialogue entre les diverses catégories de personnel, alors qu'on n'entendait plus, il y a quelques années, que des voix isolées et contradictoires, et qu'on avait perdu l'habitude de se rencontrer en dehors du séminaire annuel : désormais, nous nous retrouvons tous au cours de réunions hebdomadaires animées précisément par mon assistant

Chacun dans leur style, Marc Valleur et Bernard Géraud se sont donc profondément identifiés à la maison. Et, en plus de leurs qualités de soignants, ils ont suscité chez nous un renouveau théorique salutaire. B. Géraud m'avait dit : « Nous nous laissons dévorer par le quotidien alors qu'à Marmottan, nous avons accumulé un savoir considérable... Il serait temps, tout de même, que nous en formulions les conséquences et fassions connaître nos travaux. » D'où le séminaire réflexif qu'il a organisé à l'hôpital Sainte-Anne et dont les communications essentielles ont été publiées par ailleurs [1].

C'est donc bien d'un Marmottan ressuscité et réinventé qu'on doit aujourd'hui parler. Cette transformation, qui a entraîné, sur la soixantaine de personnes de l'équipe, un renouvellement global d'environ 50 %, s'est opérée en souplesse par mutations progressives, de début 78 à l'hiver 79, époque où l'on peut la tenir pour achevée. Mais dans ce genre de parcours, il est toujours un moment où, avant même d'être au terme, on sait que l'on a gagné et que l'on vient de basculer sur le bon versant. Ce moment, pour nous, ce fut incontestablement notre séminaire général de février 1979.

Renouant avec une tradition négligée l'an passé, les petits frères des Pauvres avaient mis un château à notre disposition, dans le Beauvaisis, à Achy. Un superbe ensemble du XIXe siècle, peuplé de salles admirablement meublées. C'était une des premières fois qu'un séminaire se tenait en hiver. Le vaste parc

1. *La vie du toxicomane,* Séminaire de Marmottan 1980, Presses Universitaires de France, 1982.

était poudré de neige, le gel pailletait les arbres. On plongeait dans une atmosphère presque féerique.

Et, de fait, ce sont bien trois journées de fête que nous avons vécues. Dès le premier soir, un bal s'est spontanément organisé. Les parents de Françoise, notre assistante sociale, nous ont, à sa demande, servi tout au long une merveilleuse nourriture familiale. Les gens mangeaient, buvaient. Mais c'était surtout pour être ensemble, pour accompagner leur joie de se redécouvrir.

Il semblait, en effet, que personne n'arrivait à se quitter. On voyait, entre les séances, des groupes se former et discuter avec animation. Ici, une assistante sociale exposait ses projets. Là, un médecin de tendance libérale contestait, sans que celui-ci s'en irritât, les décrets révolutionnaires d'un infirmier gauchiste. Plus loin, deux médecins déambulaient comme des trappistes, l'un requis essentiellement par la psychanalyse, l'autre plutôt organiciste, c'est-à-dire porté d'abord à voir dans la toxicomanie une maladie du métabolisme. Et, merveille, ils ne s'insultaient pas !

Il était bien oublié, le funeste séminaire de 1978 ! On ne se distribuait plus en ennemis, en incapables ou en salauds. Au contraire, nous nous sentions soudés par une même aventure. Ce n'était pas du tout de l'enthousiasme boy-scout. Plutôt une sorte de consensus heureux. Une formidable certitude retrouvée. Au point que deux infirmiers de la vieille garde sont venus me dire : « On comptait s'en aller, nous ne pensions plus être capables de continuer, mais maintenant, nous savons que nous le sommes et nous restons. » Et j'en ai vu, également, arriver deux autres : « Ecoutez, Olive, m'ont-ils dit, nous ne voulions pas partir, mais ce serait malhonnête. Nous sommes usés, on s'en va. Nous risquerions de saboter ce renouveau, ce serait moche. »

Cette nouvelle jeunesse de Marmottan allait, de proche en proche, revivifier tout le tissu hospitalier alentour. D'abord la postcure de la Gentillade. Et puis l'association Charonne. Cet organisme, fondé par Jean-Claude Ricourt, était animé par deux vieux compagnons de route, Perlette et François Petit. Ceux-ci avaient commencé par fonctionner comme famille d'accueil. Ils avaient ensuite créé un centre d'hébergement rue des Haies à Paris. Aujourd'hui, ils ont ouvert, rue des Filles-du-Calvaire, un foyer nettement plus vaste, où ils peuvent instaurer un climat beaucoup plus chaleureux.

Ce séminaire de 1979, on le voit, a donc fonctionné comme un catalyseur. Les liens affectifs s'y sont renoués, les convictions retrempées. Au cours des trois séances de réflexion et de discussion, chacun, en outre, a pu s'exprimer en totale liberté. Les médecins, pour une fois, avaient renoncé à monopoliser l'auditoire. Des voix inhabituelles se sont élevées — celles de tous ceux-là qui n'ont pas l'habitude d'intervenir en public —, voix opposées parfois, souvent maladroites et que la timidité ou la pudeur rendaient hésitantes. Mais toujours porteuses de vérité. Chacun sut dire ce qu'il avait de personnel à dire, et à faire entendre aux autres : les difficultés de son travail, ses scrupules, sa peur de ne pas être à la hauteur, ses conduites de lâcheté ou de fuite.

Pour ma part, je me suis employé à redéfinir ce qui était le sens de notre action : pourquoi notre institution se différenciait-elle des autres, pourquoi notre savoir transcendait le discours habituel sur la toxicomanie, pourquoi celle-ci constituait le symptôme de quelque chose qui dépasse la notion étroite de maladie, pourquoi, nous-mêmes, étions exemplaires, quelque part, dans cette entreprise où nous nous efforcions de transformer des drogués en citoyens décidés à vivre et à assumer leur liberté...

Et c'est au cours de ces débats que s'est constituée une sorte de charte du nouveau Marmottan, que l'on pourrait résumer en ces quelques points :

— l'institution est au service des toxicos, et non à l'usage des soignants désireux de régler leurs problèmes personnels ;

— les toxicos ne doivent pas nous servir de faire-valoir, nous avons à les prendre en compte totalement, avec tous les aléas que cela implique ;

— nous devons respecter la dignité et la liberté de nos patients : en d'autres termes, nous n'avons pas à prendre en charge ceux qui, d'une manière ou d'une autre, nous sont délégués par la société mais uniquement ceux qui viennent nous trouver de leur propre volonté ;

— le pluralisme des approches thérapeutiques est souhaitable, à condition de ne jamais aller à l'encontre de la dignité personnelle des toxicos ;

— à travers la diversité même de nos tâches et de nos recherches, nous devons être soudés par une forte unité morale et maintenir un rapport vivant, quotidien, entre nous.

Ainsi, en ces jours privilégiés, avons-nous pu mesurer combien Marmottan avait repris élan et âme. Le navire s'était désensablé et se disposait à reprendre le large. Mais nous ne devions pas nous dissimuler que nous n'avions produit que la moitié de notre effort. Nous avions guéri nos plaies : il nous restait à nous ajuster à notre époque. De retour des Indes, j'avais retrouvé une institution presque murée à l'intérieur des représentations qui l'avaient suscitée. Il nous fallait, désormais, briser ce labyrinthe de miroirs et réouvrir les yeux sur le dehors.

II

LES JEUNES, AUJOURD'HUI ET LEURS DROGUES

C'est peu après mon retour des Indes que je tombai sur Aldo. Il portait des cheveux coupés ras, ce dont j'avais totalement perdu l'habitude, et de surcroît teintés. Son torse était sanglé dans une veste de cuir sombre sur laquelle s'étalaient des têtes de mort et, ostensiblement, la croix gammée — plus tard, chez d'autres, je la verrai associée à la figure de Mao et à celle de Marx. Une chaîne interminable d'épingles à nourrice — il y en avait bien trois cents — s'échappait de son pantalon. Effaré, je le contemplais un peu comme ma concierge, autrefois, avait dû regarder les hippies...

D'entrée, il me dit :

— Moi, je n'en ai rien à foutre de vos trucs. Je suis là parce que c'est complet ailleurs. Vous êtes une bande de salauds comme les autres. Alors, hébergez-moi, sinon je casse tout.

On l'a mis dans une chambre, d'où s'est immédiatement élevée une indescriptible cacophonie. Il avait amené avec lui un certain nombre de disques du genre Metal Urbain, et comparé au fracas qui s'en échappait, la moindre plage des Rolling Stones me semblait aussi élaborée que du Mozart ou du Webern. Aussi m'astreignais-je à de grands détours pour échapper à la marée noire des décibels.

Bref, ce personnage me hérissait. Il s'était, du reste, composé un masque si fermé, si féroce même, qu'on n'était guère tenté de lui adresser la parole lorsqu'on le croisait. Souffrait-il cependant de notre réserve ? C'est lui qui, un jour, me coinça dans un couloir :

— Vous savez, tout ça, c'est quand même de la dérision. On n'est pas fascistes, on est même plutôt antifascistes...

Son visage reflétait quelque chose que je ne lui avais encore jamais vu : une sorte d'attente, et même de l'angoisse... Je le fixai quelques instants, puis répondis :

— Bien sûr, je vous crois. Vous refusez le sérieux, ce n'est pas moi qui vous désapprouverai. Ceux de mai 68 le refusaient tout autant et vous êtes un de leurs héritiers. Et je sais bien que vous singez le fascisme. Mais ce qui m'inquiète, c'est la génération qui va vous suivre. Ne craignez-vous pas qu'elle perde, elle, le sens de la dérision ? Qu'en cherchant à vous imiter, elle sombre dans le culte de la force pure ?

Quel usage fit Aldo de ce petit exposé moral ? Peu de chose, sans doute, et cela n'importe guère. Mais ce que j'allais découvrir, c'est qu'en dépit de son attirail « punk », Aldo ne différait pas en profondeur des jeunes dont j'avais l'habitude. Mêmes tourments, mêmes types de problèmes : il vivait des rapports conflictuels avec sa mère et, chaque fois qu'il allait la voir, il se remettait aux barbituriques. Lui et d'autres, aussi fermés et aussi agressifs, je m'apercevais petit à petit qu'il suffisait de gratter un peu pour que les défenses s'effritent et que l'on n'ait plus devant soi que des enfants à l'abandon, désemparés, affamés de chaleur et de tendresse.

L'évolution d'Aldo, du reste, ressemblerait à celle de beaucoup de ses prédécesseurs. Certes, il conserva sa panoplie et ses airs provocants — pour l'extérieur. Mais les contacts, entre nous, se nouèrent si bien que je pus l'envoyer à la Gentillade, ce qui m'aurait semblé impensable à l'origine. Il devait même en devenir un des pensionnaires les plus appréciés — sauf lorsqu'il jetait la débandade dans les troupeaux du voisinage en faisant tourner ses disques ou en se déchaînant sur sa guitare !

Il faut pourtant l'avouer : l'arrivée de ces nouveaux jeunes nous perturbait. Avec les anciens, tout était plus facile. L'institution avait été créée à leur intention. Je partageais avec eux une sorte de pacte spontané : ils m'avaient connu sur le terrain, je les avais reçus à mon domicile, ils avaient été les témoins des efforts que j'avais dû déployer pour ouvrir Marmottan. En outre, leur horizon idéologique, d'une certaine façon, avait mon adhésion. De leur côté, ils savaient bien que je luttais pour défendre leur authenticité et que, par mon action, je visais à me constituer comme un intermédiaire entre les pouvoirs et eux. En somme, je les comprenais et ils me comprenaient.

Mais cette complicité-là n'avait plus cours. Une partie de mon équipe avait refusé cette évidence, d'où son désarroi : là où elle attendait des bourgeois à cheveux longs, des vétérans déçus de mai 68 fortement idéologisés, elle voyait débouler des Aldo, des prolos ou des fils d'immigrés qui verbalisaient à peine — et quand ils le faisaient, c'était pour se moquer de nous et de nos convictions. Elle avait donc tendance à rejeter ces sujets « non conformes » ; et, pour compenser la crainte inavouée qu'ils lui inspiraient, elle s'était repliée, nous l'avons vu, sur les principes de la maison en les exacerbant. C'est ainsi qu'était apparu, paradoxe incroyable dans une institution libérale comme Marmottan, le délit de « sale gueule ».

A vrai dire, ces nouveaux malades me désorientaient moi aussi quelque peu — mon recul devant Aldo en était la preuve. Nous avions donc, c'était clair, à lutter contre nous-mêmes. C'est pourquoi, lors du séminaire de février 79, je m'étais employé à enfoncer deux ou trois clous, que j'étais d'ailleurs disposé à réenfoncer aussi souvent qu'il le faudrait. J'avais rappelé, par exemple, qu'il n'y avait pas de modèle idéal du toxicomane, qu'on n'avait pas à opposer un mauvais toxico à un bon, lequel aurait eu seul le privilège de bénéficier de nos services « incomparables ». Notre règle de base était, et demeurait, que la maison était à la disposition de tous les gens en situation de souffrance qui se présentaient librement à nous.

Le deuxième « clou » était dans la logique du premier : nous devions mettre un terme au côté « sixties » de l'institution et nous dépouiller de toute nostalgie passéiste. J'en avais en moi-même du regret ; et je sais bien que je ne renierai jamais ces années où l'on souhaitait faire l'amour plutôt que la guerre, où une génération entière pariait pour l'utopie, tentait d'inverser les courants de violence dans le monde pour instaurer une humanité un peu plus fraternelle. Cette époque, pour moi, resterait comme un paradis perdu. Seulement les jeunes ne s'y reconnaissaient plus. Le fond de leur pensée, ou de leur sentiment, était au contraire que l'idéologie utopiste n'était pas moins mystifiante que les pseudo-engagements de gauche ou de droite, qu'on y trouvait tout autant de coups à recevoir, et que la génération « hippie » les avait menés en bateau, comme elle s'était, elle-même, laissé mener par celle qui l'avait précédée. Ces opinions, ces attitudes, nous n'avions pas à les partager ou à les contester, nous devions simplement, sans démagogie, les prendre en compte. Et pas seulement par objectivité. Mais aussi par conscience thérapeutique, puisque le recours à la drogue ne se dissocie pas du contexte affectif qui l'entoure.

Ce qui me frappait, soudain — ce qui me frappe plus encore, avec le recul accru du temps —, c'était l'éclatement de la jeunesse depuis 1977. En témoignaient les différents types de musique à travers lesquels on la voyait désormais se fractionner — car elle avait au moins gardé de ses aînés le besoin de s'identifier à un style musical. Ainsi avaient surgi, tout à la fois, la musique « punk », le « reggae », le « soul », le « jazz-rock », un retour au rock'n roll pur et dur, etc. Aucun de ces mouvements ne représentait une idéologie dominante. Aucun ne pouvait définir la jeunesse. Ils constituaient chacun une réponse parcellaire dans un univers dominé et déchiré par la crise économique.

Celle-ci, en effet, obscurcissait totalement l'avenir : c'en était bien fini de la jeunesse des lendemains triomphants ! Si l'on rencontrait désormais toutes espèces de jeunes, ce qui, au moins, réunissait les fils de famille, dans le circuit de leurs fêtes, et les enfants d'immigrés échangeant des produits sur les trottoirs de Belleville, c'était la revendication du droit immédiat au plaisir. Infiniment plus que ceux qui les avaient précédés, les jeunes consommaient la drogue pour la drogue. Et alors qu'il y a encore dix ans, les hippies étaient perçus sous le signe de l'étrangeté, comme s'ils incarnaient une foi religieuse inédite, marginaux et drogués, aujourd'hui, ils envahissaient notre quotidien — on les voyait sur scène, ils peuplaient les films français et surtout américains — où ils faisaient figure de personnages presque familiers...

Et c'était bien, en effet, de types sociaux qu'il s'agissait, et non plus d'illuminés. Mais pour être plus proches, toutes ces branches de jeunes qui pénétraient notre univers n'en étaient pas moins, pour l'opinion, affectées d'un signe négatif. La crise économique, justement, réactivait la grande peur de la jeunesse qu'avait fait naître mai 68. Nous entrions dans la phase répressive du septennat giscardien, marquée par « Sécurité et Liberté » et la loi anticasseurs, et que fouettait encore l'apparition, en France, d'un petit mouvement autonome, sans commune mesure avec ce qui se passait en Italie, mais qui avait tout de même fait voler en éclats la vitrine de Fauchon, ce symbole des nantis...

Décidément, il était désormais difficile d'être jeune. Et même d'être, tout simplement. Ce que disait, par exemple, la chanson *No Future,* qui est probablement le symbole musical d'une génération : il n'y a pas d'avenir, le rêve est retombé, tout est terne, tout est gris, nous sommes des rats, les nouveaux rats des cités industrielles...

No Future était un des morceaux les plus caractéristiques des Sex Pistols, un groupe « punk », le plus célèbre de tous, dont l'avènement devait marquer le déclin irrémédiable de la « pop music », c'est-à-dire de la musique des années 60, avec ses deux axes principaux, la musique « planante » de la côte ouest — celle, par exemple, des « Jefferson Air Plane », des « Jefferson Star Ships » ou des « Doors » — et la musique de la défonce, de la drogue, celle de Jimi Hendricks, de Janis Joplin, de Lou Reed, celles des Rolling Stones, de Santana, de Genesis. On avait l'impression, soudain, que tout cet art, que j'adorais personnellement, se trouvait brusquement décalé du réel, en porte à faux, déjà démodé.

Les Sex Pistols, dont l'animateur était Johnny « Rotten », c'est-à-dire, littéralement, Johnny le pourri, allaient parvenir très vite à une notoriété foudroyante, moins à vrai dire par la qualité de leur musique, si élémentaire, hurlante et massacrée qu'elle en devenait indéfinissable, que par les flots de bière qu'ingurgitaient ses musiciens, à la ville comme à la scène, et les multiples provocations auxquelles ils se livraient, urinant et se masturbant en public, insultant les gens et la couronne anglaise.

Cette volonté de dérision, en un sens, faisait songer aux manifestations dadaïstes et surréalistes d'après la Première Guerre mondiale. Mais ces « punks », eux, n'étaient mus par aucun arrière-plan culturel. C'étaient des enfants de la sinistre banlieue londonienne et leur attitude avait pour seule fin de mettre en scène, jusqu'à l'insupportable, la misère et la crise économique. D'où leur manière de s'habiller comme des clochards — vieux costumes déchirés, vestes trop longues, épingles de nourrice — qui allait prendre valeur d'uniforme. D'où, également, les provocations extérieures — menottes aux poignets, badges ignominieux...

Ces déguisements et accoutrements traduisaient encore une autre volonté, celle de prendre le contrepied de la génération hippie, où régnait le goût des habits chatoyants, des tuniques indiennes, des petits bijoux incrustés. Les « punks », par contraste, s'efforçaient à une laideur caricaturale. Certains de ceux que nous recevions portaient les cheveux coupés à la manière iroquoise, crâne rasé laissant seulement subsister, sur le haut, des mèches peinturlurées en jaune, violet ou pourpre. Beaucoup, de même, se composaient un masque blafard — blancheur morbide de la nuit opposée à la lumière du soleil, aux couleurs éclatantes de la vie au grand air, bref, à tout ce qu'avaient célébré leurs aînés.

Leur univers moral, du reste, se définissait essentiellement par le rejet systématique de tout ce qu'avaient postulé ceux qu'ils appelaient, avec mépris, les « baba cool ». Les hippies avaient pour slogan : *Peace and Love.* Johnny Rotten, lui, proclamait : *Hate and War.* Ce frénétisme grinçant ne pouvait ainsi déboucher que sur un pur nihilisme. Rebelles sans cause, les « punks », par le fait, se trouvaient dangereusement disponibles pour toute aventure, quelle qu'elle fût, où ils se seraient brusquement sentis magnifiés.

De là l'équivoque qui allait marquer le mouvement, lorsque certains se mirent, en principe sur le mode ironique, à faire l'apologie du régime nazi. On vit aussi des transfuges de la génération précédente, David Bowie et les Rolling Stones, se produire habillés en SS. En France, une équipe de dessinateurs, qui s'était rassemblée sous le nom de « Bazooka », entreprit de parsemer *Libération* d'aigles hitlériens, croix gammées, insignes SS et même de croquis carrément antisémites, truffés de juifs à nez crochus et cheveux crépus — ce qui allait finalement engendrer une crise à l'intérieur du journal et susciter un article particulièrement cinglant de Pierre Goldman.

Ces excès, qui soulevaient des discussions au sein même du « punk » et dont les groupes anglais se démarquèrent rapidement, devaient considérablement nuire au mouvement, qui tourna court à la fin 78. Mais il avait profondément pénétré les USA et déferlé en Angleterre, s'il n'avait atteint la France que modérément.

Une des particularités des « punks », à leurs débuts, était leur hostilité à la toxicomanie, où ils voyaient une forme de récupération. Ce qu'ils prônaient, c'était l'alcool, la bière notamment. Mais, petit à petit, on allait voir la drogue s'infiltrer parmi eux, en général une drogue de pauvre, à base de produits pharmaceutiques détournés — d'où un retour des amphétamines — et de solvants organiques issus, nous le verrons plus loin, du commerce le plus banal.

C'est pourquoi nous avons eu affaire à un certain nombre de « punks », dont Aldo. Derrière leur façade provocante, ils me semblaient plus fragiles, plus « paumés » encore que leurs aînés. Ultime avatar de mai 68, ils témoignaient d'un reste de nostalgie idéologique, mais sur le mode d'une déception radicale : la fête est morte, la liberté est une illusion... Aucun discours ne leur était plus disponible, qui aurait pu les sécuriser dans leur toxicomanie, lui servir de justification ou, plus simplement, de paravent...

Les « punks » allaient toutefois disparaître fin 78. Curieusement, cependant, le mouvement réapparaît depuis un an. En fait, il s'agit plus d'un retour de mode que d'une renaissance. La jeunesse actuelle mêle volontiers le nouveau et l'ancien — un ancien tout proche encore, mais auquel le recul confère quand même une valeur emblématique. Ainsi a-t-on vu surgir il y a trois ans, en général parmi les jeunes d'origine modeste, une manière de résurrection du « rock » pur et dur : cheveux gominés à la Elvis Presley, rouflaquettes, pantalon moulant, blouson de cuir à parements cloutés, santiagos et moto — quand on en a les moyens. Ces garçons sont souvent très hostiles à Marmottan, qu'ils tiennent pour une tentative de récupération : nous sommes, à leurs yeux, des geôliers, des salauds ; moi-même, je fais figure de pourri, soucieux, avant tout, de faire de l'argent sur le dos des toxicos, notamment avec *Il n'y a pas de drogués heureux...*

Ces groupes rassemblent beaucoup d'ouvriers ou de chômeurs. Mais, de plus en plus, on y rencontre des enfants d'immigrés dont les parents s'étaient tenus à l'écart de la société française et qui, maintenant, débouchent sur la scène de la jeunesse en y exerçant une sorte de surenchère. Ce sont, tout d'abord, des Maghrébins à cheval entre deux cultures, qui peuplent le quartier de Belleville à Paris, les alentours mal famés de la porte d'Aix à Marseille, les banlieues suburbaines de Lyon — en fait, toutes les grandes banlieues bétonnisées et déshumanisées.

Mais ce besoin de s'affirmer, de s'inventer une spécificité, fût-elle instable ou composite, est encore plus sensible chez les jeunes Antillais. Ils ont commencé, à l'instar du Black Power américain, par se draper dans des tenues afro-asiatiques. Mais le modèle dominant, qui a fait désormais tache d'huile parmi les Français de la métropole, est venu de la Jamaïque avec le « reggae » et son héros, Bob Marley, lequel n'a pas tardé à devenir une idole comparable à Presley et aux « Stones ».

Derrière ce reggae, il y a le mouvement « rasta », mode de vie et philosophie, revendication de la négritude et révolte contre l'occidentalisme. Il y a aussi des stiks d'herbes jamaïcains particulièrement forts. Et surtout une musique, moins brutale que le rock et plus dansante que le pop, musique envoûtante, pleine d' « âme », propre à fanatiser les foules, comme on a pu le constater lors des concerts donnés par Bob Marley aux abattoirs de la Villette ou au parc des Sports de Saint-Ouen.

Aussi bien le reggae, pour toute une fraction de la jeunesse, constitue-t-il actuellement un très important lieu de rencontre. Le reggae et tout ce qui l'environne. Des boutiques d'esthétique africaine se sont en effet ouvertes à Paris, où hommes et femmes, purs Parisiens et Antillais, vont se faire habiller et coiffer — c'est là, notamment, qu'on leur confectionne ces petites tresses, souvent ornées de perles, qui sont comme l'emblème du mouvement « rasta ».

Vêtements, modes actuelles ou rétro, musiques sont ainsi les éléments, souvent fugaces, à travers lesquels se singularise une jeunesse désormais en perte d'idéologie. A tout cela, il faut encore ajouter les lieux.

Le plus important à Paris, le plus significatif, est le *Palace*. Son apparition est liée à un phénomène qui a pris une ampleur extraordinaire, l'émancipation du mouvement homosexuel, en particulier celui que l'on appelle le « gay », et qui est issu des

Etats-Unis. Le « gay » est à l'origine d'une musique dont l'essor s'est déroulé parallèlement au « reggae » et qui a pris le nom de « disco » : c'est sur ce « disco » que dansaient les homosexuels américains dans les boîtes qu'ils s'étaient réservées.

Mais les tabous, en 1977, se sont écroulés et le mouvement « gay » a gagné toute la jeunesse mondiale. Les lieux de plaisir sont alors devenus mixtes. C'est ainsi qu'un homosexuel parisien, qui dirigeait un club assez connu, le *Sept,* rue Sainte-Anne, a ouvert le *Palace,* rue du Faubourg-Montmartre. Avec cette salle qui, comme le célèbre *Studio Fifty Four* de New York, s'est établie dans un ancien théâtre, en conservant scène et gradins, les homosexuels, pour la première fois, quittaient leurs ghettos et se mélangeaient à la vie parisienne ; et c'est, en retour, le plus brillant de cette vie parisienne qui, aujourd'hui, converge vers le *Palace.*

Les plus jeunes, cependant, ont aussi leurs lieux, où ils peuvent essayer leurs formations musicales. Jusqu'à ces dernières années, le circuit de programmation était centralisé et débouchait, le plus souvent, sur les abattoirs de la Villette. Mais il a finalement éclaté, en sorte que plusieurs boîtes de nuit et cinémas de quartier ont entrepris d'organiser des concerts de jeunes pour les jeunes. Il y a, par exemple, le *Ba-ta-clan* et le *Palais des glaces,* deux salles de cinéma. Et surtout une boîte, le *Gibus,* près de la place de la République qui, tel le *Golf Drouot* d'antan, constitue le tremplin de la plupart des nouveaux ensembles. La moyenne du public se situe entre seize et vingt-deux ans. Aucun adulte, pratiquement, ne connaît l'endroit.

Un autre lieu mérite également de faire date dans l'histoire des nuits parisiennes : il s'agit de la *Main bleue,* aujourd'hui fermé, et qui se tenait en plein Montreuil, dans le sous-sol d'un parking. On y voyait, dansant le reggae et le disco, des jeunes du prolétariat parisien et du sous-prolétariat des tiers et quart monde, des OS de chez Renault, des balayeurs noirs, des jeunes Nord-Africains. Mais aussi la fine fleur de la vie nocturne. Celle-ci, les orgies revenant à la mode, louait quelquefois la salle pour y organiser des nuits dont certaines demeurent fameuses

— la nuit « Satiricon », par exemple, inspirée par la décadence romaine. Une revue, *Façade,* était même née pour tenir le public parisien informé des faits et gestes de ce petit monde assez fermé et *happy few.*

C'est qu'en cette fin des années 70, une autre frange de jeunesse venait d'apparaître, qui se définissait essentiellement par sa mentalité élitaire. Cette *New wave,* comme on allait l'appeler, incarnait, par rapport à l'œcuménisme social des hippies, la revanche des fils et des filles des beaux quartiers. Ils avaient traversé avec mauvaise conscience la période où il convenait de se marquer à gauche, et durant laquelle ils avaient bénéficié de l'argent de leurs parents en professant des opinions agressivement opposées. Mais — ô merveille ! — avec cette mode *New wave* brusquement surgie, il devenait possible d'être dans le vent en s'affichant à droite. On pouvait, désormais, fouler aux pieds utopies et rêves généreux. L'important, c'était d'épouser l'actuel et de s'affirmer dans le présent, en profitant au maximum de tout ce que l'argent rendait possible, plaisirs rares et endroits « in ». Aussi le *Palace,* tout naturellement, allait-il devenir le carrefour de ces *New wave.* Ils venaient y chercher de la chair fraîche — ou, parfois, s'y vendre. Puis l'été on les retrouvait dans les ghettos dorés de Saint-Tropez, et l'hiver dans ceux de New York.

Comme tout mouvement de jeunes, les *New wave* s'étaient composé un extérieur. Le leur — cheveux bien taillés, voire gominés, chapeaux mous, vestes longues et ceintrées, pantalons étroits — conciliait années 30 et période de l'occupation. Chez certains, en outre, il était de bon ton de se répandre en propos cyniques, et même vaguement nazis. Ces *New wave* rejoignaient ainsi, mais sur un autre registre, les provocations des « punks », tant il est vrai que, dans la jeunesse de ces dernières années, tout interfère, se rejoint et, sans cesse, se disjoint...

Mais le *background* idéologique de la *New wave* devait peu à l'esprit de dérision et beaucoup plus aux slogans de cette « nouvelle droite » que certains media, dans le même temps, s'employaient à lancer. L'idéologie fasciste, aux environs de

1978, opérait en effet un indiscutable retour. La plupart des jeunes qu'elle touchait — jeunes bourgeois essentiellement, mais parfois jeunes ouvriers — la vivaient de manière plus « atmosphérique » que réfléchie. Mais ils pouvaient trouver à l'occasion des relais intellectuels dans des publications comme le *Figaro-Magazine,* qui vulgarisait les thèses inégalitaristes de la « nouvelle biologie » et les débordements parascientifiques de la génétique fantasmée en explication totalitaire.

Aujourd'hui, cependant, le phénomène ne me semble pas avoir revêtu l'ampleur qu'on aurait pu lui prédire. De rétro en rétro, il semble, en se banalisant un peu, s'être fixé sur le tout début des années 60. Beaucoup de jeunes « bon genre » reviennent à Elvis Presley, comme l'avaient fait, quelques années plus tôt, des bandes de jeunes prolétaires. Mais l'accent se porte moins sur le rock « pur et dur » que sur sa réfraction affadie, la civilisation « yé-yé ». Ainsi redécouvre-t-on, tout à la fois, « Salut les copains » et la vespa...

Chez les jeunes, qu'ils se disent de gauche, de droite ou apolitiques, tout se passe donc, au fond, comme s'ils n'avaient pas encore rencontré leur morale. Ou du moins, comme s'ils se refusaient de rien chercher en dehors des fêtes de l'instant et d'une certaine dose de dérision. Car c'est bien cela qui les réunit, avec le rejet généralisé des « babacool » hippisants. Et avec la drogue, bien sûr, qui constitue un formidable trait d'union entre les différents courants.

Aussi bien, encore et toujours, en revient-on à la toxicomanie. Parce qu'elle n'est plus revendiquée idéologiquement, qu'elle s'est banalisée, massifiée, elle semble, parfois, moins retenir l'attention qu'autrefois. Il faut rappeler, par conséquent, que le nombre des drogués est en augmentation explosive. En 76, nous avions, à Marmottan, mille deux cents nouveaux cas par an, en 81, nous en comptons près de deux mille. Enfin, en 1982, nous avons dénombré environ deux mille cinq cents cas d'intoxication à l'héroïne — précisons que depuis cinq années, notre clientèle est, à plus de 90 %, composée d'héroïnomanes.

D'autre part, en 1976, il y avait quatre équipes de soins dans la région parisienne, en 81, il y en a près d'une vingtaine. En 76, la police parisienne faisait moins de trois mille « affaires » annuelles — par « affaire », entendons arrestation avec preuve —, en 81, elle en a fait plus de dix mille à effectifs constants. En 76, nous comptions trois quartiers contaminés à Paris, en 81, non seulement la ville entière mais encore la banlieue se trouvent atteintes. Et la drogue ne se borne pas à toucher, désormais, toutes les classes sociales : elle commence à se développer maintenant chez les moins de seize ans...

Connaître la jeunesse d'aujourd'hui, ce n'est donc pas seulement recenser ses défis et ses fêtes, c'est connaître aussi les produits qu'elle privilégie et faire la géographie, plus quotidienne et moins avantageuse, des lieux où elle vient les chercher. C'est découvrir, par exemple, Paris-sur-Drogue.

***

Nous étions à la fin de l'année 1978. Comme les services officiels se laissaient aller à un optimiste presque béat, j'avais décidé d'entraîner sur le terrain une des conseillères techniques du ministère, une femme tout à fait remarquable. Cette expédition me rappelait celle que j'avais effectuée, il y a déjà plusieurs années, avec l'ambassadeur des Etats-Unis et que j'ai relatée dans mon précédent ouvrage. Depuis, hélas, la situation avait considérablement — et dangereusement — évolué.

En effet, il se passait aujourd'hui à Paris ce à quoi je n'avais, personnellement, assisté qu'à Marseille, autrefois, dans le quartier du Panier, la rue des Petites-Maries, celle de la Coloniale : la drogue sévissait au vu et au su de tous. Ce qu'on avait pu voir dans le Paris des « Sixties », autour du carrefour de Buci et au square du Vert-Galant, près de la Seine, semblait par comparaison bien timide.

Nous commençâmes la soirée en montant à Belleville. Cela

faisait longtemps que je ne l'avais fait et je me demandais un peu comment je serais reçu. Nous prîmes la rue Ramponneau. Les cafetiers, tour à tour, surgissaient de leur bistrot, me hélaient comme si j'étais un sauveur :

— C'est fou, vous savez, il faut arrêter ça ! Nos enfants vont y laisser leur peau, c'est la mort dans le quartier...

On nous offrait la kémia, l'apéritif des pieds-noirs. Nous bavardions. De jeunes garçons, manifestement camés, venaient se joindre à notre groupe et nous confirmaient ce qu'on nous racontait. Il suffisait, d'ailleurs, d'ouvrir les yeux.

A chaque coin de rue, appuyés au mur, assis sur des voitures en stationnement ou faisant le guet devant les cafés, ils étaient là par groupes de cinq ou six qui attendaient le passage du vendeur, du *dealer*. Toutes les communautés se confondaient, jeunes Parisiens, jeunes juifs, jeunes Maghrébins, jeunes Africains. Des centaines de garçons, souvent dans un état épouvantable. J'en reconnaissais certains. Christian, par exemple, une vraie force de la nature — deux mètres, cent cinquante kilos —, un personnage parfois brutal mais avec lequel je n'avais, pour ma part, que de bons rapports. Complètement défoncé, il déambulait à la recherche de son vendeur, soutenu par un Sénégalais qui ne valait pas mieux.

De temps en temps, un type surgissait. Il sortait ses petits paquets, les garçons payaient puis disparaissaient. L'échange se déroulait en pleine rue, parfois sous les yeux indifférents des CRS qui, depuis que des incidents, au moment de la guerre du Kippour, avaient éclaté entre juifs et Arabes, opéraient des rondes régulières, et dont les cars stationnaient en permanence non loin de là, au milieu du boulevard.

C'était, je l'ai dit, en 78. Les choses n'ont guère changé, entre-temps, si ce n'est que le trafic s'est aujourd'hui déplacé vers le haut de Belleville, en direction de Pigalle. Et il subsiste tout aussi massivement dans le secteur de la République, deuxième étape de notre tournée.

J'avais choisi un café-tabac près du *Dejazet*, un cinéma où les films qu'aiment les jeunes se succèdent de façon continue.

Nous nous sommes assis. Et, en moins de deux heures, nous avons vu défiler plus de deux cents toxicomanes. C'étaient tous des garçons de souche populaire et ceux-là, pour l'essentiel, d'origine strictement parisienne. Ils portaient les cheveux courts et, souvent, la tenue de motard : les années hippies étaient loin...

Une bonne quantité fréquentait Marmottan. On venait donc me dire bonjour, mais sans attention particulière, comme une parenthèse dans la soirée. L'important était la dose qu'on était venu chercher et que certains guettaient avec une nervosité extrême. Celle-ci acquise, le garçon sautait sur son engin tandis que d'autres motos débouchaient. Ce carrousel stupéfiait ma compagne, et plus encore l'âge de beaucoup de ces jeunes, qui ne devait pas excéder seize ans.

De là, nous avons mis le cap sur les Halles. Nous avons commencé par rôder dans les sous-sols du forum, où nous avons rencontré des zonards, c'est-à-dire d'anciens toxicos clochardisés. Ils peuvent, à l'occasion, mêler les produits. Mais trop dépourvus, désormais, d'énergie et de ressources, ils n'en consomment plus et se rabattent sur l'alcool et la vinasse.

Puis nous avons gagné la fontaine des Innocents. Dans les cafés, tout autour, de jeunes bourgeois propres, bien habillés, qu'on devinait pétris de culture et de bonnes manières, attendaient leur drogue. Ce public-là, nous le retrouverions plus tard, près de la porte Maillot, au drugstore de Neuilly, terme de notre voyage dans le Tout-Drogue parisien.

Si rapide fût-il, celui-ci avait éloquemment illustré ce que je proclamais depuis plusieurs années : que le trafic ne cessait de s'étendre, que la toxicomanie n'était plus un phénomène de marginalité mais avait pénétré tout le tissu social, que l'on se droguait, enfin, de plus en plus tôt. Et il faut bien dire que les choses, depuis, ne se sont pas améliorées. Loin de là. Notamment en ce qui concerne l'âge des toxicomanes.

C'est ainsi que j'ai eu affaire, du côté de la porte de Ménilmontant, à des bandes de jeunes d'une centaine de garçons et filles. Parmi eux, je me suis plus particulièrement occupé de Liza, une fille de quatorze ans et demi, aux grands yeux de chat langoureux. Belle comme un cœur et déjà piégée par le destin. Elle vivait seule avec sa mère — une mère célibataire. Mais son existence se confondait presque entièrement avec celle de la bande. Les plus âgés, des garçons de dix-huit, dix-neuf ans, avaient initié les plus jeunes à l'héroïne. Les gamines, qui avaient quatorze, quinze ans, se prostituaient avec eux pour obtenir leur dose.

Tout cela se passait — se passe — à Paris. Que deviendront ces filles ? Sans doute feront-elles le saut et, pour l'héroïne, iront s'offrir aux adultes. De même m'arrive-t-il de rencontrer, rue Sainte-Anne ou à Saint-Germain-des-Prés, des garçons que j'avais connus dans des bandes d'adolescents...

Depuis 1980, pourtant, on doit encore faire face à une véritable toxicomanie d'enfants — je parle ici de drogués qui ont entre neuf et douze ans. Ils sont presque toujours nés dans les quartiers oppressants qui ceinturent les grandes villes et où ils ont évidemment sous les yeux l'exemple des plus grands. Mais comme tous les gosses, ils ont transposé pour imiter. Ils se sont donc trouvé des drogues spécifiques, des drogues bon marché qu'ils vont renifler dans les caves des HLM. On a vu ainsi, dernièrement, surgir quelques affaires importantes, l'une dans un lotissement près de Nice, l'autre dans la région parisienne, à Bondy, une troisième près de Mulhouse, une quatrième près d'Avignon, toutes concernant des bandes d'une centaine d'enfants.

Ces drogues bon marché sont essentiellement des solvants organiques, comme le trichloréthylène et l'eau écarlate, c'est-à-dire des détachants qu'on trouve chez tous les droguistes. Outre ces solvants, il y a l'essence automobile et le traditionnel éther, qu'on voit sortir de la pharmacie familiale lorsqu'il s'agit d'enlever un sparadrap. Et, plus curieusement, la colle à rustines dont les gosses ont découvert les propriétés euphorisantes pour le plus grand profit des marchands de cycles qui, certains du moins, acceptent, sans sourciller, de vendre quinze à vingt tubes par jour aux mêmes enfants. Ceux-ci les pressent dans un sac puis s'en vont « sniffer » le tout à l'abri, dans un sous-sol.

Ces faits inquiètent, évidemment. Y a-t-il pour autant un vrai danger ? Oui et non, me semble-t-il. Non si cela ne va pas trop loin, demeure une plaisanterie de gosses, ne se répète pas quotidiennement. Mais à usage régulier, il en va autrement. Et ces produits de synthèse, tout naturellement, risquent d'introduire à des produits beaucoup plus lourds de conséquence. C'est ce qui survient une fois sur dix, lorsque les gamins, livrés à eux-mêmes du fait des désunions familiales et de leurs déprimantes conditions d'existence, vivent dans la promiscuité constante d'aînés de quinze ou seize ans qui ont fait un pas plus important et commencent à s'adonner aux drogues dures...

Mais, précisément, qu'en est-il, aujourd'hui, de ces drogues dures ?

Actuellement, le terme recouvre avant tout la « reine des reines », l'héroïne. Celle-ci provient, pour l'essentiel, du Sud-Est asiatique, et selon deux types de trafic. Il y a d'abord les garçons ou filles qui font, par exemple, le voyage de la Thaïlande — ils sont extrêmement nombreux, en sorte qu'on les appelle les « fourmis ». Chacun a groupé des commandes et s'en va donc avec une somme d'au moins dix mille francs. Cet argent, sur place, lui permet d'acheter entre cent et deux cents grammes d'héroïne qu'il va couper : il obtiendra de ce fait, selon ce qu'il aura utilisé, 1 kg ou 1,5 kg de produit qu'il revendra, à son retour, entre six cents et mille deux cents francs le gramme. Il fournira ainsi ses commanditaires et divers clients, tout en se gardant un bénéfice non négligeable et de quoi satisfaire sa consommation propre.

A l'autre bout du trafic, il y a le milieu traditionnel qui voit évidemment les « fourmis » d'un très mauvais œil. Mais le milieu est lui-même extraordinairement divisé et la concurrence y joue à plein. Il y a le milieu libanais, le milieu iranien, celui des Chinois de Hong Kong, des gens du Triangle d'Or avec leurs succursales à Londres et Amsterdam, auxquels il faut ajouter les mafias yougoslave, israélienne, nord-africaine ainsi qu'un zeste de mafia corse et un autre de mafia sicilo-maltaise. Comme on le voit, on se bouscule sur la place ! Mais il existe des arrangements et certaines composantes du milieu tiennent des secteurs particuliers : la mafia israélienne a le faubourg Montmartre, la nord-africaine le quartier de Belleville, la yougoslave le secteur de Montparnasse...

L'héroïne est donc partout. En outre, sa commercialisation est adaptée à tous les types de demandes, de besoins et de moyens. Il existe des revendeurs pour cent ou deux cents grammes, d'autres pour vingt ou dix grammes, d'autres encore pour le gramme ou le quart de gramme. Quant au prix, il est élevé, bien sûr, mais — réussite presque unique des plans de stabilisation ! — il n'a pas augmenté depuis quatre ans. Le gramme d'héroïne se vend entre six cents et mille deux cents francs, selon la qualité. Mais on assiste parfois à des baisses spectaculaires, dues à des phénomènes de *dumping*. Pour faire pièce à l'héroïne blanche ou grise issue du Sud-Est asiatique et transitant par le Proche ou Moyen-Orient, la colonie chinoise d'Amsterdam, par exemple, a essayé tout récemment de réintroduire du « Brown Sugar » au prix de deux cent cinquante francs le gramme. Mais il s'agit d'une variété mal raffinée et contenant de la strychnine, alors que la poudre que l'on propose le plus communément est extrêmement pure.

L'héroïne est donc un produit très efficacement diffusé, d'où sa banalisation. Aujourd'hui, elle fait une escalade inquiétante dans les classes populaires, jusqu'ici relativement protégées. Ainsi ce n'est pas sans stupeur, quand on connaît les traditions du Syndicat du livre, que j'ai vu débarquer à Marmottan deux héroïnomanes qui en relevaient...

A l'autre bout de l'échelle, les milieux « mondains » font également une importante consommation de drogue dure. Mais plus encore que d'héroïne, il s'agit, en l'occurrence, de drogues « récréatives » comme la cocaïne et les *poppers*. Ces derniers sont des vasodilatateurs normalement utilisés dans les troubles cardiaques. Ils engendrent, lorsqu'on les renifle, une sorte de coup de fouet qui relance le plaisir de la danse et introduit à ceux de l'amour. Les *poppers* ont connu leur essor dans les milieux homosexuels de New York, d'où ils ont très vite débordé. Ils constituent, par excellence, la drogue des boîtes de nuit, des fêtes, des orgies.

Il en est un peu de même pour la cocaïne, très en faveur dans la société privilégiée et, plus précisément, parmi tous les gens du show-bizz, de la mode, du journalisme, de la médecine qui passent leur temps entre New York et Paris. Dans des boîtes de nuit fort connues, dans certaines « parties » de Neuilly ou du boulevard Suchet, la cocaïne, en petits pots, est proposée à tous. Les gens la « sniffent » de temps en temps pour se donner du courage, avant une « partouze »...

Héroïne et cocaïne chez les adultes, héroïne encore chez beaucoup d'adolescents, solvants organiques, éther, voire essence chez les gosses, tels sont donc, pour résumer, les produits qui définissent le front actuel de la toxicomanie. Ce recensement, on le voit, indique que nous avons pour le moment gagné deux batailles importantes. Celle, d'abord, des amphétamines. Ce produit extraordinairement dangereux ne constitue plus aujourd'hui un phénomène de masse. Son usage ne dépasse guère, désormais, les milieux étudiants et lycéens, où il est absorbé à partir de médicaments détournés, par exemple les coupe-faim.

De même, les hallucinogènes sont en nette régression et le LSD appartient presque au passé. Bien sûr, on consomme encore des champignons hallucinogènes — j'ai d'ailleurs appris, par quelques clients, qu'il en poussait dans les vallées montagnardes françaises. On peut aussi, paraît-il, trouver du pavot dans certaines régions des Alpes baptisées, de ce fait, le « nouveau Katmandou »... Mais tout cela est devenu un phénomène très minoritaire.

Les hallucinogènes, en fait, sont inséparables de la grande époque de la drogue idéologique. Ce sont eux qui répondaient le mieux à l'ambition de Timothy Leary et de ses disciples : laisser tomber la société et « bondir en dehors », jusqu'à l'éblouissement cosmique. Les produits aujourd'hui en faveur traduisent de bien moindres exigences. Ce sont des drogues d'oubli, comme l'héroïne ou les dérivés de l'opium, ou de pur abrutissement, comme les solvants. Des drogues individuelles, solitaires et, dans un grand nombre de cas, de difficulté sociale, de crise.

Ainsi peut-on mesurer, une fois de plus, combien les années « sixties » se sont éloignées de nous. Si certaines formes de comportement s'y rattachent encore, l'esprit s'en est presque totalement évaporé. La « route », par exemple, existe toujours : j'ai vu des « routards » entre 1978 et 1980 à Ibiza, au Maroc, en Crète et, en 1981, aux Philippines. Très peu, comme autrefois, sont en quête d'une nouvelle sagesse, à la recherche d'un guru. Ce sont en général de jeunes prolétaires de seize, dix-sept, dix-huit ans, qui, plutôt que de se trouver au chômage ou de gagner deux ou trois mille francs par mois, retardent leur insertion dans la vie professionnelle pour vivre un peu à leur humeur. Ou encore des gens insérés professionnellement qui « en ont marre », tout banalement, et s'offrent six mois de voyage avant de retourner en France où ils se débrouillent pour travailler six nouveaux mois, de quoi se faire un petit pécule qui leur permettra de repartir. Tous ces « routards » se droguent, à l'occasion, en sachant bien qu'ils laisseront tomber à leur retour : on ne peut voir en eux des toxicomanes.

De même, le mouvement communautaire existe toujours, mais sur un autre mode. Il n'est plus question de tout partager. Chacun vit pour soi, dans sa propre maison. Mais on pratique une sorte d'entraide collective, comme dans un *moschav* israélien. Une de ces communautés fonctionne dans une forêt bretonne. Les gens — ils sont entre quatre-vingts et cent personnes avec des enfants — ont acheté et retapé leur maison. Beaucoup s'en vont à la ville travailler durant quelques mois. Puis, pendant six autres mois, ils s'arrêtent complètement et se consacrent à eux-mêmes.

Une drogue, cependant, maintient le lien avec les années 60 : le haschich. Elle fait même l'objet d'une consommation importante, bien qu'elle ne touche pas les plus pauvres et les plus jeunes, ceux auxquels le *dealer* refuse de vendre ou qui ne savent pas entrer en contact avec lui. Outre quelques hippies nostalgiques, le haschich est en fait le produit des lycéens et, de façon générale, de tous les jeunes des classes moyennes. Il a donc une connotation sociale assez marquée.

Reste que ce terme de haschich, qui déchaîne tant d'agitation, recouvre bien des choses différentes. Au départ, il dérive du chanvre indien, du *cannabis sativa.* Et plus exactement des sommités fleuries de la plante femelle qui est seule considérée comme active. (En réalité, il semble que la plante mâle ait aussi des propriétés, mais, l'illégalité ne frappant que le plant femelle, des cultivateurs astucieux de la région de Toulouse récemment se sont fait relaxer en prouvant qu'ils ne se consacraient qu'aux sommités mâles. On mesure, ici, l'indécision qui, sur le sujet, règne encore dans les milieux scientifiques...)

Le haschich circule essentiellement sous deux formes. L'herbe tout d'abord, c'est-à-dire la plante, directement sous forme d'herbe. C'est, en France, ce qui se consomme le plus. L'herbe arrive d'Afrique — il y a, notamment, la congolaise et la nigérienne —, d'Amérique du Sud — la colombienne, qui est parfois coupée d'un peu de coke — ou d'Extrême-Orient, avec, en particulier, les « stiks » thaïlandais qui sont des baguettes d'herbe tressées de façon extrêmement serrée. Mais elle provient aussi, plus simplement, de la métropole, où il existe une production artisanale non négligeable. On cultive en effet le cannabis dans les vallées des Alpes et des Pyrénées, et il semble que l'herbe normande ne fasse pas seulement le bonheur des vaches laitières... On trouve également des champs de cannabis dans la région parisienne. Quelquefois, il m'arrive même, en levant les yeux, de découvrir des plantations sur des balcons de la capitale...

La deuxième forme est le haschich proprement dit. C'est le pollen du cannabis, tamisé, filtré, malaxé et roulé, jusqu'à l'obtention d'une sorte de pâte un peu dure. Trois principales variétés circulent en France. D'abord le H. marocain, de couleur plutôt verdâtre, qui provient du Rif, de la région de

Kétama plus précisément, où les autochtones — qu'on se méfie ! — appâtent les touristes en leur proposant le produit sur le bord de la route (après quoi, ils les dénoncent à la police, si bien que chaque année, plusieurs jeunes Français finissent sur la paille des prisons marocaines ou espagnoles...). Une deuxième variété, un peu plus forte, de couleur rouge-orange, arrive du Proche-Orient. Il y a enfin toutes celles qui sont issues d'Extrême-Orient. Elles se distinguent selon les densités, plus ou moins importantes, de produit actif. Certaines, comme le Black Bombay ou le népalais rose, sont très fortes. D'autres sont mélangées avec de l'opium, ce qui ne va pas sans risques, celui-ci rendant dépendant.

On fume herbe et haschich dans un chilum, qui est une sorte de petite pipe. Des gens se font aussi des infusions d'herbe, ou même en mangent, ce qui est assez irritant pour l'estomac et engendre les hallucinations dont ont parlé, au XIXe siècle, Mérimée, Baudelaire et le cercle des haschichins. Mais la forme de consommation classique est le « joint » : on brûle une petite partie du produit — quand il s'agit de H. congloméré —, ou on ôte les graines d'une pincée d'herbe, puis on mélange cet ensemble actif avec du tabac et l'on roule une cigarette — le « joint » — que l'on fume collectivement, en le faisant passer de main en main.

Le haschich, il faut le reconnaître, n'est pas très difficile à trouver. On peut s'en procurer partout, dans n'importe quelle ville, n'importe quel quartier, n'importe quelle banlieue, et, de préférence, dans les bistrots au sortir des lycées. Mais, le plus souvent, c'est à l'intérieur même des lycées en question que s'opère la circulation : le méchant *dealer* guettant sa proie à la sortie des classes me paraît un fait exceptionnel. Le produit s'échange plutôt d'un individu à l'autre. C'est, en général, un garçon déjà un peu marginalisé qui cède à ses copains l'excédent de ce qu'il se procure par ses propres circuits...

Au demeurant, il existe toute espèce de vendeurs : ce peuvent être de tout jeunes gamins aussi bien que des gens florissants, ayant pignon sur rue — ainsi a-t-on arrêté un médecin marocain qui utilisait son avion personnel pour son trafic. Il faut dire que ce trafic, précisément, est fort volumineux. Il peut porter sur plusieurs tonnes de produit, comme par exemple celui qui avait été organisé par Christina Von Opel et sa bande tropézienne. C'est pourquoi il requiert des charters — avions ou bateaux —, des avions, des hélicoptères.

Ce fort volume commercial explique du reste la modération des prix : de dix à quinze francs le gramme, lorsqu'il s'agit de produits très courants, cinquante ou soixante francs le gramme, dans le cas de certaines variétés noires particulièrement épaisses. Aussi le H. constitue-t-il une défonce bon marché, ce qui explique son succès. Des sondages ont montré qu'à peu près 10 % des élèves du secondaire supérieur avaient touché au moins une fois au produit. Cela fait donc plusieurs centaines de milliers de jeunes, un chiffre évidemment élevé (mais beaucoup moins, finalement, qu'aux USA où il s'élève à quarante millions d'individus, soit le quart de la population).

Est-ce donc en raison de l'importance et de l'accessibilité de ce commerce ? Est-ce le milieu social des usagers, où les familles montent plus volontiers au créneau ? Toujours est-il que l'on assiste, depuis quelques années, à une vraie bataille du H. Pour certains spécialistes au tempérament répressif, ce produit est véritablement le « diable ». On peut cependant se demander si les arguments avec lesquels ils s'efforcent de conditionner les esprits sont parfaitement fondés. Et si toute cette campagne est bien sérieuse.

***

Vers 1975, on pensait que tout avait été dit sur le haschich. Une sorte de consensus s'était établi à son sujet. On le tenait pour une drogue douce, en opposition avec les drogues dures comme l'héroïne et les amphétamines. D'où une attitude relativement libérale à l'endroit des consommateurs. Dans un certain nombre de pays, le H., sans être légalisé, était dépénalisé. Aux USA, par exemple, lorsqu'on détenait une once pour son usage personnel — c'est-à-dire environ vingt grammes —, on était passible d'une amende. Il n'était pas question de correctionnelle, et moins encore de prison.

En France, les dispositions, telles qu'elles résultaient du rapport du ministre de l'époque, Monique Pelletier, étaient relativement libérales. Une circulaire, qui avait été rédigée par le garde des Sceaux à son instigation, parlait, en ce qui concerne les usagers du haschich non « repentis », d'admonestations, de remontrances, de mesures pédagogiques, mais nullement de dispositions répressives. Des consignes de libéralisme avaient été données à l'ensemble du parquet de France. Bien sûr, il y avait un peu deux poids deux mesures. Comme il en va souvent, Paris et les grandes métropoles urbaines se montraient plus tolérantes que les villes de province.

C'était sans compter, cependant, avec le regain d'une certaine réaction politique et l'autoritarisme d'un pouvoir médical qui lui est consubstantiellement lié. Sans compter, également, avec l'industrie pharmaceutique, dont dépendent nombre de spécialistes, pharmacologues, psychopharmacologues, médecins. Ce groupe d'intérêts avait tout avantage à ce que l'opinion soit mobilisée contre le haschich, produit illégal, l'attention se trouvant du même coup détournée de tous les médicaments dévoyés de leur usage dont il était fait une consommation abusive, les psychotropes notamment — tranquillisants, euphorisants, antidépresseurs, somnifères — qui représentent un marché particulièrement juteux et dont le budget annuel est supérieur à celui de la Régie Renault...

C'est dans ce contexte éminemment favorable qu'a donc surgi, à partir de la seconde moitié des années 70, une formidable offensive contre le H. dont le leader, sur le plan scientifique, est le Pr Nahas, un homme au demeurant assez sympathique, mais que meut un véritable fanatisme de croisé. Le Pr Nahas aurait été professeur à Columbia. En France, il travaille comme directeur de laboratoire à l'INSERM, sur la base de ses travaux américains. Ce n'est donc pas du tout, on le voit, un homme qui connaît la clinique et qui a été confronté avec les problèmes de vie, plus particulièrement ceux des toxicomanes.

Ses recherches sur le haschich, qui n'appartenait pas jusqu'ici à son champ, sont issues, à l'en croire, d'un dialogue qu'il aurait eu avec sa fille de quatorze ans. Celle-ci lui ayant demandé si elle pouvait fumer un « joint », à l'instar de ses copines, il lui aurait ordonné d'attendre et se serait mis à étudier le produit. Ce travail allait le mobiliser très vite et très complètement. En 1977, il faisait paraître un livre pour dénoncer les dangers qu'il disait avoir découverts dans l'usage du haschich.

L'ouvrage tombait à point et le Pr Nahas, qu'une bonne partie de la communauté scientifique internationale tenait à distance, se trouvait désormais projeté sur le devant de la scène. C'est que l'idéal répressif, un peu partout, avait recommencé à fleurir. Aux USA, le parti républicain accusait un durcissement, des ligues de parents, d'anciens scientifiques, d'anciens enseignants se dressaient contre le « laxisme ». En France, la façade libérale du régime giscardien s'écroulait... Les fumeurs de haschich, à Paris, faisaient encore l'objet d'une relative tolérance. Mais on allait bientôt, dans une petite ville de cinq mille habitants, Liverdun, mettre trois cents jeunes en fiches et les menacer de prison.

Entre-temps, le Pr Nahas était devenu une véritable vedette des media, et ses positions inspiraient une marée d'articles et de publications. On avait vu surgir, dans la foulée, un Comité national de vigilance contre la drogue en France, animé par une poignée de politiciens qui trouvaient là un moyen de faire parler d'eux. Cette croisade, en outre, allait faciliter, à travers la « coalition anti-drogue », l'implantation, en France et en Europe, d'un bien singulier mouvement, le Parti ouvrier européen.

Ce « parti » est, en fait, une filiale directe du Labor Party américain, organisation manifestement d'extrême droite, bien qu'elle poursuive en procès tous ceux qui la mettent en parallèle avec le national-socialisme. Il dispose de fonds abondants et développe un ensemble de thèmes parfaitement délirants, qu'on pourrait résumer comme suit, pour autant que tout cela soit résumable : il existe un vaste complot anglo-hollando-sioniste dont le but est d'anéantir les valeurs de l'Occident en faisant la promotion d'une culture laxiste dont relèvent, notamment, la musique des jeunes — le reggae par exemple — et la drogue ; ce complot, où la famille royale d'Angleterre se trouve impliquée, est l'œuvre des banquiers juifs, qui ont pour complice le Fonds monétaire international, et de toutes sortes de « lobbies » occultes, la « casher mafia » israélienne, divers mouvements manipulés par la CIA, des groupes terroristes, etc. ; ces « lobbies » s'emploient, entre autres, à faire disparaître les personnalités politiques qui se dressent contre le « complot » — d'où, par exemple, l'assassinat d'Aldo Moro...

Inutile d'insister sur le confusionnisme paranoïaque qui préside à ce roman, l'enchevêtrement dément de mythes et de fantasmes sur lequel il repose. La drogue, évidemment, se trouve au centre de la « machination » : elle est, par excellence, l'instrument de corruption. Aussi le Fonds monétaire international est-il accusé de contraindre les pays pauvres, la Colombie, par exemple, à produire de la drogue pour éteindre leurs dettes. Quant à moi, je suis, bien entendu, une des personnalités importantes du « lobby » des stupéfiants. Je vais chercher mes instructions à la NORM, une organisation américaine qui réclame la dépénalisation du haschich mais, quand on y regarde de près, se dénonce comme une des multiples cellules du complot international...

Ce Parti ouvrier européen diffuse un journal, *Nouvelle Solidarité.* En tant que tel, cependant, et sur les thèmes particulièrement fumeux dont il se prévaut, il ne trouve guère d'échos en France où, de fait, il n'a pas cinquante adhérents. Mais, sous la forme de la « coalition anti-drogue », il a réussi à confisquer une part de l'émoi suscité par les campagnes du Pr Nahas, dont il publie d'ailleurs des interviews et des comptes rendus de travaux dans une revue trimestrielle particulièrement luxueuse. Cette « coalition » se manifeste aussi sur les trottoirs, où l'on voit des jeunes gens tenir des éventaires « anti-drogue », faire signer des pétitions, arrêter les automobiles... Des jeunes gens évidemment payés pour ce travail et dont beaucoup sont étrangers.

Si l'on ajoute à cette organisation les diverses « unions sacrées » contre le laxisme qui sont apparues dans le même moment — « le haschich est un marchepied vers l'ensemble des drogues, ceux qui prêchent la tolérance à l'endroit de ce produit veulent gangrener la jeunesse, etc. » —, on conviendra que la fin des années 70 marque une extraordinaire mobilisation des bataillons de l'ordre moral...

Ceux-ci avaient cependant à affronter des adversaires résolus, parmi les intellectuels notamment. Un certain nombre, rejoignant les positions du « National Drug Abuse Council », un organisme semi-privé américain, avaient signé un manifeste réclamant la légalisation de H., que le journal *Libération* avait publié en juin 1976 sous le titre malicieux de « Appel du 18 joint ». Je m'étais, pour ma part, abstenu de donner mon nom car il me semblait abusif de dédramatiser aussi brutalement le problème. Néanmoins, je me reconnaissais en désaccord profond avec les positions du Pr Nahas. Et je n'hésite pas à le dire bien haut : mes réserves à son endroit n'ont fait que s'accentuer.

Pour commencer, j'élève deux objections de principe quant à l'ensemble de sa démarche. Je remarque tout d'abord que les neuf dixièmes des travaux qu'il mène avec ses chercheurs portent non sur la plante entière, mais sur trois ou quatre de ses éléments, et plus particulièrement encore un de ses dérivés les plus actifs, le delta neuf hydro-cannabinol. Or, à côté de ces éléments, il y en a des dizaines d'autres, cannabinols ou pas, qui n'ont même pas été identifiés. Le manque de rigueur est ici patent puisque le tout — en l'occurrence, la plante réelle consommée par les usagers — est identifié à la partie : le haschich, en effet, ne peut nullement être ramené au delta neuf hydro-cannabinol — de même, le pavot, dont sont parsemés, par exemple, certains pains autrichiens sans que personne n'en souffre, ne se confond évidemment pas avec son dérivé fameux, l'opium...

Cette première objection en amène une seconde : les travaux de l'école Nahas, qui s'effectuent en vase clos, statuent sur la réalité humaine à partir, exclusivement, de résultats de laboratoire. Cette attitude trahit en fait une idéologie sous-jacente. Au lieu d'examiner une toxicomanie dans son vécu, qui est nécessairement fluide, variable, personnalisé, on la rapatrie dans un principe aussi intangible que l'impératif catégorique : le produit. Par ce glissement, le haschich qui, sur un strict plan scientifique, se présente comme un organisme ayant un certain nombre de composants et, certaines conditions étant réunies, de propriétés spécifiques, se métamorphose en une sorte d'entité nuisible, maléfique, au sens moral, et presque métaphysique, du terme. Cet archaïsme, à travers lequel un donné scientifique se voit affecté d'un coefficient éthique, débouche tout naturellement sur une entreprise de culpabilisation. Il faut, d'abord, faire peur... D'où le caractère menaçant, et parfois terrorisant, des arguments du Pr Nahas. En voici du reste les principaux, avec les objections que je leur oppose.

— Le haschich engendre des troubles de la reproduction. Chez l'homme, il entraîne une diminution du nombre des spermatozoïdes. Chez la femme, il porte atteinte aux ovaires et à l'ovulation.

Réponse : qu'on m'explique alors la surpopulation qui ne cesse de sévir aux Indes et au Maroc, où l'on fume depuis des générations.

— Le delta neuf hydro-cannabinol entraîne une diminution des défenses immunitaires et, de ce fait, une augmentation des risques de maladies graves, de cancers, de malformations fœtales.

Réponse : une étude entreprise sur la population jamaïcaine, où l'on fume, là aussi, depuis des générations, a conclu à un pourcentage de troubles et de malformations égal à celui d'une population de non-fumeurs. Aux USA, d'autre part, où des milliers de travaux sur le haschich ont été conduits, ces risques n'ont jamais été scientifiquement démontrés. Par contre, on a maintenant identifié des dizaines de milliers d'enfants de fumeurs : aucun ne présente de malformations ou d'anomalies.

— Le haschich, lorsqu'il est fumé, présente un danger cancérigène au niveau du poumon.

Réponse : ni plus ni moins que le tabac. On n'a pas encore trouvé de corrélations entre le H. et le cancer du poumon.

— Le haschich présente un risque psychiatrique. Il peut engendrer des troubles mentaux sérieux, voire des maladies mentales graves.

Réponse : l'un des plus grands savants américains, le Pr Snyders, a déjà fait justice de cet argument. Deux études, d'autre part, qui portent sur plusieurs centaines de cas, ont été menées, l'une par Chapra aux Indes, l'autre par Deferre au Maroc. Elles ne font état que de quelques centaines de cas de problèmes mentaux sur des milliers de fumeurs ; et comme l'on ne connaît pas le dossier antérieur de ces cas, on ne peut en tirer aucune conclusion scientifique.

En revanche, les Américains, qui sont des gens méthodiques, ont injecté du delta neuf hydro-cannabinol à une population de soixante-deux volontaires prisonniers et n'en ont retiré aucun résultat significatif. Ils ont enregistré une crise d'épilepsie chez un sujet qui, de toute façon, était épileptique, une crise de dépression de vingt-quatre heures, c'est-à-dire très brève, chez un autre, plus un cas douteux, probablement une réaction psychologique de décompensation à propos de l'expérience plutôt qu'en relation directe avec elle.

Cela dit, les chercheurs s'accordent à penser que le haschich consommé à haute dose peut susciter des troubles sérieux et chroniques de la mémoire immédiate. En d'autres termes, les souvenirs récents seront plus difficilement synthétisés. Il y a donc, ici, un risque effectif. Mais il suppose un important degré de chronicité dans la consommation, de sorte qu'il n'affecte pas les fumeurs occasionnels.

— On aurait mis en évidence, au laboratoire, des signes de

dépendance. Si un sujet arrête de prendre du produit alors qu'il en use de façon importante, son organisme se trouve en état de manque.

Réponse : deux grands chercheurs américains qu'on ne peut suspecter de « laxisme », Issbel et Jezinski, ont injecté du H. de manière répétitive et massive à un certain nombre d'individus. Ils n'ont jamais relevé le moindre signe de dépendance. Cela se trouve vérifié, en fait, par les deux ou trois cents millions de personnes qui, dans le monde, fument régulièrement des dérivés du cannabis : on n'a jamais assisté au moindre phénomène de manque. Personnellement, je puis faire état, à la limite, de quelques cas de dépendance exclusivement psychologique. Cela veut dire que ces sujets ont fait une fixation sur le H. comme ils l'auraient faite sur n'importe quoi d'autre.

— Le haschich constitue inexorablement le premier pas vers les drogues dures.

Réponse : voilà l'argument massue, destiné à faire peur aux foules. En un sens, il est utilisé aussi, assez curieusement, par les partisans de la légalisation du H. Mais pour ceux-ci, le « marchepied » vers les drogues dures est constitué par la personne du revendeur. On peut, en effet, imaginer qu'un *dealer* en rupture de haschich propose à la place de l'héroïne à son client. La légalisation du H., selon les partisans, mettrait définitivement les jeunes à l'abri de l'univers douteux du trafic. Pour le Pr Nahas, au contraire, qui se fonde sur une enquête faite dans une petite ville américaine, c'est bien le haschich en tant que tel qui introduit aux autres drogues. Cette position, à mon sens, appelle trois importants correctifs :

1. S'il est vrai, historiquement, qu'une grande partie des gens qui s'adonnent à l'héroïne et à la cocaïne ont débuté par le haschich, cela ne constitue nullement une loi. A Marseille, par exemple, la première épidémie d'héroïne a commencé directement.

2. Beaucoup de jeunes aujourd'hui, à force d'entendre tonner contre le haschich, font l'escalade à partir de produits

comme les solvants organiques qui, pour être légaux, n'en sont pas moins autrement dangereux.

3. En tout état de cause, la proportion d'usagers du H. qui font l'escalade ne dépasse pas 5 % — certains disent même 2 %. Aux Etats-Unis, il y a environ quarante millions de fumeurs, dont dix millions de fumeurs réguliers, et le nombre d'héroïnomanes, depuis de nombreuses années, se maintient entre cinq et sept cent mille personnes.

Comme on peut donc le constater, l'argumentation du Pr Nahas ouvre moins un débat qu'elle ne se constitue en arsenal. Du même coup, son entourage fait un peu l'effet d'une armée. On y trouve beaucoup de gens de bonne foi, pharmacologues pour l'essentiel et, comme leur leader, hommes de laboratoire sans expérience clinique. Mais on y voit aussi un certain nombre de professionnels de la lutte anti-drogue, d'autant plus attachés à la campagne anti-H. que celle-ci justifie leur fonction.

Véritable force de frappe, le mouvement anti-haschich français exerce de ce fait un formidable matraquage sur presque toute la communauté scientifique. En 1981 par exemple, le Pr Nahas a été appelé à animer un colloque au laboratoire Sandoz. Comme c'était prévisible, il l'a orienté dès le départ de façon absolument unilatérale. J'étais le seul à y apporter un point de vue contradictoire, alors que beaucoup de scientifiques partagent mes opinions : encore avais-je dû m'employer pour y être admis ! Bien entendu, le Pr Nahas a fait publier le compte rendu de ce colloque acquis d'entrée à ses positions ; et comme si cela ne suffisait pas, il l'a encore alourdi de documents annexes établis par ses amis.

Ainsi, depuis des années, l'école Nahas accapare-t-elle l'*establishment,* la presse et l'audiovisuel, en sorte qu'il a été pratiquement impossible, jusqu'à maintenant, d'instaurer le moindre débat scientifique ouvert et serein. J'ai personnellement proposé, il y a peu, au pouvoir socialiste d'établir d'une part des états généraux sur le thème de la marginalité, afin d'étudier ses rapports avec la drogue et de déboucher, si possible, sur des propositions neuves, et de l'autre, que soit créée une commission de sages indiscutables sur le plan scientifique, où pourraient dialoguer, de façon publique, partisans et adversaires de la dépénalisation du haschich. Ces propositions n'ont pas encore eu de suite. Mais pour ce qui est de la commission, la réaction des amis du Pr Nahas a été instantanée et, si l'on peut dire, quasiment théologique : qu'est-ce qu'une commission de sages où siégeraient des gens qui contesteraient la dangerosité du haschich ?... Encore une fois, donc, le H., c'est le diable ! Et ce, en dépit des milliers d'écrits qui existent sur le sujet et où s'expriment les opinions les plus divergentes...

On peut alors se demander ce qui pousse certains scientifiques à transformer une recherche en croisade. Et pourquoi parmi les diverses drogues, parmi les divers fléaux — l'alcoolisme, par exemple — qui sévissent chez les jeunes, ils ont concentré leur acharnement sur le seul haschich. Il se pourrait bien, me semble-t-il, qu'une partie de la réponse se trouve dans les motivations spécifiques des usagers.

Un héroïnomane, le plus souvent, est un être qui souffre de perturbations importantes dans sa personnalité. Il porte en lui un manque essentiel et le produit intervient comme un ciment destiné à le masquer. Rien de semblable, en revanche, avec le haschich, qui apparaît au contraire comme une drogue de convivialité. Le fumeur solitaire est un phénomène assez rare, bien que dans certains pays, et surtout aux USA, on voie de plus en plus de gens qui se roulent un petit « joint » le soir en rentrant, pour se détendre de la journée, comme d'autres se verseraient un whisky.

Chez les jeunes, cependant, l'usage du haschich présente en général un caractère collectif. On fait circuler le « joint », toujours selon un véritable rituel, pour se sentir bien ensemble, on fume quand on écoute de la musique, quand on va au concert. Il y a là un fait de civilisation indiscutable. Mais cette façon de se replier les uns sur les autres pour « prendre son pied » est aussi une façon de mettre la société entre parenthèses, de la contester. En ce sens, le haschich, comme je l'ai indiqué plus haut, demeure bien une drogue idéologique. Et c'est cela que flairent, peut-être à leur insu, ses adversaires obsessionnels.

Ce halo, d'ailleurs, qui entoure le produit explique également les réserves que je formule quant à son usage. Si je ne crois guère, en effet, aux dangers médicaux qu'il pourrait présenter, je redoute en revanche ses répercussions psychologiques. C'est que le H. est avant tout la drogue des adolescents, c'est-à-dire de personnalités fragiles et incomplètement formées. Et l'espèce de déconnection à laquelle il les accoutume, dans une époque, de surcroît, où le futur est extraordinairement incertain, exerce une action particulièrement démotivante. C'est bien cela qui me paraît grave et explique que je ne sois en aucune manière partisan de légaliser le haschich, si je souhaite résolument sa dépénalisation.

Car, quand bien même ce produit présenterait les dangers qu'on prétend, la campagne engagée contre lui ne conduit à rien d'autre que terroriser les usagers, les exposer aux hystéries collectives qu'elle suscite — ainsi a-t-on vu, lors de la dernière campagne électorale, le PC ameuter les foules contre une famille marocaine soupçonnée de fumer du H. — et les livrer aux pouvoirs publics. Comme fumer est actuellement un comportement de masse, cela veut donc dire qu'on va sanctionner toute une jeunesse, promise par là au casier judiciaire, voire à la prison, et dont l'avenir se trouvera délibérément massacré. Etrange conséquence, quand on y songe, d'une soi-disant campagne de santé publique ! Et singulière thérapeutique, aussi, proposée à tous ceux que les problèmes d'existence et de société conduisent journellement à la drogue !

III

TOUS LES DROGUÉS NE SONT PAS DES TOXICOS

La toxicomanie surgit à un triple carrefour : celui d'un produit, d'un moment socioculturel et d'une personnalité. Ce sont là trois dimensions également constitutives. Mais il est plusieurs approches du phénomène toxicomaniaque, selon, précisément, qu'on porte l'accent sur l'un de ces paramètres plutôt que sur les autres.

On peut ainsi — nous venons de le voir à propos de la campagne anti-haschich — privilégier le produit. Ce mouvement semble aller de soi : la drogue engendre le drogué. Moi-même, comme thérapeute des toxicomanes, je suis né de l'inquiétude, voire de la répulsion, que m'inspirait le recours systématique aux produits toxiques. Cela n'allait pas, toutefois, sans contradiction : dans le même temps en effet, certains de ces produits — je pense notamment aux hallucinogènes — me fascinaient au point que je décidai de me consacrer à leur étude. J'étais donc partagé entre l'émerveillement scientifique et le sentiment terrifié d'un enfer auquel toute drogue inexorablement conduirait. D'où un malaise que je négociais tant bien que mal, en insistant par exemple sur la différence entre drogues dures et drogues douces.

Peu à peu, cependant, j'allais mesurer les lacunes d'une explication purement médicale des problèmes de toxicomanie. Je prenais conscience de ce que le manque n'était pas seulement un phénomène passif, strictement mécanico-biologico-chimique. Le psychiatre qu'il y avait en moi commençait à pressentir que certaines personnalités, du fait de leur contentieux psychologique, se trouvaient plus que d'autres prédisposées à se laisser enfermer dans la drogue. Et puis, de toute évidence, les scientifiques, au sens étroit du terme, se révélaient incapables de répondre à ce qui me semblait l'interrogation majeure de l'époque : qu'est-ce qui, tout à coup, incitait tant de garçons et de filles à tenter la vieille aventure de l'humanité, c'est-à-dire aller au-delà du miroir, épouser et développer la totalité de son imaginaire mental, sensuel, érotique ?...

En ce sens, la condamnation puritaine de produits qui, en tant que modificateurs de pensée, proposent d'aussi riches sources de découvertes m'irritait considérablement. Leur excommunication sous prétexte de dangerosité relevait, à mes yeux, d'une attitude bornée et de surcroît peu scientifique, cette dangerosité étant établie en élément constitutif du produit, comme si une plante pouvait avoir une dimension morale. Ce tour de passe-passe « psycho-pharmacologique » que j'ai déjà dénoncé m'indignait d'autant plus qu'il servait de justification aux campagnes, brutales et sommaires, de l'*establishement* médico-social.

Jetant l'anathème sur les produits toxiques, celui-ci ne poursuivait en effet qu'un seul but : le renforcement de la législation répressive. Certes, l'utilité d'une législation ne m'échappait pas et je ne la mettais nullement en cause par principe : elle me semblait, par exemple, tout à fait justifiée lorsqu'il s'agissait d'endiguer la montée de l'héroïne. Mais elle me semblait infiniment plus discutable dans le cas de produits comme le haschich dont on a vu que la dangerosité médicale n'était pas définitivement établie et qui, relevant d'une consommation de masse, rendait par là même tout effort de réglementation pratiquement inapplicable.

Au demeurant, il suffit de faire le bilan de ces quinze dernières années pour voir que les faits n'ont jamais cessé de confirmer mon sentiment. La législation contre le H. ne débouche partout que sur l'arbitraire et le circonstantiel. Ici, on va en prison pour la possession d'un demi-gramme, là, on fume sans être jamais inquiété, en plein jour et publiquement : j'ai vu ainsi, à Times Square, des flics new-yorkais à cheval se passer tranquillement le « joint » ! Si l'on appliquait strictement la législation aux USA, ce seraient, en fait, quarante millions de personnes qu'il faudrait incarcérer !

La vérité, c'est que, à ce niveau, la légalité, ou non, d'un produit comme le H. est un faux problème. La toxicomanie, par définition, part du toxicomane : cela veut dire qu'elle appelle, suscite, crée le produit tout autant qu'elle est engendrée par lui. Un produit est-il condamné ? Elle se déplace jusqu'à ce qu'elle découvre le substitut légal qui la satisfera — et dont les conséquences se révéleront peut-être pires. Ainsi, aux USA, le fameux « Angel Dust » ou poussière d'ange, qui est un anesthésique vétérinaire, est-il responsable de plusieurs centaines de morts. De même, on a vu en France des enfants et des adolescents se détruire le système nerveux central aux solvants et à l'éther dans les caves d'Aubervilliers, de Sarcelles ou de La Courneuve. Sans parler de l'alcoolisme, en nette recrudescence, et dont on a tendance à oublier qu'il demeure le fléau majeur.

Une fois encore, par conséquent, lutter contre la toxicomanie à partir du produit revient trop souvent à le fantasmer, en y projetant, sous un habillage scientifique, un informulé terrorisant et culpabilisant. Cet « informulé » traduit la réaction du monde médical et scientifique, ou tout au moins de sa part la plus conformiste — qui est considérable —, lorsqu'un problème, qui semble de son ressort, menace les valeurs traditionnelles de la société. Ainsi est-il frappant de constater que les arguments utilisés contre le haschich sont ceux-là mêmes que les psychiatres du début du siècle brandissaient pour stigmatiser la masturbation, également accusée de compromettre les fonctions sexuelles, de constituer un risque d'anormalité pour la descendance et de susciter des troubles mentaux... Et l'on a vu, plus récemment, un arsenal du même genre resurgir contre la pilule.

Ces informulés, qui sous-tendent les exposés et les attitudes dits scientifiques, ne renvoient d'ailleurs pas qu'aux grands tabous sociaux et moraux. Très fréquemment, ils expriment l'idéologie dominante d'un moment. C'est ainsi que des gens très sérieux, dont les travaux concluaient à la non-dangerosité du H., ont rejoint récemment l'entourage du Pr Nahas. Il est également bien curieux de comparer l'article sur les hallucinogènes, tel qu'il est paru dans l'encyclopédie médico-chirurgicale de 1958, avec celui que les mêmes auteurs leur ont consacré, dans la nouvelle mouture de l'ouvrage édité en 1972, au début de l'hystérie anti-drogue. Dans l'un et l'autre texte, c'est le même air de sérénité informée. Mais à y regarder de près, la deuxième rédaction abonde en connotations morales ; et certains dangers des produits, mentionnés dans la première version, se trouvent, dans la seconde, montés en épingle avec insistance...

Tout cela nous montre à quel point l'objectivité scientifique est une notion friable, dès lors qu'on se rappelle que les énoncés sont formulés par des gens qui projettent — en général à leur insu — leur univers affectif et mental dans les plus impersonnels de leurs travaux. Pour appréhender la toxicomanie, la démarche strictement médicale et, plus précisément, strictement pharmacologique paraît donc peu sûre et sans doute inappropriée.

Mettra-t-on l'accent, alors, sur le moment socioculturel, qui constitue, on s'en souvient, le deuxième de nos trois paramètres ? L'opération, là aussi, me semble dangereuse et peu convaincante.

Si, comme je l'ai dit, toute toxicomanie part du toxicomane, le moment socioculturel apparaît alors comme ce qui situe le drogué et, au moins partiellement, explique son choix d'existence. Le contexte social est donc indissociable de la personnalité. Si, cependant, on rompt ce couple, si l'on privilégie la dimension de société pour mettre la subjectivité entre parenthèses, le drogué, inévitablement, apparaît alors comme un être aberrant, et la toxicomanie un fléau à endiguer.

Toute société, en effet, véhicule des normes — formulées ou non — et, par conséquent, suscite des marginalités qui les contestent. Lier le toxico au moment socioculturel, c'est tenter de le comprendre dans sa marginalité. L'opposer au milieu social, c'est au contraire l'exclure au nom des normes. Dans cette optique, il ne sera plus qu'un déviant à redresser. En partant du produit, nous ouvrons le champ au pouvoir médical ou, plutôt, à ses laboratoires ; en privilégiant la dimension sociale, nous intronisons le pouvoir socio-politique — et, plus exactement, celui de l'idéologie dominante, avec les médecins qui sont à son service.

Cette conclusion n'est pas uniquement spéculative : l'histoire des années 70 vient au contraire la corroborer largement. Cette période marque une liquidation : celle de la société de consommation, des folies et des incohérences des années 60. Et derrière cette liquidation, il y a une violente réaction des sociétés industrialisées qui trouve tout naturellement son prolongement scientifique : la multiplication des marginaux et des déviants n'est plus tolérable, les temps qui s'annoncent impliquent une reprise en main de la collectivité et sa restructuration. Désormais, le problème dominant est celui de la survie des sociétés occidentales, et l'individu, avec ses potentialités propres et les valeurs de vécu, d'instantanéité, de poésie sur lesquelles elles ouvrent, fait tout à coup, après les embrasements de mai 68, figure de planète morte. Il semble à ce moment que la subjectivité soit devenue un luxe qu'on ne puisse plus s'autoriser, et ses écarts centrifuges une menace pour l'ensemble social qu'ils risquent de déséquilibrer.

C'est donc, véritablement, un nouvel univers de références que l'on voit surgir. Sur le plan scientifique, la socio-biologie est une de ses expressions les plus significatives. On s'y emploie à appréhender les sociétés humaines à partir des sociétés animales. Hérédité, sélectivité, inégalité deviennent les maîtres mots d'une quête qui traduit l'obsession de hiérarchiser le monde — à chacun selon ses capacités — et de l'organiser normativement, selon des règles rigoureusement établies — d'où par exemple, à partir du principe de la meilleure santé pour tous, le fichage des enfants avant même leur naissance, le contrôle des nourrissons, la sélection et l'orientation imposées de plus en plus précocement, en se fondant exclusivement sur des critères de haute rentabilité sociale.

Bref, la parole doit appartenir aux généticiens, biologistes, biochimistes, immunologues, etc. Et cette mainmise de la science sur la société et les individus qui la composent se traduit essentiellement par deux types de discours qui, en dépit des apparences, ne sont pas forcément contradictoires. Le premier se réfère essentiellement à la génétique ; le second conduit au comportementalisme.

Le discours du généticien postule évidemment l'importance prioritaire de l'inné : ce que nous sommes, ce que nous sommes appelés à devenir est presque entièrement inscrit dans notre patrimoine génétique. L'inégalité et par conséquent la hiérarchie sont donc constitutives de l'espèce humaine et règlent son organisation sociale.

Appliquée à la vie collective, la pensée généticienne, par conséquent, implique le fichage, la sélection, à grand renfort de tests et d'examens. D'où les diverses mesures avancées : développement très poussé du carnet de santé scolaire, projet de détection des enfants à risques, projet de lier le versement des allocations familiales à des visites systématiques de dépistage, etc. Ces formes de quadrillage ont, à plusieurs reprises, été envisagées par des pédopsychiatres travaillant dans des commissions ministérielles ou au service de Protection sanitaire et sociale. Mais elles se sont, jusqu'à maintenant, heurtées à de fortes résistances, à commencer par celles de l'administration de Simone Veil, lorsqu'elle était ministre de la Santé.

Le discours généticien fait en effet bon marché de la dignité humaine. Son obsession est de classer et de hiérarchiser dès le départ de la vie, en espérant notamment isoler les « déviants » éventuels. On peut donc imaginer que des généticiens découvriront un jour un gène porteur de toxicomanie. Reconnaissons qu'aucun scientifique n'a encore osé franchir ce pas. Que propose-t-on, d'ailleurs, pour les « déviants innés » ? Peu de chose si ce n'est ce qu'on baptise « rééducation scientifique », et qui consiste plutôt en une sorte de mise à l'écart à l'intérieur d'une « sous-vie » adaptée à l'anomalie génétique supposée...

Qu'on me comprenne bien : il n'est nullement dans mon esprit de contester l'importance de la structure biologique ou neurophysiologique. Mais il me paraît peu sérieux de voir, dans ce donné, autre chose qu'un ensemble de virtualités dont seules certaines se développeront sous l'effet conjugué du milieu et de l'histoire personnelle — on sait, par exemple, que les individus varient selon la nourriture qu'ils reçoivent. De même, on ne peut, sans sacrifier outrageusement la complexité du réel, mettre en parenthèses, en ce qui concerne les individus et, plus particulièrement, les marginaux, tout ce qui est de l'ordre de l'organisation libidinale, de la béance existentielle, tout ce qui relève des inter-relations sociales, familiales, affectives.

Cette objection, d'ailleurs, que l'on doit opposer aux extrapolations généticiennes, il est bien clair qu'elle s'adresse tout autant à la démarche comportementaliste. Les deux approches, en dépit de leurs divergences initiales, l'une mettant l'accent sur l'inné, l'autre sur l'acquis, manifestent une même volonté de mainmise scientifique sur le corps social. Et leur logique les conduit à un même terme : l'enfermement des « déviants » et leur prise en charge autoritaire.

Le substrat idéologique du comportementalisme s'exprime essentiellement dans un livre de Skinner paru au cours des années 60 sous ce titre significatif : *Au-delà de la liberté et de la dignité.* L'entreprise — et cela n'est pas moins significatif — apparaît en fait comme une modernisation du pavlovisme et de la théorie des réflexes conditionnés, lesquels, on le sait, constituent le soubassement des sciences de l'éducation en URSS et dans les pays de l'Est.

L'idée dominante du comportementalisme est que les individus doivent suivre un comportement social adapté, c'est-à-dire conforme à la norme sociale du moment. Si ce n'est pas le cas, et si, de ce fait, ils sont en situation de souffrance, il faut, sans tenir compte de leurs motivations, rééquilibrer leur comportement à travers un système de dressage où l'on mettra en pratique des phénomènes dits de « renforcement », sociaux, voire biologiques.

L'archétype de la thérapeutique comportementaliste est donc la « cure punitive », où les troubles du comportement sont sanctionnés et les conduites conformes récompensées. Le livre *Punishment Cure* qui en expose les principes a d'ailleurs été un best-seller aux Etats-Unis. Son sous-titre est tout un programme : « Comment guérir les toxicomanies, l'alcoolisme, l'obésité, l'homosexualité, les mauvais comportements, etc. »

Cette méthode par punitions et récompenses peut conduire très loin. Dans certaines institutions, aux USA, il est arrivé que l'on tonde le crâne des gens, qu'on les affuble de pancartes portant la phrase : « Je suis un porc », que leur vie sexuelle soit confisquée et soumise à un barème de récompenses. On ne s'étonnera donc pas que ce système porte en germe toutes sortes de perversions.

Il existe, par exemple, un procédé dénommé *biofeedback.* Il s'agit de brèves décharges électriques administrées à ceux qui ne fournissent pas de « bonnes réponses ». Or, on a fait une expérience en université. On a dit aux étudiants : « Vous avez là des sujets qu'il faut conditionner, augmentez les décharges électriques jusqu'à ce que vous obteniez la réponse adaptée. » Ces prescriptions ont été suivies à la lettre, non sans malaise chez certains. Mais on a vu la majorité des expérimentateurs, stimulés par les cris que poussaient les sujets, intensifier les décharges avec un entrain, et même une jouissance manifestes. Ils s'étaient donc mués en tortionnaires... Fort heureusement, le courant avait été coupé à leur insu, et les souffrances des sujets étaient entièrement simulées...

Ce système de dressage a d'abord été appliqué aux débiles, aux obèses, ou du moins ceux que les médecins décrétaient comme tels — c'est l'organisation des *weight watchers,* les « surveillants du poids » —, puis aux homosexuels : le procédé, dans ce cas, consiste à présenter au sujet un homme en état d'érection en y associant une décharge électrique destinée à l'en dégoûter... Bien entendu, on en est rapidement venu aux toxicomanies, tant est grande la peur qu'elles soulèvent.

C'est dans l'ancien Sud-Vietnam que le dressage anti-drogue a été poussé à sa simplification extrême. Les gosses étaient enfermés dans des cages, d'abord très étroites, comme sous Louis XI, auxquelles on faisait succéder une série d'autres, de plus en plus larges, au fur et à mesure du sevrage. Evidemment, ce processus a quelque chose de repoussant et de caricatural à la fois. Son inspiration cependant — celle de la « cure punitive » — est bien la même que celles qui gouvernent les « communautés thérapeutiques » aux USA, ainsi que certaines tentatives institutionnelles qui, avec un temps de retard, ont été essayées en France.

C'est que si la méthode comportementaliste est susceptible de bien des diversifications, les différentes institutions qui y font appel ont un élément fondamental en commun : la manipulation d'autrui et son conditionnement à une norme dominante. Quant au système récompenses/punitions, il peut connaître toutes sortes d'affinements et s'évader du strict schéma pavlovien, au demeurant assez élémentaire. Récompense et punition impliquent en effet plus que le plaisir et la peine : ils renvoient à un pouvoir de gratification (ou d'exclusion de gratification) qui, lui-même, suppose une entité capable de le produire, et avec laquelle l'individu en cours de traitement va entrer inévitablement en dépendance. Cette entité peut être l'institution elle-même, avec le système qui la constitue. Elle peut aussi s'incarner dans la personne de celui qui la dirige : c'est pourquoi un certain nombre d'institutions comportementalistes présentent des analogies avec les sectes. La différence tient à ce que le « dressage » s'y opère au nom des normes sociales (quand ce n'est pas sous leur alibi !), alors que, dans une secte, la manipulation du sujet s'effectue en fonction de l'idéologie qui la commande.

Aussi bien la démarche comportementaliste, dans la pratique, autorise-t-elle le surgissement d'institutions de toute espèce. Sous prétexte de lutter contre la drogue, on voit des jeunes assujettis à des leaders qui se flattent de régler tous leurs problèmes, en commençant, pour cela, par tout régenter, les corps comme les âmes. A un niveau moins fruste, des institutions américaines comme « Synanon » ou « Day Top » ont, à travers le système punitions-récompenses, plongé leurs participants dans une exploitation économique qui peut aller jusqu'à susciter le legs de leur patrimoine. C'est ainsi qu'un des responsables de « Synanon » a été finalement incarcéré pour abus de biens sociaux, escroquerie, détournements et même tentative d'assassinat — il avait expédié un paquet contenant un serpent venimeux à celui de ses complices qui l'avait livré...

Quelques prêtres résolus, en Italie, se sont également lancés dans la rééducation autoritaire. Toutes ces entreprises, au fond, ont en commun d'avoir récupéré, sous le signe de la hiérarchisation et de l'exaltation du chef, ce qui demeurait encore des aspirations communautaires des années 60. Reste toutefois que le degré d'aliénation, d'une « communauté thérapeutique » à l'autre, peut varier. Dans les pays anglo-saxons, notamment, où les scrupules éthiques ont la vie plus dure qu'ailleurs, les comportementalistes n'hésitent pas à se mettre en question, à réfléchir sur les problèmes de pouvoir, de dépendance, sur le viol des personnalités. De même, le responsable du « Centre du Levant » à Lausanne, Pierre Rey, veille soigneusement à compenser les procédés rééducatifs sur lesquels repose son institution par une réunion démocratique régulière où tout le monde peut intervenir et mettre la maison en cause.

Qu'il soit nuancé ou sommaire, cependant, le comportementalisme me paraît une déviation thérapeutique beaucoup trop grave pour ne pas être systématiquement combattu. Les critiques qu'il appelle, au demeurant, surgissent d'elles-mêmes. Critique morale, d'abord : le skinnerisme repose sur l'effraction de la personnalité et le mépris de sa dignité propre. Et ce n'est pas parce que ces conséquences sont postulées et revendiquées dans *Au-delà de la liberté et de la dignité* qu'elles en sont plus excusables : s'il y a quelque part un absolu à poursuivre, il est dans la personne et non dans l'intégration collective. Les nazis et les Soviets ont pratiqué, ou pratiquent, la rééducation de leurs opposants par les méthodes que l'on sait et dont la nature ne diffère pas des procédés comportementalistes. Irons-nous livrer aux camps, ou à leurs substituts sophistiqués, ceux qui, par exemple, dans leur relation à la sexualité ou au plaisir, sont tenus pour des déviants par la société ?

Inadmissible sur le plan éthique, le comportementalisme appelle également d'importantes réserves théoriques. N'est-ce pas, en effet, une entreprise particulièrement arbitraire que de prétendre réadapter un individu aux normes sociales lorsqu'on sait combien ces normes sont variables dans le temps et l'espace, et soumises à l'évolution des mœurs ? Notre époque, par exemple, n'a-t-elle pas considérablement changé d'attitude en ce qui concerne l'homosexualité et la masturbation ? Qu'est-ce donc qui se cache derrière ces normes sociales si fluctuantes sinon, en fait, le pouvoir dominant — politique et plus encore social ? Par là, comportementalisme, à l'évidence, rime d'abord avec opportunisme.

Enfin, l'on peut s'interroger sur le fondement psychologique du système : « redresser » les individus en modifiant leur comportement, n'est-ce pas imprimer sur l'onde ? Il convient ici de laisser parler les faits. Or, ce que l'on constate est catastrophique. Ou bien les individus restent dans la mouvance de l'institution, abdiquent toute personnalité, toute indépendance

— et cet état de choses, déjà préoccupant lorsqu'il s'agit d'adolescents, devient dramatique lorsqu'on a affaire à des sujets d'une trentaine d'années qui, de ce fait, n'ont plus d'autre avenir que celui d'assistés à vie. Ou bien les gens parviennent à briser la dépendance, mais alors, on voit surgir une nouvelle alternative : ou bien ce sont désormais des êtres cassés, mutilés, incapables d'initiatives ; ou bien ils retournent à la différence que l'on avait voulu effacer, redeviennent drogués, homosexuels, etc. Au niveau pratique, le bilan de la méthode est en somme des plus négatifs.

Seulement, le comportementalisme, c'est commode et ça rassure. Lorsque le régime giscardien a amorcé son virage autoritaire, la méthode, pour beaucoup, a fait figure de panacée. La pression la plus forte émanait des familles, du moins des plus agissantes, et d'autant plus qu'elles y voyaient une machine de guerre contre Marmottan et mes prises de position. Elles supportaient mal, en effet, que je projette un éclairage critique sur le fonctionnement interne du système familial aujourd'hui — c'est-à-dire que j'en fasse la pathologie — et prétendaient que je m'acharnais à les atteindre à travers leurs enfants. Certains proclamaient que je souhaitais avant tout les culpabiliser. D'autres, avec une mauvaise foi plus grande encore, que je foulais aux pieds les valeurs les plus sacrées et que je n'étais qu'un pervertisseur.

Cette attitude avait sa logique : quand on n'a pas le courage de se mettre en cause, on s'en prend à celui qui prêche la lucidité. Elle avait aussi ses excuses : tout le monde n'est pas apte à recevoir un certain type de discours, et des notions comme la dévirilisation actuelle de l'homme, le désir de mort qu'une mère peut projeter sur son fils ou même, plus banalement, le conflit œdipien ne vont pas de soi. Aussi bien le comportementalisme présentait-il un mérite éclatant : il dispensait de comprendre. De plus, il bénéficiait de toute la réaction qui, aux Etats-Unis, se développait contre les excès du psychologisme. A l'enfant-roi succédaient désormais les parents-souverains. On les appelait à se ressaisir. Ils étaient, à coup sûr, ce qu'on faisait de mieux au monde et devaient exercer sans complexes leur autorité sur leur progéniture, au besoin par la manière forte.

Or, c'était bien là le langage qu'espéraient nombre de familles françaises. Elles apprenaient, ravies, qu'on s'était beaucoup trop penché sur les « chers petits ». Qu'importaient, au fond, les raisons de tous ceux-là qui devenaient marginaux, se droguaient, tentaient parfois de se suicider ? Résultats avant tout, résultats seulement. Les méthodes libérales demandaient trop de temps et ne pouvaient avancer que des bilans insuffisants. Les gens de mon espèce n'étaient que des charlatans ou des songe-creux, avec leur manie de respecter leurs patients. On allait maintenant changer son fusil d'épaule. Peu importe ce qui se passait dans la tête des jeunes. L'essentiel était qu'ils réintègrent les normes sociales et familiales. On les y reconduirait avec fermeté et on les mettrait — enfin ! — au travail. Il n'y avait pas de meilleure méthode, après tout, que la postéropodie, c'est-à-dire le coup de pied aux fesses.

Toutes les familles, bien sûr, ne manifestaient pas autant de despotisme et je ne voudrais pas caricaturer certaines crises vécues très douloureusement par les parents. Mais beaucoup de ceux-ci, en dépit de leur fréquente bonne volonté, ne parvenaient pas à se mettre en question, soit, comme je l'ai dit plus haut, par une sorte d'impuissance mentale — il leur était plus facile de se dire qu'ils sauvaient leur enfant en le rendant conforme que de l'imaginer malheureux à cause des conditions de vie qu'ils lui faisaient —, soit qu'ils eussent à ce point hypostasié la notion de famille que tout regard critique leur parût, d'emblée, sacrilège.

Le comportementalisme, pour tous ceux-là, constituait donc la réponse adaptée. Le dressage qu'il postule satisfaisait les plus répressifs. D'autre part, certaines institutions empiriques pratiquant une manière de comportementalisme « à la française » — celle du Patriarche, dans le Sud-Ouest, en est l'exemple type — mettaient l'accent sur un paternalisme qui ménageait l'affectivité des foyers. On leur disait, en somme :

« Mais non, vous n'avez pas tort, vous allez voir, on va vous les rendre souples, obéissants et aimants. » On réconciliait enfants et parents à travers un idyllisme naïf, dont les règles souriantes renvoyaient directement à l'éthique familiale la plus convenue.

D'où la faveur qu'allaient manifester certains milieux à l'endroit de ce type d'institution, et ce en dépit des catastrophes qu'on verrait s'accumuler à la sortie des jeunes qui leur avaient été confiés. Je connais, ainsi, un riche industriel de la région parisienne devant qui s'ouvrent les portes de toutes les antichambres ministérielles. Il a placé ses trois enfants dans la plus fameuse de ces institutions paternalistes, uniquement parce qu'ils avaient quelques petites difficultés d'adolescence — aucun n'était toxicomane, l'un d'entre eux, seul, avait peut-être fumé un « joint » —, en oubliant totalement que ses propres problèmes conjugaux dévastaient son foyer. Bien entendu, il est devenu un farouche propagandiste de l'institution en question, malgré les scandales qui s'y multiplient et qui font qu'on a dû la mettre en sourdine pendant une année (cela ne l'a d'ailleurs pas empêchée de bénéficier d'un rapport d'inspection finalement favorable !). Une autre personne fort influente que je connais un peu milite, elle aussi, pour le même établissement, auquel elle a préféré confier son enfant plutôt que de s'interroger sur elle-même — elle est gravement névrosée, abuse des alcools et des barbituriques...

Ainsi appuyé par le pouvoir en place à la fin des années 70, plébiscité par les familles, le comportementalisme disposait donc de partisans puissants. Il allait encore trouver du renfort auprès du pouvoir médical, qui avait été quelque peu perturbé par les positions que nous défendions. En affirmant, en effet, que la toxicomanie dépassait le cadre physiologique et biologique, qu'elle n'était pas à proprement parler une maladie, qu'elle renvoyait à un double malaise, social et personnel, dont on ne pouvait faire l'économie, nous mettions en question une part de la compétence qu'il se reconnaissait. Mais le comportementalisme apportait avec lui une notion nouvelle : être malade, c'est ne pas être dans les normes. Les médecins qui s'étaient crus dépossédés avaient alors retrouvé leur entrain : tout le vaste domaine des marginalités, des déviances, des inadaptations se trouvait restitué à leur juridiction...

Cela dit, les tentatives françaises en matière de comportementalisme, plus que sur les toxicomanes — le crédit moral de Marmottan incitait à la circonspection —, allaient d'abord porter sur les malades mentaux et, surtout, les handicapés, moteurs et cérébraux, dont les familles, dans leur infortune, sont toujours prêtes à tout. On mentionnera ainsi, pour mémoire, une institution qui, dans la région de Vannes, s'était spécialisée dans le conditionnement des mongoliens. Les malheureux étaient attelés à des travaux payés au rabais. On les récompensait s'ils les exécutaient convenablement, les punissait dans le cas contraire. Mais l'entreprise a fini par faire scandale et la maison a dû fermer.

Curieusement, cependant, la première unité comportementaliste à s'être créée en France doit être mise à l'actif de l'Education nationale, à travers l'hôpital psychiatrique géré par sa mutuelle générale. Elle a pour objectif de « traiter » les enseignants qui souffrent de troubles mentaux : voilà qui donne à réfléchir sur le désarroi de ceux qui ont pour mission de répandre un idéal de démocratie et de respect d'autrui !

Quant aux toxicos, ils ont été notamment pris en charge par Narconon, une communauté, héritière de l'église de Scientologie, qui s'est installée dans le Nord sans aucune autorisation gouvernementale. Mais on a vu, sur un plan plus officiel, de jeunes loups, fascinés par ma « réussite » et désireux de se faire un nom, comme ils disent, sur le « marché de la toxicomanie », s'efforcer de tirer parti des tendances thérapeutiques nouvelles. Ces entreprises, cependant, ne s'évadent pas pour le moment du cadre expérimental et dépendent essentiellement de certaines chaires de psychiatrie. Des essais ont eu lieu à Paris, puis à Lyon. Mais la réalisation la plus importante reste le fait d'un de mes collègues de la banlieue, qui s'est efforcé de mettre en place une postcure fonctionnant comme une véritable communauté thérapeutique.

Il faut dire qu'en France, comme dans la plupart des pays latins, le comportementalisme suscite de vigoureuses résistances et a du mal à s'implanter autrement que sous des formes relativement discrètes, à la pratique assez nuancée. Il y a là une semi-victoire que l'on doit avant tout à l'action courageuse de Simone Veil qui, lorsqu'elle était ministre de la Santé, a fait connaître par une directive qu'elle s'opposerait, durant le temps de son administration, à la promotion de toute méthode entraînant l'aliénation de la personnalité. Cette ancienne déportée, il est vrai, était plus qualifiée que quiconque pour savoir apprécier le *background* de ces méthodes...

Dans la région toulousaine, néanmoins, l'établissement du Patriarche jouit d'une réelle faveur. On ne saurait d'ailleurs le réduire à un comportementalisme sophistiqué. Le système mis en œuvre est issu des conceptions du pédagogue soviétique Makkarenko. Il s'agit de responsabiliser les gens par le travail — en l'occurrence retaper de vieilles maisons, cultiver la terre, pratiquer l'artisanat — à l'intérieur d'une relation d'obligation hiérarchique : les résultats sont notés, les pensionnaires encadrés par d'autres pensionnaires, la surveillance est continue. Tout ce système autoritaire de recyclage, de récupération morale et sociale est articulé sur le culte du Patriarche lui-même, fondateur et animateur de l'institution.

J'avais, dans *Il n'y a pas de drogués heureux,* fait l'éloge du personnage, en dépit de l'idéologie très réactionnaire que véhiculait sa pratique. J'appréciais en effet la chaleur du bonhomme, la densité de vie et d'affectivité qui me semblait régner dans sa maison. Sans doute, aussi, avais-je été, l'espace d'un soir, conquis par l'agrément d'une veillée peuplée de musique et de chants. Mais mon enthousiasme, par la suite, allait assez vite retomber.

Le « détonateur » fut une visite que j'avais rendue au Patriarche en compagnie de quatre garçons et filles en postcure à la Gentillade, où je séjournais alors. La journée m'avait semblé détendue et, au moment de repartir, j'emportais avec moi le sentiment d'un moment agréable. Mais je découvris brusquement un profond malaise chez mes compagnons ; deux étaient même littéralement livides. Sur le chemin du retour, nous avons dû nous arrêter dans un bistrot où ils ont avalé plusieurs cognacs, afin de se ressaisir.

Je les ai, bien sûr, interrogés. Leurs réponses ont été assez confuses. C'était le climat général qui les avait marqués, l'atmosphère de dépendance, la relation vassale... Et ces diverses remarques, soudain, ont cristallisé en moi toutes les critiques que j'avais jusqu'ici enfouies dans mon for intérieur. C'est à partir de ce moment que j'ai décidé de prendre du champ, en évitant les éclats. Peu après, je me retirais sur la pointe des pieds du conseil d'administration de l'institution.

Aujourd'hui, je ne puis dissimuler ma totale opposition. L'établissement, en effet, présente indéniablement un caractère totalitaire et dépersonnalisant. Ainsi retire-t-on automatiquement argent et papiers aux entrants. Quant à ceux qui s'échappent, ils sont signalés aux gendarmes et font l'objet d'une véritable chasse à l'homme. Car il faut partir dans les règles : en d'autres termes, comparaître devant une assemblée de résidents. Les individus sont livrés de la sorte à la pression du groupe et, pour y faire face, il faut une force d'âme qu'on rencontre rarement chez les êtres très jeunes. Le groupe lui-même se confond avec son fondateur, qui fait en quelque sorte figure de guru. Par là, l'institution a un peu quelque chose d'une secte. Les toxicos paient l'apaisement qu'ils y trouvent de leur assujettissement à une figure charismatique, ce qui est une manière de troquer une dépendance contre une autre...

Quels sont-ils, au demeurant, ces toxicos ? L'institution, en fait, opère un dosage très habile. D'une part, il y a les gens pauvres, qui forment la masse des travailleurs. De l'autre, les fils ou filles de famille, de banquiers, d'hommes politiques en vue, qui servent de vitrine : on les place très souvent à des postes clés et ils bénéficient de notes exceptionnelles à leur sortie. Et les parents, alors, de s'émerveiller : « Non seulement mon enfant décroche de la drogue, mais regardez comme il est capable de devenir responsable ! »

D'où le soutien dont jouit l'institution, non seulement de la part des familles, mais encore des organisations internationales et des pouvoirs publics. Cette faveur explique, par exemple, qu'on lui laisse accueillir quatre-vingts toxicos en dépit d'une disposition ministérielle qui recommande de ne jamais élargir une institution au-delà de trente places, de peur qu'elle prenne un caractère totalitaire. Bien mieux, on a songé à allouer au Patriarche des crédits qui lui permettraient de s'étendre à trois cents places !

Ce sont également tous ces soutiens qui rendent compte, au moins partiellement, de la prospérité financière de l'établissement. L'argent afflue, venant des banques et des organisations charitables, et il faut encore ajouter les biens immobiliers extrêmement importants dont il arrive à l'institution d'hériter. Bref, nous assistons ici à la mise en place d'une véritable industrie de la thérapeutique anti-toxicomanie.

On sait ce que je pense de l'éthique qui gouverne l'entreprise. Les résultats sont-ils au moins à la hauteur du grand tapage dont elle s'entoure ? Le Patriarche, si on l'en croit, obtiendrait un minimum de 80 % de guérisons, chiffre évidemment peu crédible et qui rappelle ceux qu'avancent les sectes, où les gens sont toujours sauvés à 100 %. De toute manière, on ne doit pas perdre de vue que les sujets guéris sont ceux que l'institution déclare comme tels à leur sortie. En outre, si la plupart des pensionnaires vont bien, effectivement, tant qu'ils se trouvent dans le corset de l'institution, beaucoup rechutent très vite les liens une fois coupés. Ils vont alors entreprendre le tour des autres établissements. Un grand nombre finira à Marmottan : si le Patriarche proclame qu'il reçoit beaucoup de nos échecs, je puis certifier, pour ma part, que nous avons dans nos lits beaucoup de ses « succès » !

Plus sérieux sont les chiffres établis par Louise Nadaud, une des animatrices du centre de communautés thérapeutiques de Portage, au Canada. Elle avoue très honnêtement que sur cent personnes qui se présentent à un programme comportementaliste, 40 % laissent tomber, 30 % essuient un échec, 30 %

constituent des succès. Or 30 % de succès, c'est la proportion qu'obtiennent toutes les institutions, quelles qu'elles soient !

Bien mieux, en établissant les statistiques de notre postcure de la Gentillade, nous avons obtenu une proportion de succès de 35 % — entendons ici des succès avec recul de trois ans, qu'on peut donc tenir pour acquis. Et comme nous rangeons parmi les échecs tous les toxicos dont nous n'avons pas de nouvelles, on peut donc légitimement avancer que ce pourcentage est inférieur à la réalité. De son côté, mon collaborateur F. Curtet, en vérifiant le cursus de ses clients personnels, a débouché sur une estimation de 31 % de succès. On voit ainsi que le comportementalisme est bien loin, comme il s'en flatte, de compenser par un surcroît d'efficacité les handicaps psychologiques qu'il apporte à ceux qu'il traite — ou maltraite...

De toute façon, il y aurait lieu de s'interroger beaucoup plus profondément sur la nature des « succès » ; et surtout de savoir ce que l'on met exactement sous le mot « drogué ». Pour la plupart des médecins, la réponse est simple : est drogué celui qui prend de la drogue. Une fois encore, nous sommes renvoyés au produit pour définir celui qui en use. Et une fois encore, par conséquent, le problème est posé à l'envers. Car l'interrogation véritable, c'est bien : qu'est-ce qui pousse tel ou tel à se tourner vers les produits toxiques ? Et plus précisément : y a-t-il une structure spécifique du toxicomane ? Y a-t-il une ou plusieurs sortes de drogués ?

Cela faisait plusieurs années que je me posais ces questions, ne serait-ce, à nouveau, que parce que, dans le triangle produit/moment/personnalité qui définit le toxicomane, je savais que tout commence par le surgissement d'une subjectivité, avec ses problèmes spécifiques. Mais si j'avais assez bien élucidé, je crois, ce qui se vit dans la fulgurance, ou le plaisir de la drogue, je ne m'étais pas assez demandé pourquoi et comment on se tournait vers elle, alors qu'au fur et à mesure que s'étendait mon expérience, ma certitude grandissait qu'il n'existait pas un modèle unique de toxico.

C'est cet effort de réflexion qui allait me requérir à partir de 1978.

***

Réinventer Marmottan, ce n'était pas seulement remanier et rajeunir l'équipe, replonger l'institution dans l'époque. C'était aussi renouveler son image en l'enrichissant. Et puisqu'on m'avait de toutes parts mis en cause, puisque le succès de *Il n'y a pas de drogués heureux* m'avait valu plus d'adversaires encore que d'amis, puisqu'il semblait de bon ton de présenter comme dépassées les conceptions que j'incarnais, je ressentais en moi l'urgence, à la fois intellectuelle et morale, d'une nouvelle avancée théorique.

Dès mon retour des Indes, j'avais repris mon combat contre le comportementalisme, et pour que ne s'établissent pas, en France, des chaînes d'institutions qui reproduiraient les modèles américains ou allemands. Je puis dire aujourd'hui que le combat a porté ses fruits : si le comportementalisme sévit toujours, il n'a plus le caractère triomphant qu'on lui connaissait il y a six ans. Sa postérité s'est en outre efforcée d'arrondir ses aspects les plus provocants : on le décèle essentiellement dans quelques institutions mixtes, qui tentent un peu le mariage de la carpe et du lapin.

Mais le meilleur moyen pour lutter et s'affirmer, c'est encore d'opposer une alternative, de renouveler les perspectives. Cela me paraissait d'autant plus nécessaire que l'opinion commençait à s'y perdre et à se demander pourquoi les spécialistes de la toxicomanie passaient leur temps à s'entre-déchirer. De son côté, lors des séminaires ou des réunions qui nous rassemblaient, mon équipe ne cessait de me répéter : « C'est très bien d'être contre le comportementalisme, de prendre des distances avec le Patriarche. Mais nous avons, nous aussi, commis des erreurs. Surtout, nous savons beaucoup de choses dont nous ne tirons pas parti. Des choses qui se passent dans cette sorte de laboratoire permanent qu'est Marmottan, et dont nous n'opérons pas la synthèse, que nous ne théorisons pas. Il serait peut-être temps de s'y mettre... »

Nous vivions alors — nous, c'est-à-dire moi, mes amis, mes collaborateurs et, plus largement, tous ceux qui travaillent au sein de l'ANIT [1] — une période difficile. Je sentais de plus en plus une espèce de procès monter autour de nous. On nous disait en quelque sorte : « Vous favorisez le prosélytisme, vous faites comme si vous ne connaissiez pas la loi, vous pervertissez la jeunesse de ce pays. » On nous sommait de nous « déclarer », en nous enfermant dans une perspective abrupte : ou bien nous nous ralliions à la doctrine tenue pour officielle, qui se résumait à « normaliser et punir », ou bien nous choisissions le laxisme et acceptions de « saboter » l'application de la loi.

Ce chantage et cette façon de poser le problème de la toxicomanie, sans le moindre scrupule scientifique ou éthique, me révoltaient profondément. Et, à mon tour, je questionnais : qu'est-ce donc que ces médecins, quelle conception se font-ils de leur charge ? Qu'est-ce que cette législation, à quoi veut-on en venir à travers elle ?

Aux attaques dont je faisais l'objet, aux fureurs curatives que je voyais surgir tout autour de moi, je rappelais que le médecin a pour devoir de soulager les gens en situation de souffrance, rien de moins, rien de plus. Qu'il répond à la demande de celui qui vient à lui, et que s'il dépasse cette demande personnelle, c'est seulement afin de faire comprendre au sujet pourquoi il s'est mis dans cette situation — d'où la nécessité d'une approche psychothérapique. Mais il n'a pas à se substituer à l'Etat, à la famille ou à un quelconque service

---

1. *Association Nationale des Intervenants en Toxicomanie.* L'ANIT a été fondée, il y a environ quatre ans, par des intervenants de province qui déploraient que la parole, en matière de toxicomanie, fût mobilisée par des ténors parisiens. Elle est devenue maintenant un lieu de rencontres démocratiques où se retrouvent des gens qui travaillent sur le terrain et présentent deux dénominateurs communs : refus du modèle unique, refus de toute conception qui annulerait les droits de l'homme, y compris celui à la marginalité, chez ceux qui usent de produits toxiques.

social. Il n'a pas à fabriquer un homme normatisé et robotisé. Il n'est pas chargé de récupérer des effectifs pour les renvoyer au combat.

Quant à la législation, j'avouais mon scepticisme croissant. Lorsqu'elle s'était employée, prioritairement, à lutter contre les drogues dures, je m'étais dit que c'était quand même un moyen d'enrayer l'épidémie : cela ne me plaisait pas de voir des toxicos en prison, mais je devais tenir compte de l'échec d'une certaine politique libérale. Puis était apparue la croisade du Pr Nahas. Comme le débat sur le H. resurgissait périodiquement, j'avais d'abord pensé que les passions s'apaiseraient peu à peu. Mais, tout au contraire, j'avais vu se remettre en marche les vieux rituels de la lutte contre la drogue. Il y avait eu l'affaire de La Flèche, celle de Liverdun. On arrêtait et fichait des centaines de jeunes qui, par ailleurs, témoignaient d'un équilibre psychique, social et sexuel tout à fait satisfaisant. C'était grotesque. Et inopérant.

Aurait-elle eu besoin d'une confirmation, ma conviction intime allait d'ailleurs se trouver confortée par le très long rapport — 291 pages — que le « National Institute of Drug Abuse » publiait aux USA en avril 1980 : un document fondamental. On pouvait y lire, en substance, que les pays industrialisés, et notamment les Etats-Unis, avaient fait fausse route. Depuis plus de vingt ans, ils avaient mobilisé un énorme appareil contre la drogue — prévention, information et répression. Et tout cela avait échoué : le nombre des usagers n'avait fait que croître. Simplement, certaines drogues, comme les hallucinogènes et le LSD 25, parce qu'elles ne correspondaient plus au besoin du moment, se trouvaient désormais en voie d'extinction.

Ce premier constat entraînait ainsi deux conséquences : les législations sont inadaptées ; le phénomène de la toxicomanie, presque toujours posé à partir des produits, a été mal et insuffisamment pensé. Or, sur ce dernier plan, le rapport apportait des éléments de réflexion tout à fait déterminants.

Le corps expéditionnaire américain au Vietnam, pouvait-on lire, avait été, en grande partie, intoxiqué à l'héroïne : c'était même une des raisons de son retrait et de la perte de la guerre. Selon les schémas classiques fondés sur la nocivité des produits, ces soldats auraient dû rester « accrochés », apportant ainsi avec eux la menace d'une expansion massive de l'héroïnomanie. Or, il n'en était rien : replacés dans leurs conditions de vie antérieures, la plupart de ces anciens militaires avaient cessé de se droguer. Il y avait donc des toxicomanes occasionnels : ce n'était pas parce qu'on goûtait à une drogue, ni même parce qu'on faisait l'escalade qu'on s'enchaînait à un avenir inéluctable et terrorisant. Et le rapport du NIDA de conclure : il est bien évident qu'il nous faudra un jour distinguer, sur le plan législatif, prophylactique et thérapeutique, entre usagers « récréatifs » et toxicomanes profonds.

Ce concept d'usager « récréatif », c'est-à-dire de toxicomane sans damnation, on peut imaginer la sorte de bombe qu'il allait représenter pour les théologiens de la chasse aux drogués. Il recouvrait, cependant, une réalité dont les spécialistes, depuis un certain temps, s'entretenaient à mi-voix. Mais aucun, hormis Thomas Scasz, n'avait osé le formuler, de peur d'être accusé de prosélytisme. Fin 1980, toutefois, j'y avais fait allusion dans la revue *Esprit*. Bien entendu, la droite, la coalition anti-drogue, le parti ouvrier européen s'étaient immédiatement lancés dans un concert de vociférations, en m'accusant d'appartenir au lobby de la drogue.

Pourtant, tous les soignants savent bien, aujourd'hui, qu'il est extrêmement facile d'en finir avec la dépendance purement physiologique : il suffit au maximum d'une quinzaine de jours. Cela explique, d'ailleurs, que les services de vétérans qu'on avait rassemblés, dans la perspective d'un traitement au long cours, pour prendre en charge les soldats de retour du Vietnam se soient, à leur grande déception, rapidement trouvés sans travail…

C'est que la vraie dépendance est, en fait, d'ordre psychologique : elle a à voir avec le souvenir du plaisir, la manière dont ce souvenir est négocié et le rôle qu'il joue selon les personnalités. Comme, d'autre part, les facteurs psychologiques sont variables, les types de toxicomanes, eux-mêmes, varient entre ces deux pôles que sont l'usager récréatif et le toxicomane profond. Ainsi nous trouvons-nous une fois encore — et comme pour l'ancrer définitivement — ramenés à la primauté du facteur personnalité dans l'analyse de la toxicomanie : c'est bien le toxicomane, et non le produit, qui détermine le mode de dépendance ; et on peut concevoir plusieurs degrés de dépendance pour un même produit, selon la structure psychologique de l'usager.

Ce degré plus ou moins fort de dépendance varie, on l'aura compris, selon l'intériorité plus ou moins grande des motivations du toxico. Le moment socioculturel — notre second paramètre — se révèle plus déterminant chez l'usager récréatif que chez le toxicomane profond. A celui-ci, il apporte d'abord la drogue, qui est un trait d'époque. Celui-là, outre la drogue, lui doit en plus les frustrations qui l'y conduisent.

Il faut en effet s'interroger sur ce qui, sans cesse, pousse des jeunes à tenter une aventure où ne les avait jusqu'ici précédés qu'une minorité élitaire, qui se situait dans un contexte fort différent puisque essentiellement culturel. Aujourd'hui, le recours à la drogue, chez les usagers « récréatifs », est avant tout un acte de transgression. En d'autres termes, il répond au sentiment qu'ils éprouvent d'une insoutenable contrainte sociale. Contrainte et non pas loi : la loi est repérable, c'est la loi imaginaire et c'est la loi sociale — laquelle dans nos sociétés apparemment libérées n'est pas, à la lettre, oppressante. On parlera plutôt, ici, d'une sorte de sadisme de collectivité, tout à la fois insidieux et tyrannique. Je l'appellerai religion de la norme, non pas seulement au sens de normes morales, mais en tant que modèles obligés, bien que souvent non dits, d'existence et de comportement.

C'est qu'on a rarement vu, autant que dans les trente dernières décennies, une telle masse de contraintes normatives s'appesantir sur les jeunes générations, véhiculées par ces canaux multiples que sont la pédiatrie, la psychologie, l'école, la radio, la télévision, la mode, etc. Tout est codifié, la sexualité, le poids, l'habillement, la façon de faire l'amour ou de se brosser les dents. Il y a un âge pour être puceau, un âge pour ne plus l'être. Les spécialistes règnent en maîtres : votre rapport à la langue se révèle-t-il non conforme, on vous classe dyslexique et on s'emploie aussitôt à vous réformer... Finie l'originalité individuelle, finie la liberté. Même le camping, moyen d'évasion par excellence, est désormais frappé d'interdit s'il ne s'insère pas dans des normes d'entassement évidemment contradictoires avec sa raison d'être.

Bien sûr, ce n'est pas encore le *Meilleur des mondes,* même si on l'entrevoit à travers, par exemple, l'emploi des camisoles de force chimiques pour maintenir le calme dans les prisons, ou la sélection qui s'opère parmi les malades — ceux, comme l'a noté J. Attali, qui ont droit à des pacemakers, des reins artificiels, etc., et ceux qui ne sauraient y prétendre. Mais notre société, dans l'ensemble, n'en est pas à un stade aussi systématique d'organisation et de hiérarchisation. La normativité obsédante qui y règne s'auto-développe, pour l'instant, de manière anarchique et rampante, un peu au hasard. C'est plutôt un faisceau de signes où s'annonce la civilisation informatique qui nous attend.

Cet énorme mécanisme de conditionnement, une majorité d'adolescents et de jeunes continue toutefois à l'accepter. Mais d'autres qui, en société d'abondance, auraient été capables de s'y plier, car ils avaient les appuis familiaux, l'éducation, les repères, les réflexes pour cela, entrent en rupture parce que, aujourd'hui, ce conditionnement n'est plus porteur d'avenir. Et il faut encore leur ajouter ceux qui, de toute manière, sont trop faibles ou trop inconsciemment révoltés pour intérioriser la soumission, avec toutes les obligations de vie qu'elle impose.

Aussi bien une part importante de la jeunesse, aujourd'hui, s'unit-elle en une sorte de front du refus. Apparaît alors la tentation de se marginaliser, et c'est le moment où tous les manques — personnels, familiaux, scolaires, sociaux, culturels

— se réveillent et s'avivent. La dérive commence, qui conduit aux paradis imaginaires...

On le voit : parler d'usager « récréatif » revient donc avant tout à parler d'époque. Il en va par contre très différemment en ce qui concerne le toxicomane profond, où l'on parle, d'abord, d'enfance. Toxicomane profond ou, plus simplement, vrai toxicomane : c'est bien là une structure spécifique ; et c'est elle, par définition, qui relève de la toxicothérapie. C'est donc sur elle, précisément, que porte l'effort de réflexion que je conduis, avec l'aide de mes collaborateurs, depuis quelques années.

Car, bien évidemment, tout ce travail ne s'est pas effectué en un jour. Il fallait, pour commencer, que je me livre à un vaste ensemble d'observations à partir de ceux qui fréquentent Marmottan ou d'autres institutions, mais aussi des gens que l'on côtoie journellement dans la vie sociale. Et plus mon attention s'aiguisait, plus je prenais conscience de ce qu'il n'y avait pas qu'une manière de vivre la drogue. En d'autres termes, j'apprenais à distinguer et à classer.

J'étais frappé, par exemple, aux USA ou en Amérique du Sud notamment, par la façon dont beaucoup d'individus négociaient leur vie avec une prise irrégulière, occasionnelle, de drogue dure ou douce. D'autre part, j'avais rencontré en France des jeunes dont la conduite me paraissait significative. Je pense ainsi à une étudiante de vingt-deux ans manifestement promise à un bel avenir. Elle m'avait avoué très franchement : « Oui, j'ai goûté à l'héroïne, j'en ai pris pendant l'adolescence parce que j'avais de petits problèmes sexuels et que cela m'aidait un peu. J'ai arrêté parce que j'en connais les dangers. Maintenant, j'en prends au pire une fois tous les trois mois. Mais j'ai fait le choix de ma vie et je ne veux pas m'accrocher. »

Cette jeune fille n'avait évidemment aucune raison de se rendre à Marmottan. Plus largement, une catégorie entière de toxicomanes lourds, tout naturellement, nous échappait, parce qu'ils avaient, si l'on peut dire, un rapport d'organisation avec la drogue : c'était le cas, notamment, de ces usagers bien insérés socialement que l'on rencontre fréquemment dans les milieux médicaux, l'édition, la presse, le show-bizz, la mode, la confection...

De même, j'avais vu les neuf dixièmes de ces drogués idéologiques, consommateurs de LSD, de H., d'hallucinogènes, pour qui Marmottan, à l'origine, avait été créé, déserter la maison peu à peu, sauf quand ils maintenaient avec moi un lien personnel. C'est qu'ils connaissaient parfaitement, ceux-là, le pourquoi et le comment de leur rapport à la drogue, et qu'ils avaient appris à vivre en établissant leur économie sociale et personnelle autour d'elle. Quand j'en revoyais un, cela tenait donc à un accident de parcours, une crise momentanée un peu aiguë, une décompensation brutale mais passagère — à moins, évidemment, qu'ils ne fussent ramenés par leurs parents...

Bien sûr, on comptait quand même un certain nombre de toxicos véritables dans leurs rangs. Ils s'étaient, dans un premier temps, récupérés au sein d'un mouvement qui, parce qu'il était porteur d'espoir, fonctionnait pour eux comme une manière de thérapie collective. Son reflux les avait peu à peu laissés à découvert. Ils étaient devenus ces *junkees* misérables qui, parce qu'on ne les voyait plus désormais qu'à travers eux, avaient tant contribué à discréditer les hippies.

En revanche, une nouvelle clientèle avait commencé d'apparaître, jusqu'à devenir largement prédominante, une clientèle de victimes, de jeunes en dérive intérieure, dont la condition sociale était souvent très modeste, et qui cherchaient leur salut dans une drogue d'autant plus aisément rencontrée qu'on la trouvait désormais partout. C'étaient fréquemment de jeunes Maghrébins que des délits mineurs avaient conduits en prison, où ils s'étaient liés avec des toxicomanes. Ceux-ci leur avaient enseigné l'héroïne (et ceux-là, malheureusement, leur avaient appris en retour le B.A. BA de la délinquance).

Ces Maghrébins étaient des garçons ou des filles arrivés très jeunes en France, ou même qui y étaient nés. Comme ils s'adaptaient mal, leurs parents, quelquefois, les avaient renvoyés en Algérie, où ils avaient été violemment rejetés. Ils étaient donc revenus, fort traumatisés, rejoindre une scolarité difficile, affronter un entourage hostile et se préparer à un avenir déprimant.

Leur recours à la drogue répondait ainsi à des troubles d'identité profonds, mais à l'évidence d'ordre plus sociologique et culturel que personnel. Car je voyais également, à côté d'eux, surgir comme de la nuit des êtres totalement murés et qui ne semblaient plus exister qu'à travers un duo frénétique, totalitaire avec le produit : sans lui, c'était une insupportable souffrance, la maladie, voire la mort. Il était clair, en l'occurrence, que nous avions affaire à un manque personnel bien plus important que celui de tous les usagers d'occasion dont j'ai parlé plus haut, un manque qui allait très au-delà des frustrations apportées par l'époque ou le quotidien de la vie personnelle, un manque archaïque dans la structure même de la personnalité.

Ces gens-là, eux, ne faisaient pas de compromis avec la drogue : ils n'auraient pas su, et ils n'en avaient pas le pouvoir. C'étaient les vrais toxicos, les toxicos fondamentaux. Ils constituaient une réalité propre que, jusqu'ici, ni la psychiatrie classique, ni la psychanalyse, ni la phénoménologie de la dépendance, ni la pharmacologie n'avaient su totalement cerner. C'était donc cette réalité qu'il fallait pointer, explorer et conceptualiser.

La première question qui se posait alors à moi se formulait ainsi : quelle est donc cette expérience spécifique que recherche le toxico réel, avec une démesure qui l'oppose, justement, à cette « mesure » dont fait preuve l'usager « récréatif » ? Sur ce point, j'avais en fait un acquis. J'avais déjà interrogé les toxicos, en effet, sur le contenu du flash et de leur planète, analysé cette étrange aventure à l'intérieur de laquelle s'échangeaient, jusqu'à se confondre, fantasme et vécu.

J'ai, d'ailleurs, évoqué tout cela dans mon précédent ouvrage. La relation au temps, dans l'expérience de la drogue, est complètement modifiée : il s'accélère ou s'alentit indéfiniment. Interviennent aussi des notions thermodynamiques comme la qualité, la densité de chaleur. Enfin, il y a une levée brutale de la censure, une sorte d'analyse globale et instantanée, infiniment plus éclairante et plus charnellement ressentie que l'analyse orthodoxe. La culpabilité disparaît. On voit se lever, dans une explosion de lumière, ses fantasmes les plus enfouis...

Mais une seconde question s'imposait maintenant à mon esprit : qu'est-ce qui explique le rapport démesuré à cette expérience-là, comme si, sans elle, on ne pouvait que mourir ? Je me disais que cet usage passionnel, frénétique devait bien remplacer quelque chose. Mais quoi précisément ? Et j'ai fini par dégager une réponse qui allait m'apporter, du même coup, la pierre angulaire de cette pathologie spécifique des toxicomanes à laquelle je me consacre désormais.

Afin de faire image, j'ai choisi de me référer à cette notion de stade du miroir qu'a introduite Lacan. Pour celui-ci, tout enfant, à sa naissance, vit dans un état fusionnel avec sa mère, ne fait qu'un avec elle. Mais survient nécessairement un moment où il va se détacher et se percevoir dans son identité propre. Le miroir — réel ou imaginaire — symbolise ce moment (qu'il faut plutôt voir, d'ailleurs, comme une passe, un enchaînement extrêmement rapide de phénomènes vécus décisifs). C'est dans ce miroir que l'enfant se reconnaît comme différent, et donc se pose comme un « je », comme un « moi ».

Par là, le miroir marque une étape capitale. S'il ne se réalise pas, si, pour une raison ou une autre, l'enfant reste fusionné à sa mère, il deviendra psychotique, autistique. Tout le travail du thérapeute sera alors d'essayer de mettre à jour, puis de faire effectuer, autant que cela se peut, ce « réalisable » potentiel qu'a recouvert un non-réalisé.

Le cas du futur toxicomane est différent. C'est comme s'il n'avait fait qu'entrevoir le miroir. Comme si celui-ci s'était brisé dans le moment même où il commençait à s'y reconnaître. Il va donc demeurer dans une espèce d'incomplétude, avec une personnalité morcelée. Il était en train de se constituer une identité, et celle-ci lui a été retirée juste avant qu'elle ne se constitue. Il l'a entr'aperçue mais il ne l'aura jamais plus. Dans sa mémoire inconsciente, cependant, il conserve le souvenir, et la nostalgie, de ce « moi » qu'il aurait pu être et qu'il n'est pas : c'est cela, son manque.

Mais que s'est-il passé du côté du miroir ? Il faut évidemment se retourner vers le système familial, et d'abord la mère, qui a préparé la brisure par un rejet, par un non-désir qu'on peut résumer très schématiquement : elle ne veut pas d'enfant, elle ne veut pas cet enfant-là, elle en veut un d'un autre sexe, elle désire remplacer un enfant mort, etc. L'enfant ainsi rejeté porte en lui, ou dans sa vie, les marques de ce non-désir, de ce désir d'un enfant qu'il n'est pas : bien souvent, on lui donne un prénom sexuellement ambigu, on l'élève en petit garçon, ou en petite fille...

Ainsi puis-je citer, parce qu'elle est caractéristique jusqu'à la caricature, l'histoire absolument extraordinaire d'une famille dont tous les enfants sont toxicomanes. Et l'on découvre, à l'origine, qu'il y a eu un enfant mort, auquel on avait donné, par exemple, le prénom de François. Alors, au second, on a redonné ce même prénom de François et au troisième, un prénom qu'on avait un moment envisagé de donner au second. Chacun fonctionne donc à la place d'un autre. Quant au quatrième, qui ne trouvait même pas de place de substitution, il est mort assez jeune d'overdose...

Voilà pour le non-désir de la mère. Il faut encore y ajouter la forclusion du père, non pas seulement son nom mais sa personnalité réelle. C'est un père absent. Ou bien il est vécu comme incapable d'assumer son rôle viril d'homme et d'image identificatrice. Ou bien il est vécu comme incapable de faire jouir la mère. Ou bien encore, devant le rejet de la mère, il prend sa place, se fait homme-mère, père abusivement maternel et maternant. Dans cet excès de tendresse, l'enfant a une identification totalement inversée — ou bien, il n'arrive plus à se situer par rapport au couple familial... Ainsi se trouve-t-il tout à la fois en difficulté avec la loi imaginaire et, à travers le système familial aberrant où il vit, avec la loi sociale.

Voici bien des failles, bien des frustrations, bien des pressions pour grever l'existence du futur toxico... Elles ne peuvent, on l'imagine, que raviver la brisure initiale. D'autres, initialement marqués, eux aussi, s'en tireront mieux. Les circonstances joueront en leur faveur, ils ne seront pas inlassablement renvoyés à leur malheur premier : j'ai déjà dit qu'entre le toxico réel et l'usager récréatif, on pouvait concevoir bien des degrés intermédiaires.

Mais le futur toxico, lui, se trouve confronté sans relâche à son manque, à sa nostalgie d'identité. Il est constamment rejeté à ce moment à la fois entrevu et inaccompli du déjà presque et du presque plus, dont parle Jankélévitch. Il est constamment renvoyé à la brisure et à l'éclatement.

De là son côté flottant et parcellisé, qui fait qu'il semble présenter successivement toutes sortes d'éléments de pathologie différents : parfois un peu schizophrène, parfois un peu maniaco-dépressif, parfois un peu homosexuel, parfois un peu pervers, un peu tout cela mais jamais vraiment. Son univers intérieur est une succession d'équilibres instables qui se déploient entre la personnalité normale et la personnalité psychotique. D'où le désarroi des psychiatres qui, ne traitant en général que l'aspect de ses métamorphoses qui leur est le plus familier, se trouvent profondément déroutés par la mobilité de sa personnalité et de sa conduite.

Or, cet éparpillement, cette mobilité inouïe sont les signes même d'une démesure intérieure ; et c'est cette démesure qui va conduire le futur toxico jusqu'au produit. On peut alors, idéalement, jalonner son itinéraire. Dans une première période, il va sans cesse halluciner le réel à travers le jeu, s'enfermer dans un imaginaire mégalomaniaque. Mais ici le ludisme, loin de constituer un plaisir, est plutôt une contrainte : l'obligation vécue de fuir le réel envahi par le manque.

Vient alors le moment où il va se situer dans un rapport de transgression avec la loi. La masturbation en est la manifestation dominante. Certes, la masturbation chez l'adolescent, comme le jeu dans l'enfance, est chose banale. Mais chez le futur toxico, elle est, à son tour, frappée de démesure : démesure dans la fréquence, démesure dans le temps — elle va occuper l'espace de la sexualité bien au-delà de ce qui est habituel.

C'est que le futur toxico, dans la masturbation, fait l'expérience de son corps comme du seul mode dont il dispose pour se rattacher à une existence unifiée et fusionnelle : avec un partenaire, au contraire, il se trouve toujours confronté à son manque. La jouissance de lui avec lui lui apporte au début le sentiment, instantanément vécu, d'être un. Cependant cet effet s'épuisera, comme, plus tard, celui de la drogue...

D'autant que la loi, maintenant, va faire sentir tout son poids. Le futur toxico souffre de plus en plus de ce que la masturbation n'est pas la sexualité. Il essaiera donc d'en avoir une. Mais il n'y trouvera pas la complétude qu'il recherche. En outre, ses tendances sont fréquemment ambiguës. Il rêve inconsciemment d'androgynie, d'une vie sexuelle qui réaliserait l'homme et la femme en lui, bref d'une totalité qui colmaterait le manque. A nouveau, cependant, il lui faut compter avec la loi.

D'expériences en explorations, tous compromis épuisés, il ne lui reste plus finalement que la drogue — à condition qu'il la rencontre (et il ne la rencontre pas toujours). Alors le miroir se recollera, et il épousera son image. Ce sera l'unité retrouvée, non pas seulement totalité réformée mais encore densité d'être, sensations, chaleur, musique. Ce sera le paradis perdu : n'est-ce pas Scacz qui avait décelé la première drogue dans la pomme d'Adam et Eve ?

Aussi bien paiera-t-il son bonheur, l'effet des produits retombés, par la culpabilité, par le retour à son manque premier, encore avivé d'être redoublé dans l'aventure de la drogue. Son instabilité, sa démesure fondamentale vont s'en trouver multipliées...

Lorsqu'on parle de toxico réel, il y a donc bien le risque d'une sorte de damnation. Seulement, ce risque ne lui vient pas des produits. Il le porte en lui. Mieux encore, c'est à travers lui qu'il se transforme, qu'il devient, non pas, comme le croient beaucoup de psychiatres, un malade mental qui aurait l'usage de la drogue comme symptôme, mais bien un homme autre, original, recréé par l'acharnement toxicomaniaque qu'il apporte à colmater la béance qui fonde son destin.

C'est pourquoi, justement, il correspond à une pathologie spécifique et appelle une thérapeutique particulière. Et c'est pourquoi — qu'on me pardonne cet ultime retour polémique ! — on est à nouveau fondé, cette fois, sur un plan théorique, à mettre en procès les institutions comportementalistes. Car non seulement elles « traitent » indistinctement les usagers récréatifs et les toxicos véritables, mais leur action, dans les deux cas, se trouve en porte à faux.

S'agit-il d'usagers récréatifs ? On comprend soudain les résultats flatteurs qu'elles avancent puisqu'il s'agit de gens qui ne sont pas malades, d'asociaux ou de parasociaux qui, la plupart du temps, s'en seraient sortis d'eux-mêmes, de jeunes qui, par définition, n'ont pas à être guéris. Revenons à cette étudiante dont j'ai parlé plus haut. Elle a un moi extrêmement fort, des pôles d'identification tout à fait nets, ses défenses personnelles sont suffisantes pour résister aux entraînements excessifs qui pourraient lui venir du mouvement culturel de sa génération.

Que se passe-t-il, en revanche, lorsque les institutions comportementalistes appliquent leur « programme » à des toxicos véritables ? Alors on voit leurs statistiques s'effondrer bien au-dessous des 30 % de guérison avancés par Marmottan. Car les toxicos réels, souvent, s'adaptent mal à des conceptions aussi extérieures et qui, de toute façon, constituent à leur endroit une pure et simple absurdité, un peu comme si l'on voulait « redresser » des schizophrènes... Certains s'enfuient. Et ceux qui restent, auquel le charisme d'un leader apporte donc, pendant un temps, une sécurisation indiscutable, décompensent parfois brutalement à leur sortie, par une maladie mentale, une mélancolie, des troubles de la personnalité, ou en plongeant dans l'alcoolisme.

Contrainte injustifiée dans un cas, absence de soins appropriés dans l'autre : il serait temps, on en conviendra, d'en finir avec ces abus. Rendons les toxicos aux toxicothérapeutes — il n'en manque pas, et de qualité, aujourd'hui. Quant aux autres, usagers d'occasion, qu'on ne compte pas sur moi pour leur prêcher la drogue ! Mais mon devoir, en revanche, est de leur en parler. Sans en taire les risques. Sans transformer non plus, pour complaire aux inquisiteurs, les paradis artificiels en enfers imaginaires...

Reste le toxicomane. Le vrai. En le constituant dans sa singularité pathétique, c'est évidemment toutes nos méthodes que nous mettions en cause. Il fallait les affiner, les enrichir, les nuancer. Plus que jamais, chaque toxico représentait une aventure originale, pour laquelle nous ne détenions aucune réponse toute faite... Le nouveau Marmottan, c'est aussi cela : un degré supplémentaire de conscience, de savoir et, si l'on m'accorde ce mot, de professionnalisme.

IV

APPRENDRE À VIVRE

Quand on a pris conscience de ce qu'est véritablement un toxicomane, on réalise que tenter de le soigner, de lui apprendre à vivre, c'est s'engager dans une très longue aventure. Il ne s'agit pas de l'aider à se sevrer le plus vite possible, de lui donner les bons cachets, de l'entourer comme une sorte d'assistante sociale de luxe. Il faut lui définir, au contraire, une stratégie au long cours. Faire comprendre à la fille et au garçon ce qu'est le manque pour lui, ce à quoi il renvoie. L'accompagner pas à pas dans ce manque et le préparer à cet accompagnement. Et encore : expliquer cela aux familles, voire aux services publics. Et mettre en garde contre les illusions.

Je dis : manque, accompagner dans le manque, mais c'est bien plus complexe. Le manque n'est pas une maladie. C'est une organisation psychologique, celle-là même qui définit le toxicomane. On pourrait la décrire ainsi : il y a la béance, le manque premier ; il y a la drogue qui la colmate provisoirement dans le « flash » ; et puis il y a le manque de la drogue qui est comme une métaphore de la béance : à travers l'alchimie de la mémoire, la béance s'est inscrite, jusqu'à s'y donner figure, dans ce qui l'a un moment comblée. Le toxicomane apparaît donc comme un système double : lui et la drogue, avec la béance pour moteur. Je dirai qu'il constitue un duo.

Le projet global du toxicothérapeute se définira dès lors comme une prise en charge de ce duo. Dans un premier temps, il s'agira pour lui de le contrebalancer à travers un autre duo, qu'il s'efforcera de rendre aussi dense : celui dans lequel le toxico se trouve engagé avec lui, la relation psychothérapique se substituant, de ce fait, à la drogue. Le nouvel équilibre instauré, le thérapeute établira un échafaudage thérapeutique autour du sujet, en lui ménageant des repos sécurisants, en variant ses lieux de vie, en s'efforçant de susciter chez lui des intérêts et des plaisirs neufs. Le troisième temps, enfin, correspondra à l'organisation progressive de l'indépendance de celui qui, maintenant, commence à devenir un ancien toxicomane.

Comme on le voit, ce schéma postule donc que le sujet va en finir avec son adolescence. Il faut qu'il sorte du système bloqué, et à terme suicidaire, où il s'enferme, et devienne adulte. Qu'il acquière les moyens de faire les compromis nécessaires, même s'il semble exclu qu'il puisse jamais oublier la plénitude apportée par le produit.

Mais, du côté du thérapeute, ce schéma postule aussi que l'on peut, jusqu'à un point satisfaisant, venir à bout de la béance. La chose ne va pas de soi, si l'on s'en rapporte au caractère archaïque de la brisure. Mais la béance, après tout, n'est pas née avec le sujet, elle a été produite à un moment de son histoire. Pourquoi ne pourrait-on pas la modifier, au moins partiellement ? La drogue, elle, la modifie bien — elle la colmate même totalement… Ce qu'une poudre inerte peut faire, pourquoi d'autres interventions, à commencer par celle, personnelle, du thérapeute, ne pourraient-elles le réussir ?

Evitons, au demeurant, de rigidifier notre appréhension de la vie psychique en la formulant constamment en termes de structures, à la manière d'un freudisme linéaire ou de la conception organo-dynamico-psychiatrique. Nous avons vu que le psychisme du toxicomane était d'une labilité extraordinaire. De façon générale, il me semble que les phénomènes intérieurs sont infiniment plus mobiles que ce à quoi on nous a habitués à penser.

J'ai parlé du stade du miroir comme d'une passe. Plus largement, on peut avancer que la béance est vécue, par celui qui la porte en lui, dans une instabilité extrême. Ce sont des moments qui progressent, régressent, s'affirment, s'atténuent, en fonction des événements psychiques, en fonction des événements du système familial et de la vie intérieure. La béance apparaît, finalement, comme la résultante macroscopique de tout cet ensemble.

Dès lors, il me paraît concevable d'agir, à travers, évidemment, un travail patient, quotidien, sur cet entrecroisement dynamique d'infiniment petits qu'est le vécu de cette béance. En proposant, par exemple, dans le parcours thérapeutique, des modèles d'identification à travers activités et lieux de vie. En suscitant peu à peu des éléments de colmatage non douloureux et non destructifs qui permettront une réinsertion satisfaisante dans la vie sociale : une sexualité de type courant, par exemple, hétéro- ou homosexuelle, voire une bisexualité qui, dans certains cas, recouvrira les désirs multiples — en somme les marges de la béance...

Sans compter, bien sûr, la personne même du thérapeute, dans la première phase du parcours. Encore celui-ci ne doit-il pas oublier à qui il a affaire. Nous savons que le toxicomane vit dans un rapport démesuré avec le produit. Il ne peut donc être question, avec lui, de rester dans son fauteuil, de se figer dans le silence et l'immobilité. La relation ne se nouerait pas. Bien pire, on risquerait de faire lever, chez le sujet, une angoisse extrême.

A l'inverse du psychanalyste classique, le thérapeute doit au contraire être actif, agissant, présent avec son humeur, son émotion, son agressivité même. Il doit établir, avec le sujet, un rapport de chaleur, et presque érotisé, ne pas se refuser aux fulgurances instantanées de l'interprétation analytique. Il faut, absolument, qu'il fasse passer, en celui qui lui fait face, l'intime conviction, comme on dit dans le domaine judiciaire, que le thérapeute sait et possède ce que lui pensait être son secret, et que le rapport qui s'instaure entre eux est aussi fort que ce qu'on peut vivre dans la drogue. La deuxième phase n'est possible qu'une fois réalisée cette jonction fusionnelle.

Alors, c'est le moment où l'on doit, si je puis dire, baliser tout autour du toxicomane. Lui offrir des lieux de régression, des lieux nourriciers — au sens propre de bonne nourriture, pourquoi pas, mais surtout d'atmosphère harmonieuse et comblante. L'envoyer, par exemple, dans des postcures où il ne s'agit pas de travailler mais, simplement, de se laisser porter par une sorte d'existence édénique. Ou le confier à une institution plus contraignante dirigée par un personnage qui représente un peu la loi paternelle, sans pour autant se croire tout-puissant. En tout cas, ne jamais laisser le toxicomane face à lui-même, mais maintenir sans cesse, chez lui, une certaine permanence d'intérêts, d'investissements. Bref, substituer au temps de la toxicomanie un temps thérapeutique qui ne soit pas moins mobile, moins varié, moins dense.

Cependant, on ne peut pas, on ne doit pas s'attarder indéfiniment dans les lieux protégés. D'où la phase ultime de la chaîne thérapeutique, durant laquelle le sujet va reconquérir progressivement son autonomie. Cela signifie, essentiellement, une orthodoxisation de la thérapie, un passage à l'analyse traditionnelle au cours de laquelle doit peu à peu se dissoudre, chez le sujet, l'image toxicomaniaque à partir de laquelle la relation s'était inaugurée. L'exigence s'accuse entre le sujet et le thérapeute, dans le temps que se creuse leur distance. Au début, le sujet venait en fonction de son désir. Maintenant, le temps se resserre et s'organise. La règle s'y inscrit avec une pression croissante.

La relation transférentielle, à ce moment, entre dans une phase délicate et, à la lettre, critique. Rien n'est tu. On parle. De la relation d'amour, du désir. Du rapport possédant-possédé qui doit se défaire et, si je puis dire, se « détricoter ». Et puis, au fur et à mesure que l'on s'avance dans l'orthodoxie, le sujet prend la mesure de la brisure. Il découvre la maintenance, les renforcements que peuvent y apporter la mère, ou le système familial. Il faut donc annuler, ou déplacer, leur prise sur sa vie...

Tout cet itinéraire, au fond, pourrait se résumer en ces termes : appréhender, recouvrir la démesure toxicomaniaque par une démesure thérapeutique qu'on liquidera peu à peu. Mais je parle ici — bien que les mots sonnent un peu paradoxalement — de démesure démocratique. Cela veut dire que le sujet ne doit en aucune façon être établi dans une dépendance inconditionnelle à l'institution ou à un thérapeute. Que la phase inévitable, nécessaire de dépendance doit être constamment contrôlée, pour, impérativement, être déconstruite. Impérativement : j'emploie ce terme à dessein, car il introduit la dimension éthique sans laquelle la pratique de ce métier devrait être interdite. Nous avons un devoir, qui est de rendre le toxicomane à lui-même, à sa liberté propre. En veillant, justement, à ne pas l'emprisonner dans une relation de vassal à suzerain et, par là même, à ne pas en faire une marchandise pour institutions.

Souci éthique donc. Et je l'ai déjà dit, souci de scientificité plus grande, de professionnalisme plus strict. Marmottan a aujourd'hui franchi un cap. Mais il s'est redéfini, aussi, dans le sens d'une certaine spécialisation. Qu'en est-il maintenant de ceux qui se présentent à l'institution ?

Si l'on s'en réfère aux produits qu'ils utilisent, on constate déjà, depuis quelques années, une sorte de resserrement. Dans les premiers temps, où régnait une certaine confusion théorique, LSD ou H., barbituriques, héroïne ou amphétamines, nous enfermions tout cela, à peu près, dans une même approche. Puis j'ai vu l'éventail se rétrécir peu à peu. Désormais, la clientèle de Marmottan se compose à 90 % d'héroïnomanes. Et sur les 10 % qui demeurent, je dirais, en gros, que 6 % prennent de la cocaïne ou des amphétamines, 4 %, en très haute quantité, des médicaments détournés de leur usage.

Reste que la toxicomanie, on le sait, ne se juge pas au produit, même si le vrai toxicomane a tendance à choisir certaines drogues plutôt que d'autres — et, en ce sens, le chiffre de 90 % d'héroïnomanes n'est pas sans signification. Ce qui me frappe donc beaucoup plus, c'est, lorsque j'interroge les garçons et les filles qui viennent nous consulter, de découvrir que, dans 90 % des cas, leurs premières années correspondent aux données spécifiques de l'enfance du toxicomane telle que je l'ai précédemment décrite.

En fait, et c'est là une nouveauté, je constate que les gens en problème avec la drogue savent de mieux en mieux utiliser les unités de soins. Je remarque ainsi que les usagers semi-récréatifs, désormais, se détournent presque tous des grandes institutions de masse. Ils vont voir leur médecin privé, lequel leur organisera une cure de sevrage. Puis ils feront des compromis de plus en plus satisfaisants avec leur vie.

Reste que nous avons toujours à négocier le désarroi d'un certain nombre de parents d'usagers. Notre devoir, alors, est de leur faire comprendre que déclencher, pour quelqu'un qui n'en a pas besoin, l'énorme artillerie de la chaîne thérapeutique serait non seulement absurde mais, peut-être, dangereux, car cela risquerait de renforcer, et donc d'aggraver, son statut de toxicomane. Nous ne rejetons pas ces parents pour autant. Au contraire, nous nous employons à les calmer, à les rassurer. Nous insistons, surtout, sur le fait que l'autorisation ou l'interdiction de la drogue, dans le cas de leur enfant, est un problème de loi et de psychopédagogie familiale, non de traitement et de soins. A l'occasion, nous les revoyons, et les orientons, si nécessaire, vers d'autres filières mieux adaptées.

C'est qu'il existe, en effet, au sein de l'ANIT, des institutions plus proches des usagers récréatifs que des toxicomanes véritables. A la vérité, on constate en ce domaine une spécialisation croissante. Le foyer de la rue des Haies, par exemple, se consacre essentiellement aux sujets socialement les plus déshérités. Quant à nous, j'y reviens, ce sont les toxicos profonds qui nous concernent. Cela suppose donc un tri initial, que seuls peuvent effectuer des spécialistes compétents, conscients et dotés de références éthiques solides.

Mais ce tri ne suffit pas. Le mot, lui-même, évoque dangereusement quelque chose contre quoi je m'inscris de plus en plus vivement : la mécanisation et l'uniformisation de la thérapie. Car le problème n'est pas de choisir des toxicomanes pour les inclure, d'un même mouvement, dans une chaîne de soins. Il faut prendre son temps, discuter avec le sujet, apprendre à cerner son problème. On ne va pas nécessairement entamer un sevrage ou se lancer dans une psychothérapie (c'est là, d'ailleurs, un des points sur lesquels je me sépare de mon ancien assistant Fr. Curtet, pour qui toute prise en charge, dès qu'il y a produit toxique, implique automatiquement la relation psychothérapique).

Encore une fois, il importe de se hâter lentement ! C'est chose illusoire, par exemple, que d'envisager la prise en charge de sujets qui se trouvent en pleine lune de miel avec la drogue (ils ne viennent pas d'eux-mêmes, on s'en doute, mais à l'injonction des parents, de la justice ou des médecins). S'ils « planent » bien, s'ils ont un beau « flash », une bonne « planète », on perd son temps. Il n'y a, en l'occurrence, qu'une seule démarche utile : prendre date et leur annoncer ce qui les guette, de sorte que, le moment venu, ils verront que nous connaissons notre affaire et auront confiance en nous.

Aussi bien ai-je dû, à plusieurs reprises, freiner l'impatience curative de mon équipe. C'est à plusieurs reprises, également, qu'il m'a fallu lui rappeler que nous ne possédions pas les patients. Un des buts fondamentaux de notre thérapie n'était-il pas d'organiser l'indépendance du sujet vis-à-vis des thérapeutes et de l'institution ? C'est pourquoi nous encourageons les toxicos à se frotter à d'autres institutions de l'ANIT, à se confronter à d'autres méthodes...

Mais il n'y a pas que les toxicomanes. Il y a également leurs parents. Répondre à leur angoisse est essentiel. Je n'arrête pas de voir des hommes et des femmes culpabilisés à outrance, dont la vie est devenue un vrai calvaire, une vraie maladie. Et qui se ruinent, aussi, en solutions charlatanesques.

Aux débuts de Marmottan, nous avions un peu tous tendance, dans les problèmes du toxicomane et de sa famille, à ne considérer exclusivement que le rapport colonisé/colonisateur. Et comme il faut, dans ce cas, choisir son camp, nous choisissions l'enfant et rejetions les parents. Mais nous avons appris, peu à peu, à être moins rigides, à ne plus faire fi aussi légèrement de la douleur des familles.

Plusieurs personnes devaient nous aider à cette prise de conscience, et notamment une petite femme très énergique, le Dr Croze-Castets. A force de frapper à toutes les portes, de se battre contre vents et marées, contre sa propre famille et même contre son propre mari, elle a fini par vaincre nos résistances. Aujourd'hui, elle a une activité de premier plan. C'est elle, en effet, qui a fondé l'union nationale des familles de toxicomanes, dont une dizaine de sections existent aujourd'hui en France. Grâce à cet organisme, les parents peuvent sortir enfin de leur ghetto, se faire part de leurs difficultés, se communiquer leurs expériences, s'entraider.

En ce qui me concerne, je n'ai connu longtemps, du Dr Croze-Castets, que la façade extérieure — très bien-pensante, toujours sur la défensive. Puis, tout récemment, nous nous sommes rendus ensemble dans une ville du Sud-Ouest où je donnais une conférence. Pendant le voyage, dans la voiture, elle s'est mise à me parler d'elle-même. Et derrière le personnage un peu austère qui n'avait à la bouche que les mots de devoir, d'obligation, j'ai découvert une petite fille nostalgique, toute de pureté et de chaleur. Cela m'a conduit à réfléchir plus encore sur les familles de toxicos. Lorsque nous les rencontrons, ces gens ne parlent, bien sûr, que de leur enfant, ils sont cantonnés dans leur rôle de parents à problèmes. On en oublie qu'ils ont été autrefois un petit garçon ou une petite fille. Qu'ils ont, eux-mêmes, connu des difficultés, des désirs...

C'est ainsi que ce dialogue impromptu, entre le Dr Croze-Castets et moi-même, m'a encore confirmé dans le choix, hésitant à l'origine, que j'avais fait de patronner une petite institution où les parents de toxicomanes seraient pris en charge. Je réalisais, avec une intensité croissante, qu'aider le père ou la mère à prendre conscience de ce qu'avait été son enfance, sa jeunesse, cela ne pouvait qu'aider le toxicomane dans sa propre prise de conscience — et nous aider nous-mêmes dans notre prise en charge…

L'institution en question résultait du projet d'une de mes élèves, Sylvie Sternschuss, qui avait été interne à Marmottan. Elle souhaitait faire une expérience de thérapie familiale. Mais cette idée, tout aussitôt, avait soulevé de nombreuses réticences chez mes collaborateurs, le Dr Géraud notamment. J'étais moi-même circonspect, car ce que j'avais vu sous le concept de thérapie familiale me déplaisait profondément.

Le terme recouvrait en effet une des diverses déviations d'allure scientifique du comportementalisme. L'idée directrice, inévitablement, en était que la famille devait fonctionner coûte que coûte, quelles que fussent les motivations de ses membres. Elle constituait en somme un moteur à réparer ou à remodeler. L'ensemble familial était représenté à l'image d'un ensemble thermodynamique, avec des échanges d'énergie, des forces qui se transforment en énergie positive, d'autres en énergie négative — bref, un système de tuyauterie. Le travail du thérapeute consistait donc à refaire marcher harmonieusement un ensemble qui se bloquait et tombait en panne.

En termes plus psychologiques, il s'agissait, on le voit, de réconcilier le colonisé et le colonisateur, sans tenir compte du racisme des uns et des autres, ou des bénéfices faits par les uns sur le dos des autres. Quelques résultats intéressants, certes, avaient été obtenus. Mais à mes yeux, ce genre d'institution avait pour tare d'annuler, de façon à la fois inadmissible et irréaliste, le droit au conflit, le droit à la séparation. On y sentait un peu flotter des relents de l'idéologie « Travail, Famille, Patrie »…

Je savais bien, cependant, que Sylvie et son mari Pierre Angel n'étaient en aucun cas dupes. Ce qu'ils font aujourd'hui, d'ailleurs, le prouve largement. Ils abordent les gens — c'est-à-dire les parents et leur enfant toxicomane — avec une honnêteté et un respect remarquables. Bien sûr, ils s'efforcent de comprendre, et de faire comprendre, pourquoi le système familial ne fonctionne pas. Chacun, à ce moment, se trouve devant un choix. Les parents décident souvent de continuer une thérapie à l'institution, tandis que l'enfant toxicomane s'en va, lui, en individuel à Marmottan. Mais Sylvie et Pierre ne préjugent jamais de l'avenir commun des uns et des autres. Il leur arrive fréquemment de rendre possible une réharmonisation psychologiquement fondée. Mais ils pensent, aussi bien, qu'il y a des conflits qui méritent rupture.

Voici donc une entreprise peu conventionnelle. Il est d'autant plus remarquable qu'elle ait été favorablement accueillie par les fonctionnaires du ministère de la Santé qui s'occupent des problèmes de toxicomanie. Je dois dire que ceux-ci, depuis quelques années, témoignent d'un admirable effort de compréhension et qu'ils ont su, dans l'ensemble, sortir du dogmatisme et des approches consacrées pour apprécier la nouveauté de notre démarche, tant sur le plan de la réflexion que celui des techniques. Mieux, ils payent de leur personne, prennent des risques, font naître des choses. Nous sommes beaucoup à leur devoir beaucoup.

***

Dans le programme thérapeutique, nous venons de le voir, la primauté revient à la personne du thérapeute, à la relation qu'il noue avec le sujet. Mais il y a aussi le vécu quotidien du toxicomane à Marmottan. J'ai parlé, à propos de la deuxième phase, des intérêts qu'il me semblait nécessaire de susciter tout autour de la relation psychothérapique. Je souhaitais, en effet, proposer aux hospitalisés des activités qui pourraient, au moins temporairement, faire échec au manque et, dans le même temps, me permettraient de combler les vides de la vie institutionnelle.

Il s'agissait donc d'entreprises ponctuelles. Dans les hôpitaux traditionnels, ce genre de souci correspond à ce qu'on appelle ergothérapie — c'est-à-dire que l'on est censé aider les gens à revaloriser l'idée qu'ils se font d'eux-mêmes en leur fournissant une activité professionnelle. Du moins telle est la théorie car, en fait, cela revient simplement à les faire travailler au rabais sur des tâches particulièrement insipides.

Bien entendu, je ne songeais nullement à ce genre de mystification. Mes intentions étaient d'ailleurs plus modestes. Dans mon esprit, il n'était pas question de thérapie : je voulais seulement proposer aux toxicos des moments de vie qui seraient aussi forts que leur duo avec le produit. Quelques-unes de mes incitations connaîtraient le succès, d'autres seraient des échecs. Les toxicomanes ne sont pas programmables. Et puis, une grande partie de ces expériences devait se dérouler durant la période troublée de la maison, en sorte qu'il me faudrait, en plusieurs cas, affronter l'hostilité de divers membres du personnel.

J'avais souhaité, notamment, que les toxicomanes établissent un rapport nouveau avec leur corps. Après tout, se droguer, c'est d'abord se droguer dans son corps. Il fallait donc que les patients prennent conscience, aussi, de ce que leur corps pouvait être vécu différemment, qu'ils fassent l'épreuve, vis-à-vis de lui, d'une relation autre que celle qui passe par les produits, qu'ils apprennent des façons nouvelles de le vivre et d'en retirer des sensations.

Je songeai alors au yoga pour l'écarter aussitôt, et bien que je tienne cette discipline pour bénéfique, à condition de la concevoir sainement et de ne pas la surcharger de littérature. Mais nous l'avions déjà plus d'une fois essayée et, à mon vif regret, cela n'avait jamais pris — en raison, peut-être, de la personnalité des yogis.

Puis des acupuncteurs, un jour, vinrent me faire des offres de service, et je crus avoir trouvé la solution. Je voyais même quelque chose d'exemplaire à cette pratique, où la piqûre soulage par elle-même, indépendamment de toute injection de produits. Elle me semblait de nature à démythifier un peu la drogue, en suggérant à mes patients qu'il leur était possible, par d'autres moyens, de venir à bout des malaises, voire des souffrances, qu'ils mettaient en avant pour justifier leur toxicomanie.

Mais c'était sans compter avec le sectarisme d'une partie de mon personnel : « Quoi ! C'est du charlatanisme ! On ne va tout de même pas nous faire croire qu'on va soigner nos jeunes en touchant simplement quelques points sensibles ! » Bref, les malheureux acupunteurs, après cette levée de boucliers, furent littéralement mis en quarantaine avant d'avoir eu le temps de faire leurs preuves...

Mon problème demeurait donc entier. Je pensai au sport mais ne m'y arrêtai pas. Hormis les sorties en piscine, celui-ci avait toujours laissé les toxicos indifférents. Certes, nous avions autrefois installé un vélo en training, équipé également une vaste pièce. Mais cela ne constituait que du sport en salle, qui est peu exaltant. Et, de toute façon, les drogués en hospitalisation sont loin de disposer des réserves physiques qu'appelle une véritable activité sportive...

La solution — toute simple — me vint finalement d'un garçon qui m'avait demandé rendez-vous à Marmottan. Il me proposait d'effectuer des massages corporels — prosaïquement, sans chercher midi à quatorze heures. J'acceptai, et cette initiative fut si bien reçue qu'elle se poursuit encore. Mieux, notre kinésithérapeute apprend désormais aux jeunes à se masser eux-mêmes ; il leur enseigne aussi à entretenir leur état physique et organise des séances de sauna qu'ils suivent avec assiduité. Ce faisant, ils s'initient à un réinvestissement de leur corps tout entier. Et alors que la pratique toxicomaniaque use de celui-ci de manière désespérée et démesurée, ils apprennent à y cultiver, maintenant, des valeurs d'épanouissement — équilibre, santé, bien-être harmonieux.

Mais j'envisageais plus. Je me disais que certaines activités, outre leur caractère utilement mobilisateur, seraient peut-être de nature à développer, chez les toxicomanes, des potentialités expressives ou créatrices que leur milieu socioculturel, en général ingrat, avait inhibées. C'est alors que, un peu par hasard, je fis connaissance d'un psychologue, Claude Erbain.

C'était un homme exquis, que la musique passionnait — il avait créé un petit groupe où il jouait de la guitare, des percussions et d'autres instruments encore. Nous nouâmes très vite de cordiales relations. Et comme je lui parlais de mes problèmes, il me suggéra de venir à Marmottan faire de la musique avec les hospitalisés.

J'accueillis d'abord cette idée avec réticence. Un drogué, en effet, entretient des relations particulières avec les sons, qu'il ne perçoit pas comme le fait une oreille normale. Filtrés par sa réceptivité spécifique, ceux-ci s'individualisent et, en quelque sorte, s'exagèrent. Il les entend trop éclatés ou trop resserrés, accélérés ou alentis à l'excès. Le pouvoir expressif de la musique, chez lui, se trouve décuplé, de sorte que l'on peut reconnaître, aux choix qu'il fait, le climat intérieur où il baigne. Lorsque des toxicos se bouclent dans leur chambre pour écouter des disques des *Sex Pistols* ou de tout autre groupe évoquant la défonce — comme les *Stones,* autrefois —, je sais par exemple qu'ils vivent un moment difficile, que le sevrage est mal engagé, que la drogue les obsède...

Puis j'ai fini par me dire, après tout, que ce pouvoir de la musique pouvait aussi bien jouer de manière positive si elle était improvisée par les malades eux-mêmes à l'incitation d'un moniteur ; en outre, il me semblait qu'une pratique en commun serait susceptible, peut-être, de créer dans l'hospitalisation un climat bénéfique. Bref, après avoir beaucoup hésité, j'ai donné mon feu vert : bien m'en a pris puisque cette innovation s'est si bien établie qu'elle se perpétue toujours.

Claude Erbain arrive donc deux fois par semaine sur le coup de cinq heures. Les séances se déroulent souplement, selon l'humeur du jour : elles pourront occuper deux heures, d'autres fois la nuit entière. Elles n'obéissent pas à des programmes définis : ce sont de longues parties d'improvisation, des *jam-sessions,* où l'on peut entendre du jazz, du reggae, du pop, du hard-rock, de la musique « punk » ou « funky », tout ce qui, en somme, retient les jeunes d'aujourd'hui. Car les genres importent peu : l'essentiel est que les morceaux exécutés soient véritablement inventés, qu'ils appartiennent en propre à ceux qui les jouent, les toxicomanes, bien sûr, mais aussi les membres du personnel qui se joignent à eux — tel cet interne, déjà membre d'un groupe, qui donne l'exemple avec vigueur…

J'avais dit à Erbain : « Pas de tests, pas de psychothérapie, rien que de la musique ». Et de fait, c'est beaucoup, déjà, que le goût de communiquer et de s'exprimer soit revenu chez nous avec ces *sessions.* Mais il serait injuste de sous-estimer la valeur proprement thérapeutique qu'elles ont fini par revêtir : imagine-t-on assez, lorsqu'on se trouve hospitalisé et au comble de la détresse, qu'on se pose la question de son avenir, qu'on se demande si cela vaut la peine d'arrêter la drogue, le bonheur et la confiance en soi que peut apporter le simple fait d'inventer sa musique, fût-ce à partir de doigts rendus gourds par les médicaments ?

Dans cette voie thérapeutique, cependant, l'entreprise de mon amie Liliane Atlan devait aller infiniment plus loin. Elle était venue, un matin, me proposer de réaliser une expérience théâtrale dans l'institution. Au vrai, j'avais déjà été sollicité à plusieurs reprises pour des tentatives de ce genre. Mais je n'avais jamais donné suite, soupçonnant les acteurs ou auteurs dramatiques de ne se présenter que par pur snobisme : faire jouer les toxicos commençait à devenir une mode. En revanche, le personnage et l'œuvre de Liliane m'apportaient toutes les garanties d'authenticité souhaitables.

Je n'avais pas oublié, par exemple, sa pièce *Monsieur Fugue,* et le grand retentissement qu'elle avait connu, notamment aux Etats-Unis, en Hollande et en Allemagne. C'est un ouvrage qui traite de la déportation, mais sur un mode tout à fait original. L'action se déroule dans un camion, chargé de juifs, qui roule vers des chambres à gaz. Les déportés sont convoyés par un soldat allemand. Celui-ci sait bien qu'il est, à sa manière, également prisonnier du destin qui emporte ses compagnons — d'où, chez lui, une sorte de sentiment de solidarité. Mais que peut-il ? A défaut de liberté, il va, tout au moins, tenter d'éveiller les condamnés à une manière de libération intérieure. Ainsi s'emploie-t-il à les persuader que leur voyage n'est qu'un jeu, et à les pousser à jouer eux-mêmes, en inventant tout un univers imaginaire...

Il eût été évidemment déplacé de comparer le sort de ces déportés à celui des drogués soumis à une cure de sevrage. Néanmoins, j'étais frappé par un relatif parallélisme de situations : ne pouvait-on, dans ces conditions, utiliser le cadre contraignant de l'hospitalisation pour susciter un jeu scénique à base d'improvisations ? Les toxicos y trouveraient sans doute l'occasion d'exprimer jusqu'au bout leurs problèmes ; et à travers cette activité, certains pourraient peut-être même se découvrir une vocation dramatique qui éclairerait leur avenir.

Pendant plus d'un an, Liliane s'est rendue chez nous à raison de deux ou trois séances par semaine — travail harassant où elle a dépensé une générosité extraordinaire, et qui l'a tellement épuisée qu'elle a dû finalement renoncer... Les premiers temps, surtout, furent les plus durs car elle se voyait contrainte, littéralement, de faire la retape dans les chambres. En outre, la plupart des infirmiers, hostiles à l'entreprise, ne l'aidaient en rien : ils pensaient que l'expérience aurait surtout pour résultat de faire « flipper » leurs patients et qu'ils auraient bien du mal, ensuite, à les tenir... Vaille que vaille, cependant, un petit groupe s'est constitué, dont la plupart des membres sont aujourd'hui tirés d'affaire. Une fille, même, que je croyais complètement perdue, est devenue actrice professionnelle et commence à se faire un nom.

Cela dit, la méfiance des toxicos s'expliquait assez bien : ce que proposait Liliane, en effet, n'avait rien de commun avec les exercices rassurants du yoga ou de l'expression corporelle. Ceux-ci ne mettent pas en cause les gens dans leurs profondeurs, tandis que la création théâtrale improvisée fait au contraire resurgir ce que les individus ont de plus enfoui et, parfois, de plus terrorisant : les angoisses, le sentiment de la mort, les fantasmes de castration, etc.

C'est à travers l'histoire de Bruno et Marion, notamment, que j'ai le mieux mesuré le pouvoir explosif de cette expérience. Je les connaissais tous deux depuis plusieurs années. C'étaient vraiment des enfants écorchés vifs, blessés à mort par la vie.

Marion avait débarqué un jour en compagnie d'un garçon prénommé Luc. Le couple s'était littéralement recroquevillé dans l'hospitalisation. Nous étions tous vécus comme des ennemis, des êtres violents, menaçants. Le moindre mot, le moindre événement étaient ressentis par eux de façon extraordinairement douloureuse.

Les parents de Marion me semblaient de braves gens. Son père était douanier. De l'extérieur, tout aurait dû fonctionner. Ils tentaient même de la comprendre, de les aider. Ils avaient mis une maison à leur disposition. Mais elle ne supportait rien d'eux. On devinait une blessure très ancienne.

Puis le couple a éclaté. Luc est parti suivre sa propre aventure. Marion, très meurtrie, s'est réfugiée sur la côte basque, d'où elle est revenue dans un état pitoyable. C'est durant ce second séjour qu'elle a rencontré Bruno. Bruno aux yeux gris-bleu, au regard lumineux et poignant d'enfant perdu, mutilé…

Il avait, dès ses premières années, donné des signes de troubles du caractère et du comportement. C'est pourquoi sa famille, ou ce qui lui en tenait lieu, l'avait fait interner dans un service de psychiatrie pour enfants où on lui avait administré d'énormes doses de neuroleptiques, vraiment des doses d'adulte. Bruno s'était de plus en plus replié sur lui-même. Il était également devenu de plus en plus violent. On l'avait transféré d'asiles en centres, de centres en asiles. Jusqu'à ce que la toxicomanie le conduise chez nous.

J'ai alors découvert un garçon muré, totalement révolté. Il vivait les médecins, les gens de l'institution comme des sortes d'assassins, acharnés à massacrer les gens, leur liberté, leur droit à la vie. Il était quasiment muet, n'ouvrait la bouche que pour exprimer des revendications ponctuelles. Il ne disait jamais un mot sur lui.

Il portait en permanence un revolver et des balles. Il me les avait avoués comme un défi. J'avais voulu le désarmer avant de l'hospitaliser. Il m'avait dit : « Je ne m'en servirai pas. » Je lui avais fait confiance, avais accepté cette complicité. Un risque extravagant que je ne reprendrai jamais. Puis, lors d'un second séjour, il m'avait, de lui-même, donné revolver et balles.

Sa chance, à Marmottan, fut de rencontrer Marion. Et leur chance, à tous deux, est d'avoir rencontré Liliane. Ils ont été parmi les rares hospitalisés à se passionner pour l'improvisation théâtrale. A se passionner et, surtout, à persévérer. Les toxicos essaient volontiers quelque chose de neuf — tout nouveau, tout beau. Mais, en général, ils veulent tout tout de suite. Ils laissent très vite tomber dès lors que les choses s'organisent, qu'ils éprouvent un sentiment de redite.

Le premier canevas qui les a tous deux réunis avait pour titre « Même les oiseaux ne peuvent planer ». Ils tenaient l'un et l'autre le rôle d'oiseaux que l'on garde captifs et qu'on empêche donc de voler. Ils se débattent dans leurs liens, essaient de bouger, de se faire pousser des ailes et, grâce à elles, de décoller. Ils n'y arrivent pas, ils sont bel et bien garrottés. Soudain ils voient de vrais oiseaux, des tourterelles en liberté — Liliane, pour la circonstance, apportait des tourterelles vivantes, qu'elle libérait durant la séance. Ils regardent la liberté, la possibilité de voler. Et ils vont découvrir que leur prison est à la fois réelle et symbolique. En somme, Bruno et Marion vivaient leur histoire...

Le deuxième sujet introduit par Liliane s'intitulait « La maison des poupées ». C'était la maison où l'on répare les poupées. C'était aussi la maison où l'on répare les hommes et les femmes. Marmottan par exemple. Je me souviens d'une scène à la fois dure, tragique et comique. Marion et une autre fille, Melsine, apportent une poupée — poupée ? enfant ? — aux réparateurs, en l'occurrence Bruno et une fille. Mais pour réparer, il leur faut démolir. Ils ouvrent le ventre de la poupée, lui font éclater la tête, arrachent le son qui la gonfle. On ne sait plus très bien si ce sont des réparateurs ou des charcutiers, des charlatans, des massacreurs. Bruno, à l'évidence, revivait ses aventures avec les asiles, les médecins. Un autre garçon transpercera la poupée de vingt-cinq coups de poignard. Etait-ce sa mère, sa fiancée, les femmes qu'il avait connues ?

Enfin, il y avait un troisième exercice, à partir de la pâte à pétrir. La pâte, c'était Bruno, c'étaient les toxicomanes. Bruno disait, sur un ton à la fois ironique et déchirant : « Je suis le réparateur, je suis celui qui s'occupe de vos âmes, vivez... » Et au lieu de réparer, là encore il démolissait, il mettait la pâte en morceaux, l'émiettait, la déchirait et, à la fin, la lançait contre les murs. C'était un prodigieux cri de révolte contre la médiocrité et l'absence d'humanité des thérapeutes. Nous en prenions plein la figure, nous qui, sous prétexte d'aider les gens, nous acharnions à leur « gratter » dans la tête...

Puis les expériences théâtrales ont pris fin. Quelque temps après, Bruno et Marion m'ont exprimé un désir. Ils m'ont dit : « On a été les plus pauvres, les plus paumés, les plus difficiles. Vous aviez peur de nous. Maintenant qu'on s'en sort, on voudrait s'occuper des plus pauvres, des plus paumés, des plus difficiles. »

On les a donc aidés. Depuis deux ans, ils ont réussi à devenir pratiquement les animateurs d'une postcure dans le nord de la France où ils reçoivent les cas extrêmes, ceux qu'on rejette partout, qui sont à la limite de la folie, qui ne savent pas s'exprimer, qui sortent le couteau et menacent. Je pense à Michel. Dans toutes les institutions où on l'a vu, il a tenté d'attaquer les gens à coups de barre de fer. Aujourd'hui, il revit, lui qui fut si complètement désespéré, après une année auprès de Bruno et de Marion. Je pense encore à Christian, ce colosse que j'avais croisé un soir à Belleville, alors qu'il guettait son « dealer ». C'est un garçon qui avait eu un accident de la route. Il marchait très difficilement. On le sentait, constamment, entre l'obsession du suicide et la frénésie toxicomaniaque. Il s'est rendu chez Bruno et Marion. Il y a même rencontré une fille. Pour lui une page se tourne…

Et une autre page commence à se tourner, pour Bruno et Marion. Ils vivent toujours ensemble. Et ils sont restés, bien sûr, des écorchés vifs. Marion a très envie d'autre chose. Elle a fait le tour des toxicomanes, elle en a un peu assez des gens. Elle désire s'occuper d'animaux, de chats abandonnés. C'est par là, désormais, qu'elle veut libérer toute la tendresse qu'elle porte en elle. Et c'est par ce biais, sans doute, qu'elle entend en finir, une fois pour toutes, avec l'univers de la drogue.

***

Ce qui frappe dans l'itinéraire de Bruno et Marion, c'est donc la prise de conscience, l'interrogation renouvelée sur soi-même. La volonté de se reconstruire sans se renier. C'est que le climat a bien changé depuis les slogans que j'avais déchiffrés à mon retour des Indes et où la maison, l'équipe se trouvaient agressées à longueur de couloirs. Ce qu'on peut désormais lire a un tout autre ton. Les inscriptions — « Solidarité impossible », « O Mort, vieux capitaine », etc. — traduisent les questions que les gens se posent sur eux-mêmes. Elles témoignent du travail personnalisé que nous conduisons.

Il en va pareillement pour les dessins : ce sont toujours les mêmes murs mais on n'y voit plus les mêmes choses. On pourrait même raconter l'histoire de la maison par l'image. Il y a eu, au début, l'époque des dessins édéniques et psychédéliques. Puis, vers 1977/1978, ont surgi des formes bizarres, hachurées, déchiquetées, où se multipliaient, parfois, croix gammées et sigles SS. Aujourd'hui, ce qu'on voit présente essentiellement une dimension d'intériorité. Ce sont plutôt des dessins d'identification. Il y a beaucoup de collages, de montages. Ils mettent en parallèle des épisodes de vie, renvoient à des modèles — personnages connus, vedettes…

Face à ces « nouveaux » toxicos, et pour les accompagner dans leur cheminement, j'ai dit que l'institution disposait maintenant d'une équipe d'infirmiers renouvelée, beaucoup plus créatrice que la première. C'est qu'une place importante est réservée à son pouvoir d'initiative. D'où la nécessité de soignants possédant une formation non seulement professionnelle mais personnelle plus poussée. Cela explique que la plupart des infirmiers conduisent des études parallèles, dans le domaine de la psychologie, des sciences sociales ou éducatives. Et que beaucoup, également, suivent une analyse.

Marmottan a donc fait peau neuve. Mais ce n'est pas, pour autant, un Marmottan autre que celui du début des années 70, un Marmottan infidèle à l'idéal thérapeutique et aux principes éthiques à partir desquels il s'était créé. La notion de contrat, par exemple, est pour nous indissolublement liée à la prise en charge. Nous n'hospitalisons que les toxicomanes qui le désirent et le demandent. En retour, ils acceptent la loi intérieure de la maison. S'ils y manquent, ils sont exclus pour une durée déterminée. Cela veut dire, par conséquent, que nous ne les considérons pas comme des aliénés mais comme des êtres à part entière, et donc capables de respecter le contrat où ils s'engagent. Leur sortie de drogue, leur guérison doit être un apprentissage de la démocratie — à l'intérieur de l'institution et dans la relation psychothérapique, au terme du chemin, aussi, lorsqu'il s'agira de faire ses choix de vie.

D'autre part, on trouve toujours chez nous ce qui est, à coup sûr, l'inimitable de Marmottan, une extraordinaire atmosphère de liberté et de chaleur humaine. La maison ne respecte peut-être pas toutes les normes d'hygiène qu'on pourrait exiger d'un centre hospitalier, on n'y voit pas toujours la rigueur qui doit caractériser un hôpital soignant — le dossier bien tenu, les examens complémentaires bien faits, les températures régulièrement prises, etc. Mais il y a sa qualité de densité humaine, cette possibilité que chacun y trouve de développer sa personnalité. Chacun, c'est-à-dire les toxicomanes mais aussi les soignants.

Marmottan, en effet, ne se veut pas institution pilote mais expérience de laboratoire. Cela signifie que ceux qui y travaillent ont toute latitude de poursuivre les activités qui les requièrent sans dépendre d'une idéologie dominante —, mais sous réserve, évidemment, de ne jamais verser dans une éthique non démocratique. En matière de recherche, le pluralisme est donc notre maître mot : nous nous devons de constituer un champ d'innovation en tout sens. Certains travaillent ainsi dans une direction carrément psychanalytique, d'autres plus sociologique, d'autres encore biologique et organiciste — et Dieu sait toutes les choses prodigieuses qui restent à découvrir du côté du système nerveux et du fonctionnement cérébral !

Alors, Marmottan, un échec ? On l'a, à une époque, un peu complaisamment répété. Et je ne cache pas que nous avons traversé une crise de croissance. Mais qu'on m'explique, cependant, pourquoi des centaines de stagiaires viennent et sont venus de partout voir ce que nous avions fait... Pourquoi, de mon côté, je suis sans cesse sollicité dans le monde entier pour donner des conférences et exposer notre conception de la prise en charge... Et si, hormis certaines couches spécifiques, la progression de la drogue, ces dernières années, s'est révélée moins importante en France, malgré le climat difficile, que dans d'autres pays d'Europe occidentale et de l'Est, Marmottan doit bien y être pour quelque chose !

Du reste, les chiffres sont là. Le 21 juillet 1981, nous avons fêté le dixième anniversaire de la maison. Durant ces dix ans, 14 400 usagers et toxicomanes, pour l'immense majorité volontaires, ont été pris en charge gratuitement. Deux statistiques — j'en ai déjà parlé —, établies l'une à la Gentillade, l'autre par le Dr Curtet sur sa propre clientèle, et recoupées par un sondage au hasard sur cent dossiers, ont apporté la preuve qu'au moins 31 % des toxicomanes, considérés avec un recul de deux ans, s'étaient sortis d'affaire.

Ce pourcentage, établi aux lendemains de la parution d'*Il n'y a pas de drogués heureux,* marque ainsi une progression importante par rapport aux 20 % que j'indiquais dans ce livre. Mais aujourd'hui, avec l'affinement de nos méthodes, on peut avancer que nous avons encore gagné 2 %, en sorte que le tiers de ceux que nous avons pris en charge peut être considéré comme guéri...

Et précisément, parce que leurs visages s'imposent soudain à moi, l'envie me prend de convoquer quelques-uns de ceux-là. Ne sont-ils pas, depuis les premières lignes, dans les coulisses de ce livre ?

Voici d'abord Christian. Nous l'avions découvert dans *Il n'y a pas de drogués heureux.* Je l'avais rencontré à l'hôpital psychiatrique de Villejuif — il avait, à l'époque, à peine dix-neuf ans. Je m'étais lancé avec lui dans une psychothérapie sauvage qui avait duré des dizaines d'heures sans presque s'interrompre. Il présentait à l'évidence — je le vois mieux aujourd'hui — tous les stigmates du toxicomane type. Son père l'avait rejeté, il ne l'avait jamais connu. Ses parents n'étaient pas de même origine, il avait, toute son enfance, ignoré celle de son père, et où il vivait.

Son cas, à l'époque, me semblait désespéré. Christian, pourtant, est tiré d'affaire. Il a travaillé à Marmottan et dans une postcure. Puis, ainsi que je le souhaitais, il a pris du champ avec l'institution et tout ce qui pouvait lui rappeler la toxicomanie. En commençant, d'abord, par tourner un film sur elle, *Le Manque,* qui a été une grande aventure entre nous deux.

C'est une œuvre qui parle de la drogue sans qu'on en montre jamais les images traditionnelles. Elle débute par un texte d'Antonin Artaud, que dit Pierre Clémenti sur les dalles du rond-point de la Défense. Le texte fait l'apologie de la drogue et le procès des psychiatres, chiens de garde de la société. Mais sur la fin, en contrepoint, j'interviens pour décrire la douleur, la misère, la mort des toxicos. Et pour dire mon désespoir devant tout cela.

Dans ce film, Christian a surtout vu un moyen d'investigation pour pointer le manque, celui qui est en chaque individu, mais aussi celui qui creuse notre société entière. Il a tourné à la fois dans la région parisienne — où il montre les bistrots, les alcooliques, la misère des banlieues — et à New York, notamment dans le métro, en nous faisant sentir toute la rapidité inhumaine de la vie là-bas, et cet espèce de désert qu'elle laisse dans son sillage.

Mais *Le Manque,* malheureusement, n'a connu qu'un modeste succès. Il a surtout fait carrière dans les maisons de jeunes. Ce qui compte, toutefois, c'est que Christian se soit autonomisé au point de devenir créateur. Rien, évidemment, n'est tout à fait facile pour lui. N'ayant pas fréquenté les écoles, ne possédant pas de diplômes, il a mille difficultés pour trouver un travail à sa mesure. Il n'a pas encore pu réaliser d'autres ouvrages. Mais il travaille. Il est assistant cameraman et participe à des grands reportages pour la télévision. C'est un homme qui sait désormais s'affirmer, se battre dans la vie...

Si Christian a choisi la caméra, Pierre, lui, s'est orienté vers la danse classique, à un âge malheureusement un peu tardif. Mais tous ses professeurs l'engagent à persévérer.

Lorsque je pense à lui, le contraste, à quelques années de distance, me stupéfie. Il y a, d'une part, ce garçon qui s'extériorise aujourd'hui à travers une des disciplines les plus dures qui soient, s'entraîne longuement tous les jours à des heures impossibles — pour gagner sa vie, il est comptable dans une institution ; et de l'autre, l'enfant recroquevillé que j'ai connu à la Gentillade, qui regardait choses et gens de ses grands yeux immobiles, et si timide qu'il ne parvenait pas même à dire bonjour ou au revoir...

Pierre était venu à la toxicomanie comme tous ceux dont je parle, ou vais parler, à travers une difficile histoire d'enfance : son père avait été victime d'un grand drame sur lequel je ne puis m'étendre, sa mère était très sérieusement malade. Nous l'avons accueilli à Marmottan, puis envoyé à la Gentillade. C'est là qu'il a rencontré une encadrante. Ils se sont mis ensemble, sont restés deux années dans le Lot, après quoi ils ont rejoint la région parisienne. Actuellement, Pierre ambitionne de devenir danseur professionnel. C'est un véritable bonheur que de le voir s'élancer sur le plateau, témoigner, dans tous ses gestes, de la fête retrouvée, réinventée hors de la drogue...

Florence, elle aussi, a choisi de s'exprimer dans l'univers

culturel. C'est une des filles les plus belles et les plus intelligentes que je connaisse. Elle a été gravement accrochée aux amphétamines, au point de désespérer de s'en sortir un jour. Nous l'avons adressée à la Gentillade, où elle est arrivée presque sur la pointe des pieds, comme si elle doutait de pouvoir y vivre et renaître.

Pourtant, elle a réussi. J'ai là, sur ma lampe, son dernier comprimé : elle m'en avait fait cadeau, dans un médaillon... Longtemps, elle est demeurée à la Gentillade, où elle aidait Cathy. Aujourd'hui, elle vit en traduisant des livres.

Mais tous n'ont pas aussi complètement quitté le circuit toxicomane. Il me faut d'abord parler d'un personnage vraiment hors du commun, Marianne, la grande amie de Florence. Son histoire est extraordinairement dramatique. Elle est dès l'enfance rejetée par sa mère. Puis elle souffre de tuberculose. Elle en réchappe, mais c'est pour s'établir dans la rue, zoner. Encore adolescente, elle vit parmi les bandes de voyous du Sud-Ouest ; rencontre un homme qui lui fait des enfants et l'abandonne ; rencontre enfin la drogue.

Alors elle s'en va en Turquie. Y est condamnée pour usage de stupéfiants. Et comme elle n'a pas d'argent pour acheter la police, on la jette en prison. Jamais elle n'oubliera les horreurs de la prison turque, la sauvagerie des gardiens, les coups, la promiscuité, la corruption, les trafics. Elle n'oubliera jamais, non plus, les femmes turques qu'elle y a rencontrées, cette solidarité des humbles et des pauvres sans laquelle elle aurait peut-être sombré durant ces moments terribles. Car, là-bas, elle a connu encore l'hôpital psychiatrique, mille fois pire que la prison.

C'est en Turquie qu'elle se lie avec Louis — mère allemande, père inconnu. Un être solide, vigoureux, d'une tendresse extrême derrière son masque de dur. Mais à vif, lui aussi. Ils rentrent en France, tentent de décrocher, font un premier séjour à la Gentillade. Repartent. Reviennent à la Gentillade.

A l'issue de ce second séjour, ils remontent enfin sur la

capitale. Mais Louis, désarçonné, ne peut supporter la vie à Paris. Il se suicide un soir, laissant Marianne totalement paumée. Heureusement pour elle, il y a l'entraide des anciens de la Gentillade. Florence l'héberge. Marianne, lentement, commence à émerger. Elle s'inscrit à des cours de sténo-dactylo et d'anglais, se met au travail avec énergie. Si elle crève de faim, elle n'en montre rien. Elle ne montre jamais rien, d'ailleurs, ce n'est pas dans ses habitudes : ni ses souffrances, ni sa solitude, ni sa pauvreté.

C'est alors qu'une place d'encadrante se libère au foyer de la rue des Haies. Marianne la prend. Et depuis trois ans, maintenant, elle s'occupe des toxicos. Dans notre univers, c'est un être singulier, avec ses cheveux roux, ses tatouages, son couteau prêt à jaillir, ses airs de titi révolté. Elle apporte à son travail un ensemble remarquable de scrupules, de tendresse et de fermeté. Elle explique aux gens qu'elle a été toxicomane, qu'elle ne renie pas son passé, qu'elle peut même y revenir, on ne sait jamais. Mais que quand on joue le jeu d'une institution, on ne le fait pas à moitié.

Elle a remis en selle, voire formé, des dizaines de garçons. Dominique, par exemple, ancien voyou des rues qui travaille aujourd'hui dans une institution. Ou François, un métis qu'elle a recueilli, aidé, ressuscité. Et tant d'autres...

Ce n'est pas, au demeurant, la seule de nos anciens ou de nos anciennes à être passé par la rue des Haies. Il y a aussi J.B. — ou, du moins, celui que nous appelons ainsi. Comme elle, un personnage exemplaire.

Un jour — cela remonte à neuf ans —, j'ai vu arriver un être puissamment charpenté, au gabarit de déménageur. Il avait vingt-neuf ans, ce qui était un peu plus que la moyenne habituelle. Il m'a raconté son aventure qui était tout à fait classique : toxicomanie à l'héroïne et plusieurs séjours en prison, dont un où il avait rencontré un de mes patients qui lui avait conseillé de venir me trouver.

Il m'a demandé une prise en charge psychothérapique, ce que j'ai accepté. Nous avons commencé. Tout de suite, j'ai apprécié son intelligence, sa finesse. Il apportait, dans ce travail à deux, un sérieux remarquable. Il voulait absolument abandonner la drogue, mais sans rien renier de sa vie passée, de son authenticité de toxico.

Au bout d'un certain temps, nous sommes tombés d'accord pour estimer que la première phase était achevée. Il a entamé alors une analyse orthodoxe. En échange, il s'est mis à travailler comme accueillant à Marmottan et dans une autre institution. Puis, ainsi que je l'ai dit, il est passé rue des Haies pour participer à la création du foyer de nuit qui avait été décidée sous les auspices de l'association Charonne.

C'est alors, son analyse se terminant, qu'il s'est résolu à prendre ses distances d'avec le milieu toxicomane. Mais il traînait avec lui son manque de ressources financières et, surtout, son casier judiciaire. Aussi est-il finalement revenu à Marmottan. Il y est devenu psychothérapeute. Et il a épousé E., une des psychologues du service, avec qui il forme un couple remarquablement équilibré.

J. B., aujourd'hui, a 38 ans. Il vient chez nous trois fois par semaine. Il ne se consacre pas seulement aux toxicomanes mais encore à l'accueil de leurs familles. C'est même devenu un des spécialistes les plus compétents de la prise en charge de la souffrance et de l'angoisse des parents. A plusieurs reprises, aussi, on l'a vu à la télévision. Lors de sa dernière apparition, pendant une émission sur la drogue, il a tellement impressionné les télespectateurs par son sérieux et sa compétence qu'il a reçu un courrier monstre et que des propositions de travail lui ont été faites à plusieurs niveaux...

Et c'est peut-être le lieu, ici, de s'interroger plus largement sur l'après-drogue des anciens toxicomanes. Beaucoup, c'est un fait, trouvent leur insertion sociale dans le monde institutionnel, en dépit de leur désir de rejeter l'univers toxicomane. Cela tient, chez certains, au désir d'aider ceux qui en passent par où ils sont déjà passés ; et parce que c'est de ce côté que la plupart comptent leurs amitiés ; parce que c'est par là, aussi, qu'ils ont acquis, du fait même de leur vécu, leurs plus grandes compétences...

Mais d'autres, nous l'avons vu, débouchent sur le monde de la culture. Institution et culture peuvent alors suggérer, par rapport à ce qu'on appelle la vie ordinaire, le sentiment d'une certaine marginalité. C'est que les anciens toxicomanes abordent la vie sociale avec retard par rapport à la normale ; et que les diplômes correspondant à ce à quoi ils aspirent leur font presque toujours défaut, alors que leur aventure thérapeutique, dans bien des cas, les a conduits à un développement personnel que ne supposait pas toujours leur origine.

Si l'on s'en réfère aux itinéraires des uns et des autres, il me semble cependant que le monde de l'après-drogue est plus varié qu'on ne pourrait le croire. Je pense à Alain, par exemple, un garçon en révolte contre son père, qui s'est drogué à mort. Il a fait trois séjours à la Gentillade. A la sortie du dernier, il a choisi, à notre grande surprise, d'effectuer son service militaire chez les parachutistes. Puis, une fois libéré, il est devenu chaudronnier chez Renault. C'est maintenant un homme marié, père de famille et militant syndical convaincu.

Je songe encore à un autre Alain, qui fut un de nos cas les plus difficiles. Toxicomane au point d'être constamment au bord du coma. On nous a appelé des dizaines de fois pour aller le chercher. Je l'ai eu en psychothérapie — une relation longue, tumultueuse. Aujourd'hui, il est marié et travaille comme cadre dans une banque. C'est devenu un responsable CGT. L'été, il prend ses vacances dans un camping de la Côte d'Azur. Il mène, on le voit, l'existence la plus normative.

Eric maintenant, encore un ancien de la Gentillade. Après beaucoup d'aventures, de difficultés sexuelles, il a trouvé son équilibre comme moniteur de voile dans un club nautique. Lui aussi est marié, a des enfants. Un autre encore, Claude, a longtemps travaillé comme accessoiriste dans un théâtre. Aujourd'hui, à la force du poignet, il est devenu régisseur...

Ils sont donc assez nombreux à s'être complètement fondus dans la société. Tout peut se voir, en fait. Des filles ont ouvert un magasin de mode. D'autres sont gardiennes d'enfants. Plusieurs garçons travaillent dans la photo. L'un est devenu directeur des ventes pour une marque d'automobiles. Il y en a qui sont tourneurs...

Dirai-je alors, pour en revenir à notre problématique, que la faille originelle s'est comblée ? Il me semble peu probable, au vrai, qu'elle puisse jamais l'être totalement. L'important est que ces filles et garçons ont réussi les compromis nécessaires, et, le plus souvent, en évacuant même toute nostalgie de la drogue. Ce ne sont pas des anciens combattants de la toxicomanie. Ils ne tournent pas en rond entre eux-mêmes, comme on le voit dans d'autres circuits thérapeutiques. Ils ont fait leur travail de deuil.

Mais — et c'est à mes yeux capital —, ils l'ont fait sans rien renier d'eux-mêmes. Ils disent ce qu'ils ont vécu, l'expérience que cela a représenté. Ils assument leur passé. Pourtant ils ont fait le choix de n'être plus toxicomanes, de regarder la vie en face. Cela, ils le disent aussi. Et c'est une joie extraordinaire, pour moi, que de voir ces filles et garçons, qui furent de grands marginaux, de grands révoltés ou de grands paumés, se conduire en individus libres et responsables. Ce ne sont pas, en effet, des êtres diminués, à la différence de certains, issus d'autres institutions, qui se comportent de façon culpabilisée, terrorisée, rougissant de ce qu'ils ont été, comme après un lavage de cerveau...

Et sans doute cela se sait-il, notre respect des gens, notre honnêteté thérapeutique, si j'en juge aux chiffres de fréquentation. En 1971, quelques mois après l'ouverture, nous avons déjà traité trois cents cas nouveaux. Puis en 1973, cinq cents, en 1974, sept cents, en 1976, mille deux cents. Après un tassement, dû à la période de crise, nous sommes arrivés à seize cents en 1980 et à plus de dix-neuf cents en 1981. Durant cette année-là, d'autre part, on peut estimer que nous avons donné douze mille consultations et établi, par mois, douze cents actes médicaux. En outre, nous avons reçu un millier de familles sur l'année.

Tout cela, à l'évidence, prouve que les toxicomanes réalisent de mieux en mieux ce que peut apporter Marmottan, et qu'aucune autre institution n'est en mesure de leur apporter. A commencer, j'y reviens, par son climat de chaleur humaine. Nous ne sommes pas neutres vis-à-vis de nos patients, nous entretenons avec eux, du moins durant tout le temps qu'il convient, une relation affective forte, et même passionnelle. Et les toxicomanes ne se sentent jamais encadrés, bureaucratisés, réduits à des numéros : chacun est connu et reçu pour ce qu'il est à travers ses problèmes et ce qu'il a vécu ; et tous savent la joie que nous éprouvons à les retrouver, même si nous les avons critiqués, même si, un jour, nous les avons « vidés »...

Au demeurant, l'attachement que nous leur portons ne relève pas d'une sorte de bienveillance de principe : s'ils nous le rendent, c'est, encore une fois, qu'ils n'ignorent pas que c'est avec nous qu'ils pourront nouer un dialogue véridique sur la drogue. Car nous sommes les seuls à nous interroger sur ce qu'elle signifie authentiquement, les seuls à ne pas refouler ce problème ; les seuls à savoir leur parler du « flash », de la « planète », de leurs fantasmes sexuels ; bref, les seuls à leur tenir un langage qui leur permette de s'ouvrir et de se dire... Ils savent que nous n'avons aucun paradis à leur promettre — bien plutôt « de la souffrance et des larmes » —, mais que nous ne trichons pas avec leur « voyage ».

Assurément, c'est la porte étroite que ce langage de liberté ! Il n'est pas toujours facile de faire comprendre, à ceux qui viennent nous trouver, que nous sommes là, avant tout, pour les éveiller à une démarche dont ils ne sauraient faire l'économie, que s'ils peuvent, de notre part, attendre toute l'aide possible, ils doivent, en contrepartie, assumer leur volontariat jusqu'au bout, sans espérer que nous nous substituions à leur pouvoir de courage et de décision, et qu'en somme, il ne dépend que d'eux de se tirer d'affaire.

Certains se ferment, sont déçus, renoncent — comment s'en étonner ? Mais ils reviendront plusieurs mois après, le temps d'éprouver dans leur chair le bien-fondé de ce que nous leur aurons appris. Car c'est le seul vrai chemin. Je le sais et ils me le disent. Ainsi cette jeune fille dont je viens de recevoir un bref message : « Je m'appelle Martine. Vous avez raison. Ç'a été difficile, j'ai mis trois ans. Maintenant, j'en suis sortie. Je tenais à attendre un an pour vous l'écrire. Aujourd'hui, ça va très bien. »

Cette confiance, ces confiances, qui ne se donnent que parce que nous avons, aussi, à donner, voilà bien notre meilleure caution ! Aussi longtemps qu'elles ne nous feront pas défaut, Marmottan, en dépit des modes, des attaques, des pressions, subsistera. Et l'on m'y trouvera.

TABLE DES MATIÈRES

Achevé d'imprimer le 16 mars 1983
sur presse CAMERON
dans les ateliers de la S.E.P.C.
à Saint-Amand-Montrond (Cher)
pour
les éditions Robert Laffont.

Dépôt légal : avril 1983.
N° d'Édition : K 107. N° d'Impression : 133-125.